Killer, Krimis, Kommissare: Kleine Kulturgeschichte des Mordes
by Jörg von Uthmann

ⓒ Verlag C. H. Beck oHG, München 2006
All rights reserved.
This Korean Edition was published by arrangement with
C. H. Beck Verlag, München through Bruecke Agency, Seoul.

이 책의 한국어판 저작권은 브뤼케 에이전시를 통한
C. H. Beck Verlag사와의 독점계약으로 도서출판 열대림에 있습니다.
저작권법에 의해 한국 내에서 보호를 받는 저작물이므로
무단 전재와 복제를 금합니다.

킬러 형사, 탐정클럽

살인사건을 둘러싼 이야기들

외르크 폰 우트만 지음 | 김수은 옮김

열대림

옮긴이 김수은

연세대학교 독문학과를 졸업하고 동대학원에서 석사 학위, 박사 과정을 수료했다. 『세계의 절대권력, 바티칸 제국』, 『건축사의 대사건들』, 『위대한 양심』, 『큰 전쟁을 멈춘 작은 평화, 크리스마스 휴전』 등을 우리말로 옮겼다.

킬러, 형사, 탐정클럽
살인사건을 둘러싼 이야기들

초판 1쇄 인쇄 2007년 4월 16일
초판 1쇄 발행 2007년 4월 20일

지은이 외르크 폰 우트만
옮긴이 김수은
펴낸이 정차임
디자인 강이경
펴낸곳 도서출판 열대림
출판등록 2003년 6월 4일 제313-2003-202호
주소 서울시 마포구 동교동 156-2 마셀란21 오피스텔 503호
전화 332-1212
팩스 332-2111
이메일 yoldaerim@korea.com

ISBN 987-89-90989-25-3 03900

* 잘못된 책은 바꿔드립니다.
* 값은 뒤표지에 있습니다.

"내 가슴 속에는 두 개의 영혼이 살고 있네."

― 파우스트

서문

살인, 작가와 예술가 그리고 과학자에게 **날개**를 달아주다

영국 작가 토머스 드 퀸시는 1827년 '런던클럽'이라는 모임을 결성했다. 일간 신문이 새로운 살인사건을 보도할 때마다 사건을 비판적으로 분석하는 모임이었다. 살인을 바라보는 그들의 시각은 예술 애호가들이 그림이나 조각상 혹은 다른 예술작품을 바라보는 것과 다르지 않았다. 드 퀸시는 재주 부리기를 좋아하는 사람이었다. 『예술로 본 살인』이라는 그의 비도덕적 책 역시 진지한 의도로 쓴 것은 아니었을 것이다.

당시 런던클럽 회원들의 취미는 겉보기처럼 그렇게 별난 것은 아니었다. 보통 사람들 역시 살인을 예술로 즐길 준비가 충분히 되어 있다. 물론 실제가 아니라 소설이나 영화 혹은 TV 드라마에서 묘사되는 살인사건 말이다.

서문 7

범죄물은 그것이 책이든 스크린이든 브라운관이든 마치 담배나 알코올처럼 중독을 유발하는 아이템이다. 코난 도일의 셜록 홈즈와 그의 조수 와트슨 박사, 애거서 크리스티의 에르퀼 푸아로, 도로시 세이어스의 피터 윔지 경 등은 로미오와 줄리엣, 돈 주앙이나 파우스트와 마찬가지로 찬란하게 빛나는 항성처럼 창공을 수놓고 있다.

미국의 범죄 드라마 「드라그넷」은 B급 영화들을 단기간에 시장에서 몰아낸 수많은 TV 시리즈의 표본이 되었다. 「형사 콜롬보」의 피터 포크는 빗질하지 않은 머리에 구겨진 레인코트를 입고 메스처럼 날카롭게 사건을 해결한다. 「뉴욕경찰 24시」는 'asshole'이라는 단어를 처음으로 등장시키는 등 솔직한 언어 묘사 때문에 종종 도덕의 파수꾼과 갈등에 빠졌던 드라마이다.

방송사 ARD와 ZDF가 아직 시장을 분할하던 좋은 시절, 독일 국민의 3분의 1이 금요일 저녁이면 살인사건에 열광했다. 켈러 경감이나 데릭 감독관은 기대에 어긋나지 않게 항상 사건을 속 시원히 해결해 주곤 했다.

살인사건은 영화의 소재로도 영원히 사랑받는 아이템이다. 「양들의 침묵」은 B급 영화 장르로 취급받던 범죄영화의 한계를 극복하고 5개 부문에서 오스카상을 받은 최고의 성공작이 되었다. 히치콕 감독의 「사이코」에 등장하는 정신병 살인자 노먼 베이츠는 도굴범이자 부녀자 살인범인 에드워드 게인과 똑같은 맥락의 인물이다. 에드워드 게인은 축제를 맞이해서 자기 집과 자기 자신까지 시체 토막들로 장식한 정신병자였다.

범죄수사관이 등장한 것은 19세기에, 구식 방법으로는 유효한 증거를 제시할 수 없게 되면서부터였다. 중세를 지배한 것은 신적인 판결을 내리는 사법기관과 선서로 맹세한 증인이었다. 특히 오류가 있을 수 없는 최고의 수단이 있었으니, 모든 피고로부터 거의 언제나 자백을 이끌어냈던 '고문'이었다.

계몽주의 시대인 18세기에는 상황이 달라졌다. 고문이 철폐되었고, 증거를 가지고 범인을 색출하는 전문가가 필요하게 되었다. 얼마 지나지 않아 경찰은 외부의 도움 없이는 이 과제를 수행할 수 없다는 사실을 알게 되었다. 법의학이라는 새로운 학문이 탄생한 것이다.

또 한 세대가 지난 후 소설가들은 새로운 테마를 발견하고 풍부한 상상력을 발휘했다. 이들의 소설 대부분은 수사관이라는 공무원을 천재적인 아마추어 탐정으로 대체했다. 또한 TV 드라마가 범죄를 다루기 시작하면서 수사관들은 비로소 자신들이 마땅히 받아야 할 지위를 돌려받았다.

또한 살인은 추리소설과 범죄소설에만 등장하는 것이 아니다. 셰익스피어, 스탕달, 도스토예프스키, 카뮈 등 헤아릴 수 없이 많은 문학의 거장들도 사회의 아웃사이더들에게 열광했다. 영국 작가 그레이엄 그린은 소설의 주요 모티프가 무엇인지에 대한 질문에 이렇게 대답했다. "우리는 세상의 위험한 면에 흥미를 느낀다. 성실한 도둑, 친절한 살인자, 미신에 빠진 무신론자……."

이 책은 살인을 문학과 예술의 대상뿐 아니라 과학의 대상으로도 고찰하고자 한다. 과학은 때로 성공을 거두었지만 실패할 때도 없지 않았다. 범인과 피살자의 신원을 밝혀내는 데 진보를 이룬 것은 성공이었지만, 살인에 쓰인 독극물을 증명해 낼 때면 수없이 좌초를 겪기도 했다.

1987년 과학자들을 행복하게 한 최후의 위대한 변혁이 일어났다. DNA 분석이 '유전학적 지문'을 근거로 살인범을 체포하는 데 처음으로 성공한 것이다. 2년 전만 해도 전문가들은 손을 놓고 있었다. 서니 폰 뷜로브가 인슐린 쇼크로 혼수상태에 빠졌을 때 그들은 이것이 불행한 사고인지 아니면 범죄인지를 결론내리지 못했다. 그녀의 남편이 두 번이나 살인미수로 기소되었지만 결국은 석방되어 아직까지 잘 살고 있다.

살인사건을 다루는 작가는 항상 범인을 폭로하는 것만 중요하게 생각할까? 도스토예프스키는 이중살인범 라스콜리니코프의 양심의 고통을 묘사하는 데 더 큰 목적이 있었다. 프리츠 랑 감독 역시 독일 최고의 범죄영화 「M」에서 연쇄살인범 추적만을 염두에 두지는 않았다. 셰익스피어, 실러, 유혈 낭자한 그랑기뇰(19세기 말 프랑스에서 유행한 잔혹 연극. 주로 살인이나 폭동, 자살과 강간 같은 기괴하고 끔찍한 소재를 다루었다 - 옮긴이)의 대가 앙드레 드 로드도 마찬가지였다.

인류 최초의 증거 확보 수단인 고문, 경찰과 법의학자의 탄생과 발전, 여성 범죄자가 차지하는 비중이 폭력범죄의 경우보다 비교할 수 없이 높은 독살, 수많은 미제사건과 형사재판에 관해서도 각각 별도의 장으로 묶어 살펴보았다. 또한 이 책의 마지막 장은 사법기관이 살인에 대해 내리는 처벌에 대해 다룬다. 인간이 가지고 있는 환상의 끝은 어디인지 알 수 있을 것이다.

분명히 강조하지만 이 책은 완벽을 엄수하는 백과사전이 아니라 일종의 스케치다. 화가 막스 리버만이 말했듯, 묘사한다는 것은 무엇인가를 빠뜨리는 것을 의미한다. 내가 빠뜨린 것 역시 많을 것이다. 하지만 나무를 너무 자세히 보면 숲이 보이지 않듯, 사건 하나하나를 파고들기보다는 독자들로 하여금 커다란 흐름을 더 명확히 파악할 수 있도록 집필했음을 밝힌다. 편안한 마음으로, 산책하듯이, 이 책을 읽었으면 좋겠다. 오래되어 익숙한 풍경으로, 그런 다음에는 다시 거칠고 이국적인 풍경으로 다가오는 산책 말이다. 어떤 경우든 한 가지만은 약속할 수 있다. 이 산책에서 독자는 일상을 뛰어넘는 여러 놀라운 사실들을 경험하게 될 것이다.

차례

서문 | 살인, 작가와 예술가 그리고 과학자에게 날개를 달아주다 • 7

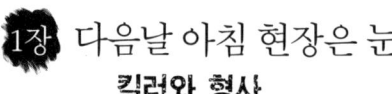

1장 다음날 아침 현장은 눈으로 덮였다
___ 킬러와 형사

불의 심판에서 물고문까지 • 19
살인사건 재판에서의 고문과 증거

프랑스 궁정 독살사건 | 신의 판결 | 푸른 수염의 사나이 | 아름다운 살인범, 베아트리체 첸치 | 경찰의 등장 | 사법살인의 제물, 장 칼라

흔적과 알리바이를 찾아서 • 37
경찰과 법의학자의 불확실한 첫걸음

사기꾼 혹은 경찰의 앞잡이 | 우아한 살인범, 라세네르 | 시한폭탄과 황제 암살 | 식물 독을 쓰시오 | 위 속의 독극물 | 안나의 비소 가루 | 브레멘의 괴물 | 와인상 퐁크의 7년 전쟁 | 정체불명의 소년 | 스코틀랜드 야드 | 래트클리프 하이웨이 살인범들 | 해부용 시체들 | 돈 때문에

타이스 강에 떠오른 소녀의 시체 • 73
신원 파악의 오류와 성과

작은 사냥꾼 | 치아가 말해준다 | 헝가리의 제식살인 | 트렁크 안의 시체 | 베르티용의 기민한 아이디어 | 지문법의 등장 | 피 묻은 옷 | 배 위의 크리펜 박사 | 타고난 범죄자는 존재하는가?

2장 셜록 홈즈에서 원초적 본능까지
― 픽션의 세계

와트슨, 그건 기본일세 • 101
추리소설과 슈퍼맨

아마추어 탐정의 시조, 오귀스트 뒤팽 | 살인이라야지, 유혈 살인 | 영원한 우상, 셜록 홈즈 | 짖지 않는 개 | 살인범은 예술가요, 탐정은 비평가

오리엔트 특급 살인사건 • 119
추리소설의 황금시대

에르퀼 푸아로의 회색 뇌세포 | 왜 우리는 살인 이야기에 열광하는가? | 탐정은 자아요, 범죄자는 이드 | 사냥하는 간호사들 | 틀니도 없이 총 맞아 죽은 방탕아 | 신사 탐정과의 결별 | 작가도 범인을 모른다? | 6억 명의 팬을 거느린 메그레 경감

자크 랑티에는 살인마 잭인가 • 139
문학작품 속 살인사건

스탕달의 사형수 | 세속적 정의와 신적인 정의 | 야수로 태어나 | 세상을 지배하는 것 | 사건은 진부하지만 | 태양이 너무 눈부셔서 | 정의는 따분할 뿐

음악과 함께, 또는 음악 없이 • 162
무대에서의 살인

셰익스피어의 의뢰인 | 사리풀 독에 의한 형제 살해 | 캔터베리 대주교 살인사건 | 빈 궁정의 배은망덕 | 요람 속의 아기 | 정치적 살인 | 관은 복수할 사람이 이미 준비했다 | 테러의 제왕

악마가 찾아오는 밤이면 • 190
영화와 TV에서의 살인사건

기다려, 잠깐만 기다려 | 갱스터 무비 | 품위수호단의 항의 | 필름 누아르 | 히치콕, 사디스트이자 여성혐오자 | 사랑도 죄가 될 수 있는가 | 금발 여인을 조심하라 | 브라운 관의 강력계 형사들 | 오르가즘 뒤에는 얼음송곳

 # 3장 다행히 그녀의 머리는 일격에 떨어졌다
— 죄와 속죄

내가 범인이라면 시체를 보여주시오! • 217
20세기의 살인사건

이퀄라이저의 땅, 미국 | 사코와 반제티, 강도살인범인가 순교자인가 | 세기의 총격사건 | 린드버그 유괴사건의 미스터리 | 지성의 광기 | 283명의 신부를 농락한 못생긴 대머리 사내 | 유전학적 지문 | 자신의 살인을 보도한 잭 운터베거 | 양들의 침묵 | 프로파일링은 과학인가

한 스푼의 비소, 한 줌의 청산가리 • 244
간호와 치료를 맡은 독살범들

네로 황제를 도운 독살 공범 | 며칠 후 교황은 죽어 있었다 | 불만에 찬 아내들 | 남편의 복수 | 가운 입은 유산 상속자 | 성인군자 같은 내 아들을 | 초현실주의자들의 뮤즈 | 탈륨은 어디에나 있다 | 살인인가, 자살인가 | 12년간의 재판, 그리고 무죄판결 완벽한 범죄

미궁에 빠진 재판관들 • 279
잡히지 않은 살인범, 의심스러운 무죄판결, 결백한 죄인

프랑크푸르트 공인 매춘부 | 달콤한 인생 | 살인마 잭은 누구인가 | 도끼남자와 조디악 | 감독과 여배우 | 하늘이 판결한 여인 | 공화국의 퐁파두르 | O. J. 심슨의 장갑 | 브르타뉴의 드레퓌스 | 한 지붕, 두 살인범

너의 죄를 아느냐 • 313
살인범은 어떻게 처벌받는가, 혹은 왜 처벌받지 않는가

당한 대로 돌려준다 | 로마, 십자가형에서 자결까지 | 모살범은 거열형, 고살범은 참수형 | 여자의 참수를 허락하라 | 행운의 마스코트, 교수대 밧줄 | 기요틴을 만든 피아노 제작자 | 과학의 승리, 전기의자 | 사형제는 계속되는가 | 정신병자인지는 배심원이 결정한다 | 흔들리는 판결 | 바스티유인가, 샤랑통인가

찾아보기 • 341
옮긴이의 말 | 소수의 인간들, 그리고 인류의 가장 무거운 숙제 • 357

다음날 아침 현장은 눈으로 덮였다

킬러와 형사

불의 심판에서 물고문까지

살인사건 재판에서의 고문과 증거

1672년 7월 30일 파리 모베르 광장 근교의 한 실험실에서 변사체가 발견되었다. 퇴임 장교 고댕 드 생 크루아였다. 실험실에서 독극물을 조합할 때 쓰고 있던 유리 마스크가 깨져 독가스를 마신 것으로 추정되었다. 동시대의 많은 사람들이 그랬듯, 생 크루아는 군에서 퇴임한 후 연금술 실험에 몰두해 왔고 라피스 필로소포룸(lapis philosophorum), 즉 무가치한 금속을 금으로 바꾸어주는 현자의 돌을 찾아 헤맸다.

생 크루아의 죽음 이후 사람들은 현자의 돌을 찾기는커녕 끔찍한 빚만을 물려받았다. 몰려드는 채권자들 때문에 유산을 매각해야 했다. 유산을 정리하던 중 사람들은 '나의 고백'이라는 제목의 봉인된 편지 한 통을 발견했다. 고해의 비밀을 엄수해야 했기 때문에 편지는 불태워졌다.

또 한 가지 이상한 점은 죽은 사람이 남긴 작은 상자였는데, 브랑빌리에 후작부인에게 전해달라는 말이 첨부되어 있었다. "내용물은 그녀의 것으로 그녀만이 볼 수 있다." 상자 속에는 알 수 없는 액체가 들어 있는 작은 병과 약봉지들이 있었다. 척 보기에도 상당히 의심스러웠기 때문에 일단 관청의 조사를 받아야 했다.

후작부인이 와서 화를 내며 상자를 달라고 했지만 퇴짜를 맞았다. 두번째로 나타난 사람은 라 쇼세라는 남자였다. 그는 죽은 사람의 유산을 받을 권리가 있다고 주장하다가 상자 이야기를 듣자 혼비백산하더니 슬며시 도망쳐 버렸다. 조사해 보니 라 쇼세는 후작부인의 미용사로, 부인의 두 오빠 집안의 살림까지 맡고 있었다. 두 오빠는 2년 전 6월과 9월에 미심쩍은 죽음을 맞이했었다. 당시에도 독살이 의심되었다. 하지만 살인범이 누구인지는 알 수 없었다.

상자 속에 들어 있는 수상한 물질을 닭, 비둘기, 개에게 각각 먹여 보았다. 동물들은 불과 몇 분이 지나지 않아 모두 죽었다. 관청에서는 서둘러 후작부인과 미용사를 불러오라고 지시했지만 벌써 종적을 감춘 뒤였다. 후작부인은 영국으로 도망쳤다. 라 쇼세는 1672년 9월 체포되어 다음해 3월 사형선고를 받았다. 법원은 고문을 통해 다른 증거를 확보하기로 결정했다. '스페인 장화'라고도 불리는, 다리를 비트는 고문 도구를 사용했다. 라 쇼세는 고통을 이기지 못하고 자신이 브랑빌리에 후작부인의 오빠들을 독살했다고 자백했다. 그는 거열형(팔이나 다리 및 머리를 각각 수레에 매달아 신체를 찢는 형벌 – 옮긴이)에 처해졌다.

후작부인은 3년 후인 1676년 3월에야 벨기에 뤼티히의 한 수도원에서 붙잡혔다. 부인이 갖고 있던 물건 중에도 '나의 고백'이라는 제목의 편지가 있었다. 생 크루아의 경우와는 달리 관계자들은 이 편지를 소각하지 않았다. 일단 이론적 검증을 거친 후에 증거자료로 이용해야 했다.

후작부인은 오빠들을 제거해 달라고 청탁했을 뿐만 아니라 자신의 아버지 역시 독살했다는 사실을 자백했다. 남편에게도 대여섯 번 독약을 먹였다고 실토했다. "더 편안하게 살기 위해서"라는 이유였다. 하지만 다시 생각을 고쳐먹고 남편이 건강을 되찾도록 간호했다고 주장했다. 그런데 법정에 가자 후작부인은 딴소리를 했다. 고열로 인한 환각상태에서 자백한 것이며 모두 거짓이라고 딱 잡아뗐다. 형제가 죽은 것도, 생 크루아의 독약 제조도 자신과는 무관하다는 것이다.

그때 후작부인의 시녀가 증인대에 올랐다. 시녀의 증언에 따르면 어느 날 마님이 유난히 명랑한 모습으로 보석함에서 약봉지와 연고를 꺼내 보여주더니 깔깔거리면서 이렇게 말했다고 한다. "이것만 있으면 너도 누구에게나 복수할 수 있을걸. 이제 유산은 모두 내 것이야!" 그러다 다시 냉정을 되찾은 마님은 방금 들은 말을 잊어버리라는 맹세를 강요했다고 한다.

후작부인의 애인이기도 한 가정교사 브리앙쿠르의 진술은 더 결정적이었다. 후작부인이 고백하기를, 얼마 전 죽은 작은 오빠는 자기가 죽인 것이라며 다음에 언니와 형부를 없앨 때에는 도움을 달라고 부탁했다는 것이다. 가정교사는 말도 안된다고 거절했다. 후작부인은 아무 말도 하지 않았다. 그날 밤 자정 무렵에 부인이 그를 침실로 불렀다. 창문 밖에서 그는 우연히 후작부인이 생 크루아를 옷장 안에 숨기는 것을 보았다. 브리앙쿠르가 침실로 들어가서 곧장 옷장 쪽으로 걸어가자 생 크루아는 도망쳤고 후작부인은 발작적으로 화를 내며 그에게 달려들었다. 그날 밤은 서로 화해했지만, 브리앙쿠르는 자기 목숨이 위험하다는 생각을 떨쳐버리지 못하고 집을 떠났다.

후작부인은 끝내 자백을 거부했지만 사형선고를 받았다. 신분이 높은 여성이었기 때문에 고통이 덜한 참수형이 예정되었다. 그러나 죽기 전에 아직 넘어야 할 산이 있었다. 물고문이었다. 벌거벗긴 채로 사지를 늘어뜨린 피고에게 10리터 이상의 물을 먹이는 것이다. 이 광

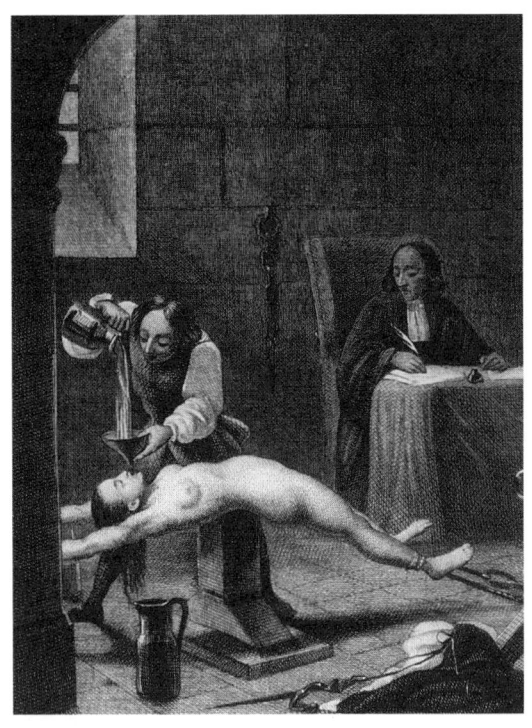

브랭빌리에 후작부인의 고통스러운 물고문. 벌거벗긴 채로 사지를 늘어뜨린 피고에게
10리터 이상의 물을 먹이는 물고문이 시작되자마자 부인은 모든 죄를 자백했다.

경을 지켜본 고해신부가 전해준 바에 따르면, 부인은 고문을 시작하자마자 모든 죄를 자백했다. 1676년 7월 17일 후작부인이 처형되었을 때 그레브 광장에는 수많은 인파가 몰려들었다. 형리와 사형수를 형장으로 이송한 마부가 채찍질로 군중을 밀어내야 할 정도였다.

프랑스 궁정 독살사건

브랑빌리에 후작부인 사건은 파리 사람들에게 깊은 인상을 남겼다. 그때까지 독살 같은 사건은 이탈리아에서나 일어나는 일이라고 생각해 왔다. 이제 뭔가 의심스러운 구석이 있는 사망사고는 무조건 독살이 아닌가 의심하는 풍조마저 생겨났다. 한편으로는 브랑빌리에 가문이 원래 고위 관료와 친분이 있었기 때문에 정치적 이유로 무자비한 심문을 받은 것 아니냐는 소문도 떠돌았다. 그 증거로 알고도 묵인한 사람이나 공범들은 처벌받지 않았다는 것이다.

몇 년 후 카트린 부아쟁(일명 라 부아쟁)을 비롯한 점술사들이 체포되는 사건이 있었다. 남편을 없애려는 여인들을 도와주었다는 죄목이었다. 이번에는 루이 14세의 명으로 1679년 3월 8일 병기 창고에서 특별재판이 열렸다. 사방에 검은 커튼을 두르고 횃불로만 불을 밝혔기 때문에 이 법정은 샹브르 아르당트(화형재판소)라는 이름으로 역사에 남았다. 왕에게 보고한 사람은 프랑스 최초의 경찰국장 가브리엘 드 라 레니였다. 그는 거지들이 살던 지역을 철거하고 가로등을 만든 업적을 남긴 사람이다. 왕은 경찰국장에게 피고가 누구든 상관없이 새 판을 진행하라고 지시했다.

재판에서 가장 문제가 된 것은 이 나라 최고의 권력자들이었다. 고객이 누구냐는 질문을 받은 피고들은 매번 유명 인사들의 이름을 댔던 것이다. 왕의 측근까지 관련되어 있었다. 뤽상부르 대신, 왕의 예전 애인 수아송 백작부인, 왕의 현재 애인 몽테스팡 후작부인 등이었다. 뤽상부르 대신은 악마의 서약에 참여했다는 혐의를 받았다. 그는 3개월 동안 취조를 받으며 감금되었다가 결국 무죄석방되었다. 수아송 백작부인은 왕의 마음을 빼앗아간 라 발리에르를 없애기 위해 부아쟁에게 약을 부탁했다는 혐의를 받았다. 하지만 체포되기 바로 전에 은밀히 제보를 받아 스페인으로 피신했다.

몽테스팡 부인의 혐의는, 왕의 총애를 유지하기 위해 왕에게 황소의 정액과 박쥐의 피, 태아 간 것을 혼합한 음료를 마시게 했다는 것이었다. 또 독을 바른 비단을 이용해 연적인 퐁탕주 공작부인을 죽이려 했다는 내용도 있었다. 오랜 고민 끝에 왕은 근거 없는 혐의라고 결론을 내렸고, 왕의 공식적인 정부는 고통에서 벗어날 수 있었다.

부아쟁은 1680년 2월 22일 그레브 광장에서 화형당했다. 세비뉴 후작부인은 이 광경을 목격하고 자신의 딸에게 이렇게 썼다. "어느 판사가 내게 말하더구나. 피고가 여자일 때는 어느 정도 부드럽게 대한다고. 내가 물었지. 어떻게요? 불을 붙이기 전에 목졸라 죽이나요? 그가 답했어. 아니오. 머리에 나무토막을 던지지요. 아니면 형리의 부하들이 여자의 머리를 쇠갈고리로 내리치지요. 알겠니? 아가야, 사람들이 생각하는 것처럼 그렇게 지독하지는 않단다."

1682년 7월 21일 특별재판소가 해산되었을 때, 이미 104건의 재판이 행해졌고, 그 중 36명이 사형선고를 받았다. 피고들 중 두 명은 고문을 받다 죽었다. 고문을 받은 자들 중 적지 않은 사람들이 나중에 자백을 번복했다. 그렇다고 해서 법정에서 고문을 없앨 수는 없었다. 얼마나 많은 피고가 실제로 유죄였는지는 오늘날 확인할 수 없다. 하지만 독살에 관해서라면 아마도 한줌밖에 되지 않을 것이다. 국방대신 르부아가 정적을 없애기 위해 독살 사건을 의식적으로 부풀렸다는 설도 있다.

어쨌든 이 사건은 파리 시민에게 악영향을 끼쳤다. 미신에 매달리는 상류층의 행각이 백일하에 드러나자 동시대 사람들은 실망을 금치 못했다. 주변 국가가 프랑스를 얼마나 우습게 보겠는가? 20년 후 점술사, 흑마술, 신비의 약에 관련된 또다른 사건이 발생했을 때는 다른 조치를 취해야 했다. 라 레니의 후임으로 경찰국장이 된 다르장송 후작은 재판 없이 행정적 방법, 즉 화형이나 강제노역으로 벌하며 사건을 해결하기로 결정했다.

고문이 철폐되기까지는 오랜 시간이 지나야 했다. 물론 당시에도 이론상으로는 유력한 증거가 나타났을 때에만, 다시 말해 피고가 유죄라는 확신에 도달했을 때에만 고문을 실시할 수 있었다. 따라서 라 레니와 그의 동료들은 유죄라고 생각해 고문을 실시했기 때문에 아무런 양심의 가책이 없었다. 재무대신 콜베르의 위임을 받아 재판에 참여했던 검사 뒤플레시는 이의신청을 허용한다고 말했지만, 모두 꿀먹은 벙어리들뿐이었다.

사실상 고문은 18세기까지 철저하게 적법한 절차로 간주되었다. 범죄를 밝혀내는 근대적 방법이라는 것이다. 고문이 없었다면 수사관들이 어떻게 소위 '증거의 여왕'인 자백을 받아낼 수 있었겠는가?

신의 판결

리하르트 바그너의 오페라 「로엔그린」에서 브라반트의 왕녀 엘자는 남동생을 살해했다는 이유로 고발당한다. 입장을 밝히라는 요구에 그녀는 꿈속에 나타난 기사 이야기를 한다. 꿈에서 기사가 자신을 위해 싸울 것을 맹세했다는 것이다. 꿈은 실현되었다. 실제로 기사가 나타나 원고를 이겼고 그럼으로써 재판이 종결되었다.

바그너가 이 작품에서 낭만적인 색을 입히기는 했지만 사실 그 핵심은 중세 초기의 법 개념과 일치한다. 처벌 절차에 논란의 여지가 있을 때 사람들은 신의 판결(혹은 신의 판결이라 여겨지는 것)에 진실을 결정하는 권한을 넘겼다. 신의 판결 중 가장 대표적인 예는 결투였다. 불타는 장작더미 사이를 통과해야 하는 불의 심판도 마찬가지였다. 끓는 물에서 맨손으로 돌이나 반지를 건져내는 시험도 있었다. 이런 곡예를 성공하지 못하는 피고는 죄인이 되었다.

피고가 보는 앞에서 희생자의 상처를 다시 파헤치는 '들것시험'도 유명했다. 진짜 범인이 손을 대면 시체가 움직인다는 이 시험은, 『니벨룽의 노래』에서 지그프리트의 살해자 하겐을 죄인으로 만들기도 했다. 1513년 『루체른 연대기』에 기록된 어느 재판에서도 들것시험이 등장한다. 아내를 죽인 혐의로 붙잡힌 한스라는 남자에 대한 재판이었다. 그가 무덤에서 파낸 벌거벗은 시체에 키스를 하자 놀랍게도 시체의 상처에서 피가 흐르기 시작했다고 한다.

당시에도 이미 신의 판결은 시대에 뒤떨어진 방법이기는 했다. 1215년 (네 번째) 라테란 공의회는 성직자들에게 불의 시험과 물의 시험에 동조하지 말라고 고했다. 황제 프리드리히 2세는 1231년 범위를 넓혀 일반인에게도 금지령을 내렸다.

중세 초기의 형법을 지배했던 또 하나의 증거수단인 증인의 맹세도 사라졌다. 이전만 해도 형사소추는 원칙적으로 피해자의 일이었기 때문에, 피해자는 직접 린치를 가하거나 범인에게 결투를 선언하지 않는 한 증인의 맹세를 통해 고발의 근거를 마련해야 했다. 맹세를 하는 증인은 대개 현장을 목격한 자나 사안을 잘 알고 있는 자가 아니라 공식적인 절차에 따라 신뢰를 맹세한 가문의 일원이었다. 피고 역시 공식적인 절차에 의거한 결백선서를 통해 자신을 변호할 수 있었다. 만약 원고가 상대의 악행을 증언할 일곱 명의 증인을 내세우는 데 성공한다면, 피고는 무조건 유죄판결을 받았다.

12~13세기는 로마법이 재발견된 시대였다. 또 순결파나 발도파와 같은 그리스도교 이단이 성행하기도 했다. 이것은 두 가지 결과를 낳았다. 종교재판소에 이단을 심판하고 죄를 더 철저히 심사하는 공식적인 절차가 만들어진 것이다. 결과적으로 개인적인 사법조치가 약화되었다. 물론 변화는 하루아침에 나타난 것이 아니라 수백 년에 걸쳐 서서히 드러났다.

1495년 영구란트평화령(막시밀리안 1세가 독일 내의 치안을 유지하려는 목적으로 제정한 협정-옮긴이)이 발효되었음에도 불구하고 사적인 심판은 오랫동안 남아 있었다. 증거 제출의 핵심은 자백이었고, 자백을 강요하는 가장 효과적인 도구는 고문이었다. 새로운 법철학이 적용된 이단사 심판은 교회 역사에서 결코 칭찬할 만한 일은 아니었다. 그러나 어쨌든 우리의 주제에 속하는 것은 아니므로 여기서는 언급하지 않겠다.

푸른 수염의 사나이

그 대신에 새로운 시대를 확실하게 읽을 수 있는 한 살인사건 재판에 주목해 보자. 피고가 실제로 유죄였는지, 아니면 원고측이 교활한 속임수를 쓴 것인지는 오늘날까지도 논란의 여지가 있다. 유럽에서 가장 부유한 남자 중 하나로 온갖 시기를 한몸에 받았던 '푸른 수염의 사나이' 질 드 레 사건이다.

질 드 레는 프랑스군 원수로서 영국과의 전쟁에서 잔 다르크와 함께 싸운 영웅이었다. 그는 1434년 전쟁터를 떠나 방데와 브레타뉴의 장원으로 돌아왔다. 그러나 잔 다르크를 잃은 슬픔 탓인지, 아니면 워낙 사치스럽게 살아온 탓인지 돈이 궁해져 점점 더 많은 토지를 매각해야 했다. 병적인 낭비로 인해 금치산 선고를 받은 그는 이를 만회하기 위해 흑마술에 빠져들었다.

온갖 종류의 협잡꾼들이 그의 티포주 성에 들락거렸다. 흑마술의 세계로 그를 초대한 사람은 펠라티라는 이름의 피렌체 출신 전직 성직자였다. 훗날 제출된 고발장에 따르면 흑미사 중에 소년소녀가 제물로 바쳐졌다고 한다. 그는 수천 명의 아이들에게 ― "때로는 살아 있고 때로는 죽어 있는 채로" ― 비역질(남성간의 동성애―옮긴이)을 했으며, 낭트에 있는 저택에서 140명의 아이들을 잔혹한 방식으로 살해했다.

그러나 그가 재판을 받은 것은 아이들을 죽였기 때문이 아니라 교회에 대한 부당한 간섭이 이유였다. 질 드 레는 자신의 성을 구매한 사람을 집에 들어오지 못하게 하고 그의 형제를 심하게 구타했다. 이는 심각한 범죄였다. 구타를 당한 사람이 성직자였기 때문이다. 브레타뉴 공작과 낭트의 대주교는 이 과격한 대지주를 악인으로 만들 기회를, 그리고 그의 재산을 몰수할 기회를 놓치지 않았다.

1440년 9월 주교를 재판장으로 하는 재판이 열렸다. 질 드 레는 고발이 불합리하다고 주장하며 불의 심판을 통해 재판을 무효로 할 것을 요구했다. 법정은 허락하지 않았다. 오히려 그를 파문하고 고문하겠다고 협박했다. 고문 도구를 본 질 드 레는 생각이 달라졌다. 죄를 인정하는 광범위한 내용의 자백서를 제출했다. 이 자백서는 낭트의 시립도서관에 아직까지도 남아 있다. 10월 26일 그는 두 명의 공범과 함께 교수형에 처해졌다. 고위 신분이었기 때문에 시체에는 자비가 베풀어졌다. 화형장에서 소각되는 대신 교회의 장례식을 통해 속죄의 은사를 받았다.

세상은 이 대량살인범을 망각하지 않았다. 일부일처주의자인데다 아마도 동성애자였음에도 불구하고 그는 푸르스름하게 빛나는 수염을 가졌다는 이유로 전설적인 레이디 킬러 '푸른 수염'(프랑스의 전래 동화 속 인물로, 아내를 맞이할 때마다 차례로 죽인 남자―옮긴이)과 동일시되었다. 프랑스 문학도 질 드 레를 기념했다. 티포주에 있던 그의 성은 미셸 투르니에의 소설 『마왕』의 주인공, 소아성애자인 자동차 정비공 아벨 티포주의 이름이 되었다. 소설 속에서 아벨 티포주는 전쟁 포로가 되어 동프로이센에서 일생의 꿈을 실현한다. 나치 친위대의 한 기사단을 위해 순수 혈통의 금발 소년들을 모집한 것이다.

아름다운 살인범, 베아트리체 첸치

질 드 레에게서 자백을 받아내는 데는 고문 도구들을 보여주는 '겁주기'만으로 충분했다. 다음에 소개할 로마의 한 재판에도 고문이 중요한 도구로 사용된다. 귀족적 분위기에서 진행된 이 재판은 후세에 다양한 문학적 자취를 남겼다. 여기서는 범인이 아니라 피살자가 로마의 유명한 악인이었다.

16세기 이탈리아의 방탕하고 부도덕한 귀족 프란체스코 첸치 백작은 1598년 9월 8일 밤 압루첸에 있는 자신의 성 발코니에서 추락해 목이 부러져 죽었다. 그러나 성급하게 매장을 한 것이 의심을 유발했다. 유족이 로마로 돌아가던 즈음 마을에는 침실에 있던 핏자국에 관한 소문이 떠돌았다. 시체는 다시 파헤쳐졌고, 의사들은 살해되었다는 진단을 내렸다.

처음으로 심문을 받은 사람은 성에서 일하는 마을 출신 청년 마르치오였다. 심문을 받는 동안 그는 딜레마에 빠졌다. 사람들이 몇 번 밧줄을 높이 들어 협박하자 그는 올림피오라는 성의 관리인과 함께 범행을 저질렀다고 자백했다. 가족의 의뢰를 받아 부부 침실에 침입해서 자고 있는 노인에게 망치를 내리쳐 두개골을 부수었다는 것이다. 올림피오는 이미 알 수 없는 사람에 의해 살해당한 후였다.

가족 역시 밧줄시험을 피해갈 수 없게 되었다. 프란체스코의 두 번째 아내 루크레치아와 딸 베아트리체, 첫번째 아내 사이에 낳은 자코모와 베르나르도는 고문 끝에 죄를 인정했다. 폭군처럼 군림하면서 짐승 다루듯 자신들을 채찍으로 때린 노인을 없애버리기로 했다는 것이다. 우선 그들은 청부살인업체와 협상을 했지만 가격이 너무 비쌌다. 다음에는 독살을 계획했다. 하지만 노인은 의심이 많아서 음식을 먹기 전에 항상 다른 사람에게 맛보게 했기 때문에 이 계획도 성공할 수 없었다. 그러자 마침내 스무살의 베아트리체와 가까운 관계였던 올림피오가 물망에 오른 것이다. 베아트리체는 가족을 대표해서 살인계획을 조종하는 인물이었다.

로마에서 가장 유명한 변호사인 프로스페로 파리나치오가 변호를 맡았지만, 법정은 피고들에게 사형선고를 내렸다. 17세의 베르나르도만이 아직 어리다는 이유로 갈레선(11~18세기에 노예나 죄수들이 젓던 군함 – 옮긴이) 형벌을 받았다. 노인이 자기 딸을 강간했다는 변호사 파리나치오의 주장은 증거가 없었다.

1599년 9월 11일 네 명은 엄청난 인파가 거리를 점령한 가운데 엥겔교 옆 형장으로 인도되었다. 자코모는 큰 집게로 몸을 집힌 후 몽둥이에 맞아 죽었다. 두 여인은 베르나르도가 지켜보는 앞에서 참수되었다. 베르나르도는 두 번씩이나 자신의 무력함을 한탄해야 했다.

몬토리오의 산 피에트로 성당에 있는 베아트리체의 이름 없는 묘에는 곧바로 순례 행렬이 이어졌다. 이 아름다운 살인범은 로마 시민들에게 용서를 받은 터였다. 로마인에게 그녀는 오만한 귀족들에 대한 저항의 상징이 되었으며 그녀의 이야기는 전설이 되었다.

영국 시인 셸리는 드라마 『첸치 가(家)』에서 베아트리체의 편에 선다. 이 비극에 등장하는 악인은 괴물 같은 아버지이자 교황이다. 교황은 극한상황에 몰린 질망직인 가족에게 고통을 주고 은사를 내리지 않았던 것이다. 영국은 독자적인 길을 갔다. 영국은 로마법도 따르지 않았고 고문을 증거 확보의 확고한 도구로 받아들이지도 않았다. 그렇다고 해서 영국에서 고문이 없었다는 얘기는 아니다. 오히려 그 반대다. 종교개혁 이후 고집스럽게 국교를 거부하던 사람들이 대륙의 이단보다 더 부드럽게 다루어진 것은 아니었다.

1605년 11월 5일 왕과 정부, 의회를 공중에 날려버리려는 계획하에 매설된 화약통이 발견되었다. 모반에 참여했거나 방조한 사람들은 곧바로 무자비한 심문을 받았다. 자백을 거부하는 고집의 정도에 따라 족쇄를 채워 몸을 늘리는 의자를 사용하는 등 심문은 다양하게 진행되었다. 형리 토머스 노턴은 "신이 창조한 것보다 1피트는 족히 늘려 놓았다"고 자랑하다가 언동을 조심하라는 경고를 받기도 했다.

경찰의 등장

독일 황제 카를 5세는 자의적으로 고문에 의지하던 일관성 없는 사법 관행에서 탈피해 그 기준을 엄격하게 수립하려고 노력했다. 1532년 제정된 카롤리나 형사법전은 혐의가 충분할 때에만 피고를 "고통스럽게 심문"할 수 있다고 규정했다.

심문은 재판관, 재판소 직원과 서기가 보는 앞에서 실시되었다. 우선 고문을 하겠다는 협박은 허용되었다. 피고가 죄를 부인하지만 혐의가 계속 남아 있고 다른 방식으로 자백을 받아낼 수 없다면, "선량하고 이성적인 재판관의 재량에 따라" 짧거나 길게, 부드럽거나 가혹하게 고문이 시행되었다.

고문 도중에는 기록하는 일이 금지되었다. 중요한 것은 고통스러운 심문을 받은 사람이 이후에 한 말이었다. 그러나 고문이 임의적으로 자주 반복될 수 있었기 때문에 원래 피고를 보호하기 위한 이 규정은 의미를 잃고 말았다. "선량하고 이성적인 재판관"이라고 해서 더 나을 것도 없었던 것이다.

다음 2세기 동안 여실히 증명된 것처럼 규정은 매우 탄력적으로 적용되었기 때문에, 고문에 열광하는 광신자나 정신질환을 가진 사디스트들도 고문을 시행하는 데 별 어려움이 없었다.

그렇다면 이렇게 묻지 않을 수 없다. 도대체 경찰은 무슨 일을 했는가? 경찰이라는 개념이 생겨난 것은 1500년 무렵이었다. 1530년 이후로는 '로마 황제폐하의 질서와 훌륭한 신성로마제국 경찰의 개혁에 관한 법령'이 있었다. 이에 의거해 지방 제후와 황제 직속 도시들은 곧 독립적인 경찰 체제를 수립했다. 그러나 당시 경찰은 범죄를 밝혀내는 일에 전혀 관여하지 않았다. 그들이 하는 일은 건강, 건축, 화재, 풍속에 관련된 것이었다. 범죄를 담당하는 경찰은 18세기에서 19세기로 넘어가는 시기에 처음으로 생겨났다.

경찰의 등장은 시대 상황과 밀접하게 관련되어 있다. 경찰들은 고문을 허용하고 신뢰하는 일에 점차 회의를 표하고 이성적으로 판단 가능한 증거를 확보하는 데 비중을 두기 시작했다. 카롤리나 형사법전이 환기시킨 성서의 원칙("증인 두 명의 입에서 나온 말은 진실로 통용된다")은 괴테의 『파우스트』에서 악마 메피스토펠레스가 말함으로써 그 설득력을 심각하게 상실했다. 증인과 고문을 무조건 신뢰할 수 없다는 사실은 전 유럽을 경악시킨 어느 형사재판 스캔들을 통해 극명하게 증명되었다.

사법살인의 제물, 장 칼라

1761년 10월 13일 남프랑스 툴루즈의 수건 상인 장 칼라 가족은 점심식사를 하기 위해 집에 모여 있었다. 장남 마르크 앙투안은 법학 공부를 마쳤지만 신교도였기 때문에 가톨릭이 지배하는 이 도시에서 일자리를 찾지 못하고 있었다. 그는 빈둥거리면서 자살에 관한 햄릿의 대사를 읊조리곤 했다.

그런데 어느 날 점심식사 후에 갑자기 앙투안이 보이지 않았다. 동생 피에르와 식탁에 함께 앉아 있던 학교 친구가 반시간 동안 그를 찾았다. 그는 집 건너편 상점에서 시체로 발견되었다. 문기둥 위쪽의 봉에 목을 매 죽어 있었다. 당황한 아버지는 함께 있던 사람들에게 이것은 사고임을 증언해 달라고 종용했다. 당시 관습에 따르면 자살한 사람의 시체는 벌거벗긴 채 거리로 끌려가 교수대에 매달려졌기 때문이다.

하지만 아버지의 판단은 불행의 씨앗이었다. 앙투안이 자살했다는 사실을 그대로 밝히는 편이 차라리 나았다. 죽은 사람의 수치심보다 더 큰 불행이 가족을 기다리고 있었으니, 집에 불려온 의사가 피살자의 목에서 교살 반점을 발견한 것이다. 이제 더 이상 자살이 문제가 아니었다. 가족과 손님 모두가 살인혐의로 기소되었다. 동기는 충분했다. 동생 피에르는 이미 가톨릭으로 개종한 상태였고, 죽은 앙투안만이 신교도들과의 연대감을 저버리지 못하고 아직 개종하지 않았었다.

웅장하고 호화롭게 장식된 고인의 유해는 순교자로서 대성당에 안치되었다. 1심은 부모와 피에르에게 사형을 선고했다. 학교 친구는 갈레선행 처벌을 받았고, 신교도 주인의 무죄를 맹세했던 가톨릭 유모는 5년 구금형을 선고받았다.

제2심인 툴루즈 의회는 60명 이상을 소환해 증언을 청취했는데 그중에 당시 현장에 있던 사람은 아무도 없었다. 모두들 이 흥미로운 사건을 미리 들어서 알고 있다는 정도였다. 의회는 다른 가족에게는 무죄를 선고했지만 아버지에게는 사형을 선고했다. 어떻게 64세의 노인이 장성한 아들을 제압해서 목을 조를 수 있었는지는 염두에 두지도 않았다. 밧줄고문과 물고문을 받았지만 장 칼라는 결코 자백하지 않았다. 1762년 3월 10일 그는 대성당 앞 광장에서 거열형을 받았다. 2시간 동안의 고통 속에서도 계속 자신의 무죄를 주장하다가 교살되었으며, 그의 재산은 몰수되었다.

미망인과 피에르가 툴루즈 북쪽 몽토방에 잠적한 동안 사건 당시 툴루즈에 없었던 막내아들 도나는 신교도 도시인 제네바로 피신했다. 거기서 도나는 사상가 볼테르를 알게 되었다. 볼테르는 사건에 관한 자세한 이야기를 듣고 논쟁서 『관용론』에 이 사법살인 이야기를 담았다. 파리의 살롱뿐만 아니라 교양 있는 사람들 모두가 분노에 휩싸였다. 러시아 여황제와 영국 여왕은 볼테르가 주창한 기부금 모금에 일조했다. 수상 슈아죌은 미망인을 접견했고 재심을 지시했다.

툴루즈 의회는 재판 기록 제출을 지연시키고자 수천 가지 이유를 찾았지만 결국 이 불가피한 일에 끼어들어야 했다. 1765년 3월 9일 추밀원은 판결이 무효라고 선언하고 이미 죽은 장 칼라에 무죄를 신언했다. 루이 15세는 가족에게 3만 리브르의 피해보상금을 보증했다.

그 전해에 밀라노의 법학자 체사레 베카리아는 짧은 글 하나를 발표했는데, 이는 곧 온 유럽 언어로 번역되었다. 「범죄와 처벌에 관해」라는 제목의 이 글은 고문과 사형제 철폐에 대한 주장을 담고 있었다. 베카리아의 두 번째 주장(사형제 폐지)은 시대를 너무 앞선 것이었기에 우선은 첫번째 주장(고문 폐지)에 모든 관심이 집중되었다.

스웨덴은 1734년에 벌써 고문을 철폐했다. 프로이센이 1740년에 뒤를 이었지만 살인과 국가반역혐의에 관한 재판에서는 여전히 고문을 사용했다. 1754년에는 이 예외조항 역시 사라졌다. 스웨덴과 프로이센의 예는 모범이 되었다. 1767년에는 바덴공국이, 1770년에는 작센이, 1776년에는 오스트리아가, 1789년에는 프랑스가, 1801년에는 러시아가 각각 뒤를 이었다. 1751년 개정된 형법전에서 아직 4단계 고문을 허용했던 바이에른조차 1809년 전 유럽의 유행에 합류했다. 최후의 독일 국가로서 작센-코부르크-고타가 1828년에야 마침내 한때 그토록 사랑받던 증거 확보 수단을 포기했다.

고문 철폐의 결과는 쉽게 예측할 수 있는 것이었다. 자백은 독점권을 잃었고, 사안을 밝혀내고 범인임을 입증할 증거를 확보하기 위해 다른 수단을 투입해야 했다. 카롤리나 형법전이 명시적으로 금지했던 정황증거가 그 명예를 회복했다. 그러나 이제 정황증거가 내리는 평가로 인해 법정은 더 큰 압박감에 시달리게 되었다. 새로운 관료제의 등장이 필요했다. 범죄수사 경찰의 시대가 다가오고 있었던 것이다.

흔적과 알리바이를 찾아서

경찰과 법의학자의 불확실한 첫걸음

루이 14세가 죽은 후 어린 루이 15세를 대신해 섭정을 펼친 사람은 오를레앙 공작이었다. 공작은 평소 못마땅하게 생각했던 경찰국장 아르장송을 해임하고 싶었지만 생각만큼 쉬운 일이 아니었다. 공작을 사적으로 알현한 자리에서 아르장송은 공작이 스페인 국왕에 대한 역모에 개입한 사실을 폭로하겠다고 협박했다. 사건에 연루된 오를레앙 공작은 어쩔 수 없이 그에게 경찰국장 자리를 보장해 주었다. 이 남자는 정말이지 너무 많은 사실을 알고 있었다.

당시 프랑스 경찰이 모든 첩보 조직을 통해 취합했던 정보는 현대 범죄학에서는 상상도 할 수 없을 만큼 방대했다. 감시를 피할 수 있는 사람은 아무도 없었다. 신분의 사다리에서 더 높이 위치하고 더 큰 영향력을 가진 사람일수록 감시받는 강도도 심했다. 그 가운데 특히 신력을 발휘한 정보원은 가발 제조업자였다. 그들이 알고 있는 것은 고객의 머리카락만이 아니었다.

　범죄수사의 체계를 세운 최초의 경찰국장은 니콜라 베리에 드 라브 노빌이었다. 퐁파두르 후작부인의 총애를 받았던 그는 용의자 리스트를 작성하고 지명수배서를 통해 범인을 찾았다. 1750년경 3명의 수사관으로 출발한 보안수사국 '쉬레테'는 프랑스 범죄수사 경찰의 모태이다. 하지만 이와는 별개로 베리에 국장은 파리인들에게 되레 미심쩍은 명성을 남겼다. 그가 지시한 일제 검거는 특히 거지 소녀들을 노렸는데, 이는 사랑에 굶주린 독재자(루이 15세)에게 신선한 소녀의 육체를 바치는 것으로 해석되었기 때문이다. 이에 반대하는 폭동이 여러 차례 일어났다.

사기꾼 혹은 경찰의 앞잡이

　다음 진일보는 반세기 이상의 시간을 필요로 했다. 1809년 앙리 경감은 파리 경찰국의 새로운 부서인 범죄사건과 과장으로 임명되었다. 그의 사무실은 원래 예루살렘 거리에 있었다. 그러나 앙리 경감을 모델로 멋진 추리소설을 쓴 조르주 심농(Georges Simenon)의 팬이라면 허구 인물 메그레 경감의 주소 ― 오르페브르 36번가 ― 만을 기억할 것이다.

　범죄사건과 과장이 된 앙리는 자신을 프랑수아 비도크라고 소개한 어느 신사의 방문을 받았다. 비도크는 일찍이 나쁜 꾐에 빠져 불행한 시절을 보냈다는 하소연으로 이야기를 시작했다. 포주이자 사기도박꾼으로 근근이 살았던 그는 문서위조 및 다른 불법행위로 인해 여러 차례 갈레선 형벌을 선고받았다. 하지만 매번 도망쳐서 잠적한 끝에 작은 점포를 열었다. 기쁨도 잠시, 사창가에서 알았던 옛 지인들이 그를 찾아내서 협박했다고 한다. 비도크는 앙리에게 한 가지 거래를 제안했다. 경감이 자신의 과거를 묵인해 준다면 암흑가에 관한 광범위한 지식을 알려줄 용의가 있다는 것이다.

앙리는 제안을 수락하고는 남들의 의심을 사지 않기 위해 일단 비도크를 체포했다. 비도크는 임시로 감옥에 수감된 후 다른 수용소로 이송되는 중에 '도주'했다. 그 직후에 앙리 경감은 위험한 위조사기단 일당을 소탕했다. 쉬레테 최초의 수사 성과였다. 처벌받은 동료들의 저항이 없었던 것은 아니지만 비도크는 18년 동안 쉬레테의 영혼으로 살았고, 마침내 12명의 동업자와 함께 생 안 가(街)에서 독자적인 사무실을 운영하기도 했다.

은퇴 후에 그는 자신이 체험한 온갖 범죄들을 기록한 『회고록』을 펴내고 세계 최초의 사립탐정 사무소를 열었다. 이 개인적 사업은 쉬레테의 옛 동료들에게 나쁜 영향을 미쳤다. 비도크는 직권남용혐의로 체포되었고, 전과가 갑자기 거론되기 시작했다. 하지만 그 사이에 일종의 명성을 얻었던 터라 별다른 처벌을 받지 않고 풀려났다.

소설가 발자크는 『고리오 영감』에서 비도크를 모델로 하여 범죄의 명인 '보트랭'을 창조했다. 발자크의 많은 소설 속에서 보트랭은 선과 악의 저편에 서서 가공할 만한 성과를 내며 핵심적인 역할을 수행한다.

빅토르 위고 역시 『레미제라블』을 집필하기 전 파리의 암흑가에 관해 최대한 '자연'(현실)에 충실한 모습을 얻기 위해 비도크에게 자문을 구했다고 한다. 주인공인 갈레선 죄수 장발장이 석방된 후 신망을 얻지만 다시 과거의 부름을 받게 되는 것도, 비도크의 영향 때문일 것이다.

비도크의 『회고록』을 읽은 사람은 발자크와 위고뿐만이 아니다. 괴도 뤼팽의 작가 모리스 르블랑을 비롯해 에드거 앨런 포, 코난 도일 등 많은 추리소설 작가들이 비도크를 영감의 원천으로 삼았다. 시인으로 성공하고자 했으나 뜻대로 되지 않아 희대의 범인이 되기로 결심한 사나이, 라세네르 역시 비도크의 독자였다.

우아한 살인범, 라세네르

1834년 12월 31일 한 은행 사환이 파리 시장 근처 몽토르고이 가에 있는 '마호시에'라는 신사에게 돈을 가져다주라는 심부름을 받았다. 사환이 그곳에 들어서자마자 등 뒤의 문이 쾅 닫혔다. 한 남자가 그를 덮치더니 목을 조르기 시작했다. 이어서 등쪽으로 또다른 남자가 공격을 해왔다. 사환은 힘센 남자였다. 그는 돈가방을 지키면서 고함을 질렀고 당황한 범인들은 줄행랑을 쳤다.

수사를 맡은 사람은 쉬레테의 캉러 경위였다. 그는 모든 호텔의 명부를 조사해 마호시에가 피첼리에라는 남자와 방을 함께 썼다는 사실을 알아냈다. 호텔 주인이 기억한 바에 따르면 피첼리에는 붉은 머리칼을 가진 거구의 사내였다. 그런데 며칠 전 강도 혐의로 체포된 사람이 바로 그런 인상착의를 하고 있었다. 그의 이름은 피첼리에가 아니라 프랑수아였다. 프랑수아는 자신이 피첼리에와 동일 인물임을 자백했다. 은행 사환은 그가 자신을 공격했던 두 남자 중 한 명이라고 확인했다.

프랑수아의 자백은 더 있었다. 사환을 습격하기 2주 전에 마호시에 — 프랑수아는 그를 가이야르라고 알고 있었다 — 가 생 마르탱 가에서 과부 샤르동 부인과 그 아들을 때려죽이고 도둑질을 했다는 것이다. 이어서 아브릴이라는 이름의 다른 죄수 한 명이 나타나 가이야르를 체포하는 데 도움을 주겠다고 자청했다. 곧 밝혀진 사실에 따르면 수배자의 이름은 마호시에도 가이야르도 아닌 피에르 라세네르였다. 그는 34세의 건실한 시민 가정 태생의 남자였다. 그는 군대에서도 저술 활동에서도 뜻한 바대로 성공을 거두지 못하자 범죄의 세계로 들어서기로 결심했다고 한다. 2월 초 본에서 체포되었을 때 혐의는 파리에서의 강도살인이 아니라 어음 위조였다.

1835년 11월 12일 파리 배심재판소에서 라세네르, 프랑수아, 아브릴에 대한 재판이 열렸다(그 사이에 아브릴은 생 마르탱 가에서 있었던 두 건의 살인사건에 가담했다고 자백했다). 라세네르는 마치 연극의 주인공인 듯 재판을 즐겼다. 감옥에서도 비망록을 쓰면서 많은 방문객을 맞았다. 특히 수많은 여성들이 그를 타락한 천사라며 숭배했다(라세네르는 남자들을 선호했다).

도스토예프스키는 자신이 발행인으로 있던 잡지의 발행부수를 늘리기 위해 라세네르의 비망록을 게재하기도 했다. 전당포 여주인과 그 여동생을 살해한 대학생 라스콜리니코프는 자신이 도덕적인 체하는 속물보다 더 우월하다는 사실을 증명하고자 했다는 점에서 라세네르와 많은 공통점을 가지고 있다. "나는 나폴레옹인가, 아니면 한 마

원고석에 앉아 있는 라세네르.
수많은 여성들이 그를 '타락한
천사'라며 숭배했다.

리의 이인가?" 양심의 가책에 빠졌을 때 라스콜리니코프는 그렇게 묻는다. 라세네르는 사회와 '결투'한 것이라고 말한 적이 있다. 「올림포스의 아이들」이라는 영화에서 마르셀 에랑이 이 우아한 살인범을 연기했다.

라세네르와 아브릴은 사형을, 프랑수아는 종신형을 선고받았다. 라세네르가 처형될 때에는 예상치 못한 사고가 일어났다. 기요틴(단두대 – 옮긴이)의 날이 사형수의 목을 반만 자른 것이다. 라세네르는 경악하여 고개를 돌렸고, 기요틴의 날이 다시 높이 올라가서 자신의 목젖을 내리찍는 모습을 두 눈 뜨고 지켜보아야 했다.

라세네르가 복수하고 싶어한 대상은 사회 전체였다. 그를 포함하여 모든 범죄자들이 증오하는 대상 중에 단연 첫째를 차지하는 것은 바로 왕가였다. 부르봉 가, 오를레앙 가, 나폴레옹 3세, 이들 모두가 범행의 목표였다. 그러나 목표를 달성한 행운의 주인공은 단 한 명에 불과했다. 루벨이라는 이름의 한 피혁세공인이었다.

루벨은 1820년 2월 13일 오페라를 관람하고 나오는 루이 18세의 조카 베리 공작을 칼로 찔러 죽였다. 나폴레옹의 맹신자였던 루벨은 저항하지 않고 순순히 붙잡혔고, 부르봉 가 전원을 말살하겠다는 결의까지 당당하게 자백했다. 루이 15세를 창으로 공격했던 미치광이 하인 로베르 다미엥은 처형되기 직전 불에 달군 집게로 참혹한 고문을 받았지만, 루벨은 고문을 받지 않았고 심문 중에 의사가 그의 혈압을 체크했다. 이것은 훗날 거짓말탐지기와 유사한 절차였다.

시한폭탄과 황제 암살

코르시카인 조세프 피에쉬가 1835년 7월 28일 '시민왕' 루이 필립을 암살하려던 사건은 더욱 스펙터클했다. 군대가 탕플 대로에서 퍼레이드를 벌이는 동안 갑자기 큰 폭음이 들렸다. 루이 필립은 가벼운 부상만을 입었다. 그러나 노(老)대신 모르티에를 비롯한 12명의 궁신이 사망했다. 부상자 중에는 피에쉬도 포함되어 있었다. 한 집에서 창문을 통해 가느다란 연기가 스며나오는 것을 발견한 경찰이 그 집으로 몰려갔고 그곳에서 피를 쏟아내는 범인과 함께 시한 폭탄을 발견했다. 시한폭탄은 24개의 총신으로 조립되어 있었다. 폭발은 범인의 손가락 세 개를 앗아갔다.

나폴레옹 3세에 대한 습격 역시 목표를 달성하지는 못했지만 애초에 노렸던 정치적 효과를 거두었다. 1858년 1월 14일 황제 가족이 작센-코부르크-고타 공작과 함께 오페라를 보기 위해 극장에 갔을 때였다. 이 극장은 베리 공작이 살해된(루벨에 의해) 후 철거된 리슐리외가의 건물도, 3년 후에야 공사를 시작한 가르니에 궁도 아니었다. 황제 가족이 방문한 극장은 '탄호이저 스캔들'(1861년 3월 막을 올린 바그너의 오페라 「탄호이저」와 관련된 스캔들. 당시 이 오페라 무대는 음악 외적인 요소로 인해 큰 방해를 받았고, 이에 분노한 바그너는 단 3회 공연만으로 작품을 내렸다 - 옮긴이)로 음악사의 한 장을 열었던, 르 팔라티에 가의 임시 건물이었다.

9시경 마차 행렬이 건물 가까이 왔을 때 네 개의 시한폭탄이 터졌다. 가로등이 파괴되고 입구의 유리 지붕이 굉음을 내며 바닥에 떨어져 깨졌다. 보도에는 죽어가는 사람과 말들이 뒹굴었다. 황제의 의장 마차도 무사하지는 못했다. 그러나 걸려서 움직이지 않는 문을 열어보니 다행히도 황제 부부는 다치지 않았다.

공연이 이미 시작된 극장 안에서도 폭발 소리를 들을 수 있었다. 피범벅이 된 옷을 입은 유제니 황후가 황제용 특별석에 들어오자 일층 관람석에서는 소동이 일었다. 하지만 황후의 옷에 묻은 피는 유리 파편에 목을 다친 부관의 것이었다. 막간에 황제 부부는 놀라서 달려온 귀족들의 안부인사를 받았다. 자정 무렵 튈레리앙으로 돌아오는 길은 개선행진과도 같았다. 파리 시민 모두가 거리로 나와 기적적으로 살아난 황제를 위해 환호성을 올렸다.

범죄의 전모는 신속하게 밝혀졌다. 믿기지 않는 우연이 수사관들을 도왔다. 경찰관 한 명이 폭발 몇 분 전에 우연히 강도죄로 수배 중이던 이탈리아인 피에리를 알아보고 체포했던 것이다. 남자의 몸에서 다섯 번째 시한폭탄이 발견되자, 그는 자신이 범인들 중 한 명임을 자백했다. 나머지 일당을 색출하는 것은 식은죽 먹기였다. 주동자는 이탈리아 출신의 직업혁명가 펠리스 오르시니(Felice Orsini)였다. 그는 프랑스군이 이미 자리에서 물러난 교황을 로마로 추방한 일에 분격해 황제를 심판할 것을 결심했다고 한다. 다시 한 번 교회국가를 몰락에서 구원하기 위해서였다.

법정에서 오르시니는 나폴레옹 3세에게 이탈리아를 현교황과 오스트리아의 멍에로부터 해방시켜 달라고 호소했다. 그의 열정적인 언변과 귀족적인 풍모는 충분히 인상적이었다. 황후까지도 남편의 엄명이 아니었다면 폭발범을 만나기 위해 감옥에 갔을지도 모른다는 소문이

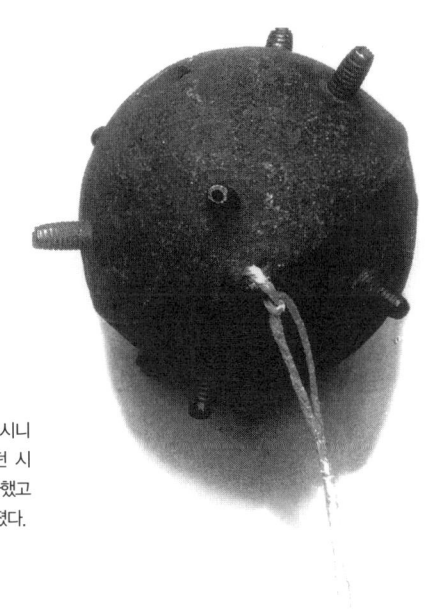

직업혁명가인 펠리스 오르시니가 나폴레옹 3세에게 던졌던 시한폭탄. 그러나 황제는 무사했고 오르시니는 참수형에 처해졌다.

떠돌 정도였다. 반년 동안 음모를 꾸며 유혈 쿠데타를 일으킨 끝에 권좌를 획득했던 황제 역시 이런 식의 언변에 영향을 받지 않을 수 없었다. 황제는 관리인에게 측근을 보내 국시에 의거, 사형집행을 피할 수는 없다는 유감을 표하도록 했다. 1858년 3월 13일 오르시니와 공범 피에리는 참수형에 처해졌다. 또다른 두 명의 범인은 악마의 섬으로 추방되었다.

4개월 후 사르디니아 왕국 수상 카밀로 카부르는 플롬비에르라는 가명으로 북프랑스 보제상 지역을 여행했다. 나폴레옹 3세가 소화불량을 완치시켰던 곳이다. 비밀이 엄수된 만남에서 그들은 사르디니아가 오스트리아에게 전쟁을 선포하고 프랑스는 사르디니아를 돕기로 약조했다. 이탈리아의 통일을 위한 첫걸음이었다. 결국 오르시니는 자신의 목표를 달성한 것이다.

오르시니의 시한폭탄은 범죄사의 새로운 장을 열었다. 허무주의자나 무정부주의자들이 시민사회에 염증을 느끼고 새로운 모색을 하던 시대였다. 폭탄은 그들에게 더없이 좋은 수단이었다. 물론 그들이 좋아한 폭탄 재료는 오르시니가 영국에서 들여온 뇌수은이 아니라 알프레드 노벨에 의해 시장에 도입된 화학의 최신 유행, 다이너마이트였다. 다이너마이트로 인해 러시아 차르 알렉산드르 2세는 소위 '인민의 의지파'라고 불리던 집단에게 살해되어 공중분해되었다. 1890년대 초, 무정부주의자 라바콜 역시 다이너마이트 연쇄 테러를 일으켜 파리인들을 몇 달 동안 공포로 몰아넣었다.

또 1883년 9월 니더발트에서 독일 통일을 기념하는 조각상 봉헌식이 열렸을 때 최고 통치자들을 죽일 뻔했던 것도 다이너마이트였다.

축하 손님들 중에는 노황제, 황태자 부부, 황손 빌헬름과 18명의 제후들이 있었다. 그들이 목숨을 부지할 수 있었던 것은 8명의 범인 중 한 명인 피혁세공인 루프쉬 때문이었다. 그는 35페니히를 아끼려고 방수가 되지 않는 뇌관(포탄이나 탄환 따위의 화약을 점화하는 데 쓰는 발화용 금속관 – 옮긴이)을 샀는데, 이것이 가느다란 보슬비 때문에 꺼져버렸던 것이다.

식물 독을 쓰시오

미리 말해두지만, 파리 경찰국 쉬레테는 3건의 암살사건을 힘들이지 않고 밝혀냈다. 어려운 것은 독살사건이었다. 독살에 관해서는 뒤에 따로 장을 만들어 살펴볼 것이다. 여기서 소개할 두 재판은 법의학 초기에 매우 중요한 의미를 던져주는 주목할 만한 사건이다.

문제가 된 것은 우선 의학자들의 의견이 매우 엇갈렸다는 점이다. 배심원들은 다른 근거를 바탕으로 판단을 내려야만 했다. 두번째로 현대 독물학의 창시자 마티외 오르필라(Mathieu Orfila)의 감정이 있었다. 그러나 그의 감정이 결정적이었음에도 불구하고 피고가 유죄인지 무죄인지는 오랫동안 논란의 불씨로 남았다.

1823년 젊고 부유한 파리 시민 오귀스트 발레가 생 클루드로 여행을 가던 중 갑작스러운 구토와 마비증상을 보이면서 쓰러졌다. 함께 여행하던 27세의 의사 에드메 카스탱이 그를 헌신적으로 보살폈다. 발레의 요청으로 또다른 의사가 도착했고, 그 의사는 다시 파리 의학계의 권위자에게 자문을 받았다. 그들 역시 죽어가는 사람을 살릴 수 없었다.

　동공이 좁아지는 특이한 현상을 관찰한 의사들은 모르핀 중독이라고 추측했다. 부검이 시행되었지만 당시 식물의 독을 몸에서 추출해 내는 방법은 없었다. 따라서 전문가들은 모르핀의 자취를 발견할 수 없었다. 하지만 또 한 가지 의심스러운 정황이 있었다. 죽은 사람이 남긴 유언장에 따르면 주치의 카스탱이 엄청난 재산의 유일한 상속인이었던 것이다. 게다가 이 재산은 오귀스트 발레가 8개월 전 사망한 형 이폴리트로부터 상속받은 것이었다. 당시 형이 사망했을 때의 증상도 오귀스트와 똑같았다. 이폴리트가 죽은 후 그때까지 돈 문제로 골치를 썩었던 카스탱은 모든 빚을 갚고 심지어 4만 프랑을 남겨 어머니에게 빌려주고 주식까지 샀었다.

　경찰은 이폴리트의 시체를 무덤에서 꺼내 검시하게 했다. 눈에 보이는 성과는 없었다. 그러나 카스탱은 살인혐의로 기소되었다. 재판은 감정인들 간의 본격적인 싸움으로 변질되었다. 모르핀 치사량뿐만 아니라 그것이 동공에 미치는 영향까지 논란거리였다. 다수의 전문가들이 ― 오늘날 우리는 당연히 알고 있는 사실이지만 ― 동공 축소가 특징적이라고 생각한 반면, 혁명 이후 프랑스 의학 연구를 새롭게 조직화한 해부학자 프랑수아 쇼시에(François Chaussier)는 모르핀 중독은 동공을 확대시킨다는 주장을 완강하게 고집했다.

　결국 검사가 참지 못하고 화를 냈다. 검사는 독극물이 몸에서 검출될 때에만 유죄판결을 내린다면 그것은 범인들에게 면죄부를 주는 것과 같은 일이라고 소리쳤다.

　"친애하는 살인자들이여, 비소나 금속성 독극물을 사용하지 마시오. 흔적이 남습니다. 식물 독을 사용하시오! 당신들의 아버지에게 독을 쓰시오. 당신들의 어머니에게, 전 가족에게 독을 쓰시오. 그러면 유산은 당신의 것이 될 것이오! 겁내지 마시오! 당신들의 행동은 처벌받지 않을 것이오!"

검사의 변론은 감동적이었다. 카스탱은 − 물론 오귀스트에 대한 살인만으로 − 사형선고를 받고 단두대에 올랐다. 식물 독을 추출하는 것은 1851년에야 성공했다. 벨기에의 화학자 장 세르베 스타(Jean Servais Stas)가 개에게 니코틴을 억지로 먹이는 실험을 통해 밝혀냈다. 1849년 보카르메 백작과 백작부인에 의해 니코틴으로 독살당했던 백작부인의 남동생이 보였던 징후를 개들이 똑같이 보여주었던 것이다.

위 속의 독극물

고전적 무기인 독극물 비소는 1775년 스웨덴의 약학자 카를 빌헬름 셸레(Karl Willhelm Scheele)에 의해 처음으로 추출되었다. 그는 독약으로 쓰이던 소위 '유산(遺産)의 가루'에 염소나 왕수를 첨가하면 그것이 비산으로 바뀌고 이것이 다시 아연과 만나 마늘향이 나는 독가스가 된다는 사실을 발견했다. 베를린 의학회 시보(試補)인 발렌틴 로제(Valentin Rose)는 1806년 독극물 찌꺼기에서 금속성 비소의 함유를 확인하는 방법을 개발했다.

좀더 신뢰할 수 있는, 오늘날까지도 적용되는 방법은 1836년 영국화학자 제임스 마쉬(James Marsh)가 창안했다. 결혼 전 키펠레리는 성을 가졌던 마리 라파쥐에 대한 재판(19세기에 가장 볼거리 많은 재판 중 하나였다)에서 이 방법은 원고의 손에 결정적인 승리의 카드를 쥐어주었다.

물론 마쉬도 해결하지 못한 문제가 하나 있긴 했다. 당시 비소는 가능한 모든 목적에 사용되었기 때문에 비소를 소유하고 있는 것만으로 살인죄가 있다고 증명하지는 못했다. 예를 들어 나폴레옹의 머리카락에서 발견한 비소의 흔적으로 일부 아마추어 탐정들은 그가 독살당했다는 결론을 이끌어냈다. 하지만 그것은 그의 머리카락이 비소로 보존되었다는 사실을 의미할 수도 있다.

마리 카펠레는 가진 것은 없지만 야망이 아주 큰 젊은 고아였다. 파리 사교계에 한몫 끼기 위해서 그녀는 부유한 상속인 행세를 했다. 한번은 마리의 여학교 친구의 결혼식 도중에 신부의 보석이 사라지는 사건이 있었다. 마리가 제일 먼저 의심을 받았지만 신랑인 로토 자작이 의심할 이유가 없다고 해서 사건은 무마되었다.

그런데 이상하게도 그 직후 마리에게 지참금이 생겼다. 샤를 라파쥐라는 이름의 성주가 중매자를 통해 마리에게 청혼했다. 양쪽 모두 서로에게 속았다는 사실을 알았을 때는 너무 늦었다. 라파쥐는 낭만적인 기사가 아니라 조잡한 제철공이었다. 중앙 산맥 지대에 있는 그의 성 '르 그랑디에'는 반쯤은 무너져내린 황폐한 수도원 건물로, 라파쥐가 용접 일을 하던 곳이었다. 그나마 빚을 감당할 수 없어 가동조차 하지 않던 상태였다. 그가 결혼할 결심을 한 것은 오직 몰락한 기업을 되살리기 위해서였다. 그러나 그러기에는 마리의 지참금이 충분하지 않았다.

마리는 남편을 따라 무너져가는 수도원으로 들어갔지만 동침만은 완강히 거부했다. 라파쥐는 계속 강요했지만 그녀는 자살기도로 답했다. 결국 남편은 자신에게 주어진 금욕자의 역할에 순응해야만 했다. 1839년 12월 라파쥐가 특허를 신청하기 위해 파리로 떠날 때 그녀는 갑자기 자신의 전 재산의 상속자로 그를 지명하고 남편에게도 자신과 똑같이 해줄 것을 요구했다. 남편은 그녀의 소원을 들어주었지만, 몰래 자신의 어머니를 유일한 상속인으로 기록한 두 번째 유언장을 작성했다.

크리스마스가 되자 그녀는 파리의 남편에게 직접 케이크를 가져다주었다. 케이크를 먹은 남편은 고통을 호소하며 하루 종일 침대에 누워 있었다. 1월 3일 르 그랑디에로 돌아온 후에는 상태가 더 나빠졌다. 마리는 애정을 다해 그를 간호하며 트뤼플 버섯으로 만든 요리를 내주었다. 이 음식을 먹은 라파쥐는 다시금 '파리에서의 병'을 앓았다. 먹은 것을 모두 토하고 심한 경련을 일으켰다. 주치의는 콜레라 진단을 내렸다. 병든 남편이 밤에 편히 쉴 수 있도록 쥐를 잡아야 한다며 마리가 비산 처방전을 달라고 부탁했을 때에도 의사는 아무 의심 없이 내주었다. 1월 14일 라파쥐는 사망했다.

르 그랑디에 성에는 어느 여류화가가 함께 살고 있었다. 그녀는 마리가 흰색 가루를 수프에 넣어 남편에게 가져다주는 장면을 보고 그 접시와 라파쥐가 마셨던 우유 잔을 몰래 확보했다. 근처에 살고 있던 약사는 라파쥐 부인이 12월 12일, 즉 케이크를 보내기 전에 자신에게 와서 대량의 비산을 구입했다는 사실을 확인해 주었다. 마리는 남편이 돌아오기 하루 전날인 1월 2일에도 다시 한 번 비산을 구입했다고 한다.

미망인은 체포되었고 법정에 섰다. 일단은 절도혐의였다. 신문기사를 읽고 경악한 로토 자작이 아내의 보석 절도사건을 고발한 것이다. 경찰은 르 그랑디에를 수색했고 잃어버린 보석을 찾아냈다. 마리는 애인에게 협박당했던 자작부인이 보석을 자신에게 맡기면서 팔아 달라는 부탁을 했다고 변명했다. 법정은 그녀의 말을 믿지 않았다. 그녀는 2년 금고형을 선고받았다.

1840년 9월 3일 툴르에서 열렸던 살인사건 재판은 전 프랑스에서 몰려온 호사가들과 저널리스트들로 가득 차 있었다. 검은 옷으로 온몸을 휘감은 미망인은 분노에 몸을 떨며 결백을 주장했고, 관중 대부분은 그녀의 편이었다. 특히 마리의 일이 남의 일 같지 않았던 여성들의 호응이 컸다.

이번에도 전문가들은 별 도움을 주지 못했다. 그들은 수프 접시와 우유 잔에서 비산을 발견했지만 시체에서는 찾을 수 없었다. 자기 고객의 무죄를 확신했던 변호사는 독극물에 관한 정평 있는 책을 쓴 마티외 오르필라를 파리에서 불러올 것을 요청했다. 오르필라가 도착해 시체의 위 속에 있는 내용물과 위, 그리고 다른 장기를 검시하고 당시로선 새로운 방법이었던 마쉬 테스트(Marsh Test, 제임스 마쉬가 개발한 방법으로 미량의 비소 흔적을 발견하는 시험법 – 옮긴이)를 시행했다. 마침내 그는 시골 동료들이 찾지 못했던 비산의 분명한 흔적을 발견했다. 그의 감정서는 폭탄과도 같았다. 오르필라가 법정을 떠날 때 재판장은 역마차 타는 곳까지 지방 경관들에게 호위하도록 했다.

9월 19일 마리 라파쥐는 살인죄로 종신 강제노역형을 선고받았다. 루이 필립 왕은 종신금고형으로 감형해 주었다. 판결은 '라파쥐주의

현대 독물학의 창시자 마티외 오르필라. 동시대인의 캐리커처

자'들을 납득시키지 못했다. 각종 청원서와 유인물을 통해 그들은 영웅의 무죄석방을 위해 투쟁했다. 그녀 자신도 감옥에서 비망록을 썼는데, 여기서 그녀는 남편의 대리인 드니 바비에를 범인으로 의심했다. 드니 바비에는 실제로 좀 불투명한 인물이기는 했다.

그 사이에 페미니스트들도 마리 라파쥐의 편을 들어주었다. 그녀의 무죄를 명시적으로 주장하지는 않았지만 그녀를 남자들이 지배하는 사회의 희생물로 간주한 것이다. 1852년 그녀는 석방되었고 같은 해 폐결핵으로 사망했다.

안나의 비소 가루

당시 의사들이 독극물 중독을 진단하기가 얼마나 어려웠는지는 19세기 전반 독일에서 열린 두 건의 살인사건 재판이 잘 보여준다. 하나는 3명이, 다른 하나는 무려 13명이 살해당한 사건이었다.

1809년 5월 8일 북프랑크 지역 작은 마을 상파레이에서 법원 직원 그로만이 죽은 채 발견되었다. 그는 미혼인데다 오래전부터 병을 앓고 있었기 때문에 아무도 살인사건이라고 의심하지는 않았다. 특히 감동적이었던 것은 가정부 나네테 쉰레벤(결혼 전 성은 슈타인아커였다)의 헌신적인 간호였다.

주인이 죽자 그녀는 겝하르트라는 의원 댁에 하녀로 들어갔다. 의원의 아내가 곧 아이를 낳을 예정이라 일손이 필요했다. 그런데 아기가 태어난 지 일 주일 후인 5월 20일 산모가 죽는 사고가 발생했다. 8월에는 두 명의 집안손님이 점심식사 후에 격렬한 통증과 마비증상을 보이며 쓰러져 밤이 되기도 전에 죽었다.

9월에는 겝하르트의 차례였다. 그는 친구들과 함께 볼링을 즐기고 있었는데, 맥주 한두 조끼를 마시고 나서 갑자기 모두의 상태가 나빠진 것이다. 새로 들어온 하녀가 집안에 불행을 가져온 것이 분명하다고 생각한 주인은 쉰레벤을 해고했다. 떠나기 전 그녀는 하녀 두 명에게 커피를 대접했고 겝하르트의 어린 아들 프리츠에게는 우유에 적신 비스킷을 주었다. 한 시간 후 세 명 모두 심한 고통에 시달려야 했다. 그녀가 떠나기 전 채워두었던 소금통을 조사해 보니 그 안에 비소 가루가 들어 있었다.

쉰레벤은 10월 18일 뉘른베르크에서 체포되었다. 당시 그녀는 비소 가루를 한 주머니 가지고 있었다. 그녀의 이름이 사실은 쉰레벤이 아니라 안나 츠반치거이며, 예전에 상파레이에서 북쪽으로 10킬로미터 떨어진 카젠도르프의 어느 판사 댁에서 일한 경력도 밝혀졌다. 글라저라는 이름의 그 판사는 1808년 갑작스럽게 사망했었다.

글라저, 그로만, 그리고 겝하르트 부인의 사체가 부검되었다. 그 모두에서 상당량의 비소 잔량이 발견되었다. 안나 츠반치거는 처음에는 죄를 부인했지만 결국 세 명을 독살했다고 자백했다. 놀랍게도 그녀는 겝하르트가 자신과 결혼해 주리라는 기대 때문에 그의 부인을 죽였다고 했다. 글라저와 그로만을 제거한 것은, 두 사람이 자신의 청혼을 들어주지 않았기 때문이었다. 안나는 1811년 밤베르크에서 참수형에 처해졌다.

브레멘의 괴물

15년 동안 가족과 지인들 앞에서 미친 늑대처럼 날뛰었던 브레멘의 어느 여인과 비교하면 안나 츠반치거는 순진한 천사나 다름없다. 1826년 10월 마차 제조업자 룸프는 펠처 가에 있는 집 한 채를 샀다. 주변 사람들은 조심하라고 충고했다. 많은 사망사고를 내며 전 주인에게 큰 불행을 가져다준 집이었기 때문이다. 전 주인은 게셰 고트프리트라는 이름의 고상한 미망인이었다. 명망 있는 성당 주임신부 드레제게조차 게셰를 "강한 기독교 정신으로 참아낸 여인"이라 칭하며 공개적인 기도를 해주기도 했다.

룸프는 두려워하지 않았다. 그는 집만을 산 것이 아니라 게셰 역시 거기서 계속 살게 해주었다. 그렇게 2개월이 흐른 후 그의 아내가 산욕으로 사망했다. 아무도 자연사가 아니라고 의심하지 않았다. 게셰는 홀아비가 된 룸프가 재혼 신청을 해도 거부하지 않겠노라고 공공연히 말하고 다녔다. 정작 룸프는 전혀 청혼할 생각이 없었다.

뒤이어 룸프 역시 병이 들었다. 게셰는 그를 헌신적으로 간호했지만 룸프의 상태는 점점 더 나빠질 뿐이었다. 어느 날 룸프는 샐러드를 먹으려다가 흰 가루를 발견했다. 그는 설탕이라고 생각했고, 달콤한 샐러드를 싫어하던 터라 먹지 않고 버렸다.

1828년 3월 집에서 돼지 한 마리를 잡았다. 룸프는 돼지고기로 베이컨을 만들어 찬장에 넣고 문을 잠갔다. 다음날 베이컨의 상태가 이상했다. 룸프가 자세히 들여다보았더니 예전에 샐러드에서 본 것과 같은 흰색 가루가 묻어 있었다. 갑자기 무시무시한 상상이 그의 머리를 스쳤다. 그는 내색하지 않고 가루를 주치의에게 보내 검사해 달라고 부탁했다. 비소였다.

다음날 게셰 고트프리트는 체포되었다. 감옥에서 그녀의 옷을 벗겨보니 그 풍만한 몸매의 미망인이 사실은 깡마른 체구였음이 밝혀졌다. 그녀는 13개나 되는 코르셋을 겹쳐 입어 몸매를 속여왔던 것이다. 더 놀라운 사실이 있었다. 게셰는 룸프의 부인만 독살한 것이 아니었다. 1813년 이후로 이 불행한 집에서 죽은 모든 사람을 그녀가 독살한 것이었다. 그녀가 빚을 지고 있거나 그녀를 화나게 만들었던 수많은 지인들이었다.

게셰는 노래하기 좋아하는 와인 판매상 미하엘 고트프리트와 결혼하기 위해 첫번째 남편인 피혁세공인 밀텐베르크를 제거했다. 그러나 미하엘 고트프리트의 청혼은 없었다. 그녀는 고트프리트가 주저하는 것이 전남편과의 사이에 낳은 자신의 세 아이를 먹여 살리기가 싫어서라고 해석했다. 점쟁이는 그녀에게 이렇게 예언했다고 한다. "당신이 행복하게 잘 살려면 전 가족이 죽고 당신 혼자만 살아남아야 한다."

게셰는 이 예언을 철저히 믿고 따랐다. 부모라고 예외일 수는 없었다. 1815년 5월과 9월 사이에 5명의 가족 모두 갑자기 통증을 느끼며 죽음을 맞이했다. 물론 이상한 일이었기 때문에 세간의 주목을 받았다. 마지막으로 죽은 다섯살짜리 아들 하인리히는 부검까지 받았다. 그러나 의사는 의심스러운 징후를 발견하지 못했다.

다음해 게셰의 오빠가 갑자기 외국에서 돌아와 여동생의 집에 머물렀는데, 그 역시 쓰레기 치워지듯 간단히 제거되었다. 1816년 섣달 그믐날에야 그녀는 술이 떡이 된 고트프리트를 유혹하는 데 성공했다. 그는 그녀를 임신시켰고, 그녀의 배가 불러오면 결혼하겠다고 약속했다. 그러나 7월 초가 되자 고트프리트의 생각이 달라졌다. 화가 나서 어쩔 줄 몰라하던 게셰는 그에게 독을 탄 아몬드우유를 가져다주었다. 급히 불려온 목사가 죽어가는 사람과 그녀를 결혼시켰다.

그녀의 다음 약혼자는 유행 상품을 파는 침머만이라는 남자였다. 이 남자에게는 좀 다른 방법을 썼다. 그녀는 자신에게 재산을 남기라며 그를 설득했고, 그럼으로써 그는 스스로에게 사형선고를 내린 것이나 다름없었다.

1831년 4월 20일 게셰 고트프리트는 브레멘 성당 앞 광장에서 3만 명의 주민이 지켜보는 가운데 참수형에 처해졌다. 십자가를 그린 돌

하나가 당시 단두대가 있던 자리를 가리켜주고 있다.

프랑스나 독일이나 매한가지로 경찰은 독살을 밝혀내는 데 별 도움을 주지 못했다. 경찰이 급속하게 수사의 한계에 도달할 것이라는 사실은 프로이센의 법무장관 키르히아이젠이 1811년 이미 예상했던 일이다. 파리에 범죄 담당 부서가 설립된 지 2년이 지난 때였다. 프로이센 경찰은 그때까지 재판소가 가지고 있던 용의자 체포와 심문 권한을 넘겨받았다. 키르히아이젠은 이렇게 물었다.

"경찰에 무엇을 기대할 수 있겠는가? 저급한 생각만 하는 사람들을 매일 대하면서 그 자신도 부지불식간 도덕성에 해를 입는 그들을? 일단 의심만 들면 무조건 체포하고 보는 그들을? 경우에 따라서는 자신들의 성급한 행동을 미화하기 위해 금지된 수단을 써서 억지로 자백을 받아내는 그들을? 그런 손에 시민들의 고귀한 재화를 맡길 수 있겠는가?"

키르히아이젠의 말에 귀기울이는 사람은 아무도 없었다. 일 년 후 '경찰 공무원들'은 사복을 입고 업무를 수행할 권한을 가지게 되었다. 그러나 그들은 왼쪽 가슴에 신분증처럼 메달을 달아야 했다. 한쪽에는 프로이센을 상징하는 독수리가, 다른 한쪽에는 '베를린 경찰'이라는 문구가 쓰인 메달이었다.

와인상 퐁크의 7년 전쟁

키르히아이젠의 경고가 얼마나 정당했는지를 마치 그림처럼 펼쳐 보여 주는 것이 쾰른의 와인상 페터 안톤 퐁크에 대한 7년 동안의 재판이다. 쾰른 경찰은 이 재판에서 어떤 명예로운 역할도 하지 못했다. 퐁크는 세무관 빌헬름 쾨넨 살해혐의를 받고 있었다.

퐁크에게 와인을 공급하던 슈뢰더라는 와인 제조업자가 있었는데, 그는 퐁크가 세금을 포탈한다고 생각하고 세무관에게 이 사실을 알렸다. 세무관 쾨넨은 퐁크에게 고압적으로 대했다. 퐁크는 자신의 명예가 손상되었다고 생각해 발끈했고 두 사람 간에 소란스러운 장면이 연출되었다. 두 사람의 분쟁을 잘 조정하는 것이 상책이라고 생각한 슈뢰더는 1816년 11월 9일 직접 쾰른으로 갔고, 세 남자는 타협을 보았다. 그런데 저녁식사 후에 쾨넨이 자취도 없이 사라졌다. 10일 후 머리에 상처를 입고 목졸린 흔적이 있는 시체로 라인강에 떠오르기 전까지는 말이다.

확실한 동기가 없었음에도 불구하고 쾰른 시내에는 퐁크가 쾨넨을 죽였다는 소문이 돌았다. 경찰 또한 다른 가능성들을 진지하게 염두에 두지 않은 채 이 유일한 낌새만을 지독하고 집요하게 추적했다. 우선 퐁크가 고용하고 있던 와인 양조기술자 크리스티안 하마허를 아무 구실이나 대고 체포했다.

하마허는 지나치게 소박한 사고방식의 소유자였다. 경찰은 그를 어두운 감방에 가두고 심문을 하면서 술을 먹였다. 경찰은 유도심문을 퍼부어 혼란에 빠지게 한 후 결국 쾨넨을 살해하려는 퐁크에게 도움을 주었다는 자백을 얻어냈다. 시체는 자신의 동생과 함께 라인강에 던져버렸다고 말했다. 그러나 4주 후에 하마허는 자백을 철회했다. 하마허의 동생 역시 살인사건에 관여하지 않았다고 완강히게 주장했다.

그 사이에 퐁크가 붙잡혔다. 두 명의 판사는 증거자료가 법정을 열기에는 턱없이 부족하다고 생각해 석방을 지시했다. 그러나 검사와 경찰은 관심의 고삐를 늦추지 않았다. 증인들을 소집해서 의견을 청취했고 혐의를 벗어나게 할 만한 진술은 기록하지 않았다.

트리어에서 열렸던 배심재판이 하마허에게 종신형을 선고하고 난 후 퐁크는 세번째로 체포되었다. 이번에는 검사가 목적을 달성했다. 1822년 6월 9일 같은 법정에서 퐁크는 배심원 8 대 2의 판결로 유죄로 인정되었고 사형선고를 받았다. 그러나 일 년 후 놀랍게도 결말은 반전되었다. 왕의 칙령이 두 판결을 무효화한 것이다. 퐁크의 유죄가 확실하지 않다는 것이었다. "하마허는 자백을 철회했고 퐁크는 알리바이가 있다. 따라서 두 사람은 지체 없이 자유의 길을 걸어야 한다."

재판과 그 놀라운 결과는 전 독일을 들썩이게 만들었다. 수많은 글들이 홍수처럼 이 7년 동안의 줄다리기 뒤를 장식했다. 정치적인 색채도 없지 않았다. 프랑스 점령기의 잔재인 라인란트의 배심재판소들이 구 프로이센 지역에서 강한 반발을 사던 터였다. 퐁크가 유죄였는지 무죄였는지는 현재로서 더 이상 해명할 수 없다. 하지만 검찰과 경찰이 사냥욕에 휩싸여 사법살인을 저지를 위험에 빠졌었다는 사실만은 너무도 명백하다.

정체불명의 소년

퐁크-하마허 사건이 전 독일을 경악하게 만들었다면, 카스파 하우저의 경우는 전 유럽을 뒤흔들어 놓았다. 1828년 성령강림절 월요일에 뉘른베르크에서 발견된, 말 못하는 버려진 아이는 누구였을까? 그로부터 몇 년 후 1833년 12월 14일 안스바흐의 궁 정원에서 바로 그 소년을 칼로 찔러 죽인 남자는 누구였을까?

피곤에 지친 얼굴의 한 소년이 뉘른베르크에서 발견되었을 당시, 그의 옷은 걸레나 다름없었고 걸음걸이도 이상했다. 소년은 질문에 제대로 대답도 하지 못했다. 카스파 하우저라는 이름 외에는 자신에 대해 아무것도 몰랐던 이 소년은 17년 동안 감금된 채 살아온 이력으로 인해 삽시간에 전 유럽인의 이목을 끌었다.

유명세를 누리며 문명사회에 적응하던 차에 어느 눈발이 휘날리는 오후, 안스바흐 궁 정원에서 그 사고가 일어났다. 카스파 하우저는 누군가의 칼에 찔려 치명상을 입었지만 즉사하지는 않았다. 그는 죽기 전에 자기를 찌른 사람이 중키에 콧수염을 기른 50세 정도의 남자라고 말했다.

하우저의 시체를 조사한 의사들은 자살이 아니라 살인이라고 짐작했지만 확실하지는 않았다. 의사의 견해에 따르

발견되었을 당시 카스파 하우저의 모습. 이 사건은 19세기 최대의 미스터리 중 하나로 꼽힌다.

면 무기는 '강도의 칼'이었는데, 이것은 발견되지 않았다. 궁내 정원의 기념기둥 위에는 훗날 다음과 같은 글귀가 새겨졌다. "여기에서 미지의 인물이 미지의 인물에 의해 살해당했다." 이 기둥 사이에서 죽어간 사람, 카스파 하우저의 정체는 끝내 알 수 없었다.

카스파 하우저가 누구인지를 밝혀내는 일은 일단 안스바흐의 고등법원장 안젤름 리터 폰 포이어바흐의 몫이었다. 그는 유명한 철학자 루트비히 포이어바흐의 아버지다. 엄격하게 비밀이 유지된 어느 비망록에서 포이어바흐는 이렇게 단정지었다. "절박한 추측, 아니 도덕적 확신이다. 카스파 하우저는 왕가의 자식이다. 아이가 왕위 계승에 걸림돌이 되자 내버린 것이다."

또한 포이어바흐는 왕가의 이름까지도 주저 없이 지적했다. 적통 계승자들이 의심스러운 상황에서 죽어가고 평민 여성 사이에서 태어난 아이가 그 자리를 차지했던 왕가, 바덴 왕가였다. 포이어바흐와 그 후 많은 사람들이 하우저를 바덴의 황태자라고 생각했다. 태어나자마자 죽어가는 아기와 뒤바뀐 후 감금된 것이라고 믿었다. 발견된 후 차츰 말을 배웠던 하우저는 심지어 감금되어 있을 때의 기억을 종이로 옮기기도 했었다. 그런 후 몇 년이 지나지 않아 갑자기 알 수 없는 인물에 의해 살해된 것이다.

1996년 영국의 법의학자들은 안스바흐 마크그라프 박물관에 전시되어 있는 하우저의 조끼와 셔츠에 묻어 있던 말라붙은 핏자국을 생존해 있는 옛 바덴 왕가 후손의 피와 비교분석해 보았지만 일치점을 찾지 못했다. 그렇다면 바덴 왕가의 무죄가 입증되었을까? 결코 그렇지 않다. 유전학자들이 말하듯 "증명의 한계를 넘어서서" 작업했기에 불확실한 결과가 나왔다는 점을 제외하고라도, 바덴 왕가 사람들이 카스파 하우저를 죽이는 데 관여했을 가능성은 충분했다. 설령 그가 진짜 왕가의 후손이 아니라 해도 하우저의 존재가 당시 독일 정세에 미칠 영향이 너무 컸다. 하우저는 너무 유명해져 있어서 모든 사람들의 이목이 집중되었기 때문이다. 왕가 사람들은 하우저가 조용히 묻혀 있기를 바랐을 것이다.

그러나 여기서 우리의 흥미를 끄는 것은 카스파 하우저의 신원이 아니라 살인사건을 밝혀내는 경찰의 역할이다. 경찰이 한 일은 정말이지 한심했다. 하우저의 양부인 교사 마이어가 암살을 주장했을 때, 경찰은 궁내 정원에서 하우저가 살인자로부터 받으려 했던 지갑의 행방을 찾는 게 고작이었다. 게다가 발견하지도 못했다. 현장을 폐쇄하고 흔적을 찾으려는 생각은 다음날에야 겨우 해냈다. 그러나 밤새 눈이 내렸기 때문에 발자국을 확인하는 것은 더 이상 꿈도 꿀 수 없었다.

바이에른의 내무대신 외팅엔 발렌슈타인 공이 간부의 보고를 받고 진노하여 이렇게 말한 것은 놀랄 일이 아니다. "모든 곳을 구석구석 수색했어야 하는 것 아닌가? 이렇게 어리석을 데가!"

스코틀랜드 야드

카스파 하우저가 뉘른베르크에 나타났을 무렵 런던에는 아직 경찰이 없었다. 1829년에야 의회는 수도의 안위를 공공사업으로 천명하고 '메트로폴리탄 폴리스'라는 시 관할 관청에 사업을 위임하는 내용의 법률을 제정했다. 법안을 제창한 내무대신 로버트 필 경의 이름을 따서 경찰들은 이후로 보비(Bobby, Robert의 애칭)라고 불렸다.

새로운 관청은 예전 스코틀랜드 왕들이 들르던 화이트홀 광장에 있었기 때문에 사람들은 이 청사를 '스코틀랜드 야드'라고 불렀다. 그 후로 주소가 두 번이나 바뀌었지만 이름만은 변하지 않았다. 1842년 이곳에 탐정분과(Detective Branch)가 개설되었고, 일단 6명의 직원이 배치되었다. 오늘날 범죄수사부(CID, Criminal Investigation)에는 3,500명이 일하고 있다.

런던의 스코틀랜드 야드가 파리의 쉬레테보다 훨씬 늦게 생겨난 이유는 국가의 상황이 달랐기 때문이다. 프랑스가 빈틈없이 조직을 갖춘 정부를 높이 평가했던 반면에 영국인들은 개인의 자유를 제한하는 것에 심한 반감을 가지고 있었다. 임의체포에 대해 국민을 보호하는 인신보호조항이 영국에서는 1679년에 제정되었지만 프랑스에는 없었다는 사실만 봐도 알 수 있다. 로버트 필이 법안을 관철시키는 데도 강한 반대가 있었음은 물론이다. 최근까지도 영국인들은 신분증을 활용해 주민을 단속하려는 정부의 모든 시도를 수포로 돌아가게 한다.

18세기 런던은 유럽에서 가장 위험한 도시였다. 벌건 대낮에 노상강도들이 활개를 치고 다녔다. 부패한 판사들은 강도들을 심판하는 대신 그들과 노획물을 나눠가지기 일쑤였다. 알 카포네(미국 시카고를 중심으로 조직범죄단을 이끌었던 유명한 갱단 두목 - 옮긴이)가 시카고를 지배했듯, 조나단 와일드(18세기 초 영국의 도둑이자 도둑 잡는 사람 - 옮긴이)는 런던 암흑가의 왕이었다. 소설 『톰 존스』를 쓴 헨리 필딩(Henry Fielding)은 그를 기리는 훌륭한 풍자작품을 남기기도 했다.

필딩은 스캔들로 얼룩진 법률의 무기력을 조소하는 데 만족하지 않았다. 1748년 정부가 그에게 직접 범인을 추적할 권한을 주겠다고 제안하자 마다하지 않았다. 비밀경찰 업무를 담당한 인력은 소수였지만 강력한 부대였다. 범죄를 밝혀내기를 원하는 사람은 각각 일당 1기니를 지불하고 요원을 쓸 수 있었다. 필딩의 사무실이 보우 가에 있었기 때문에, 그의 요원들은 보우 스트리트 러너(Bow Street Runner)라 불렸다.

필딩이 죽은 후에는 범인 3,000명의 목소리를 식별할 수 있었던 맹인 이복형제 존이 필딩의 뒤를 이었다. 1790년이 되어서야 이 부대는 공식적인 지위를 얻어 정착할 수 있었다. 그러나 19세기 초 메트로폴리탄 폴리스의 창립으로 이들은 불필요한 존재가 되었다. 정년퇴직한 사냥꾼들은 어느 날 그들의 사냥감이기도 했던 전과자들과 함께 스코틀랜드 야드 건너편 술집에서 술잔을 기울이며 추억에 잠겼다.

래트클리프 하이웨이 살인범들

필딩의 작은 참모부만으로 범죄 세계에 대적할 수 없다는 사실을 절감하게 만든 것은, 두 건의 잔혹한 대량 살인사건이 런던을 공포로 몰아넣었을 때였다.

1811년 12월 7일 자정 직전 포목상 티모시 마르는 때늦은 저녁식사를 하기 위해 하녀 마거릿에게 굴을 사오라고 시켰다. 그러나 굴을 파는 상점은 이미 문을 닫아버렸다. 마거릿은 빈손으로 래트클리프 하이웨이를 걸어 집으로 돌아왔다. 집 앞에 선 그녀는 삼싹 놀랐다. 집 안의 불이 다 꺼져 있었던 것이다. 대문을 아무리 두들겨도 대답이 없었다. 그 다음에 벌어진 일은 토머스 드 퀸시가 블랙유머의 고전 『예술로 본 살인』에서 멋지게 묘사한 그대로이다.

> 마거릿이 호흡을 멈추는 동안 그 무시무시한 정적 속에서 들린 소리는 그녀를 죽음 같은 공포로 몰아갔다. 그것은 노크에 대해 기대했던 답이 아니었다. 침실이 있는 2층으로 연결된 계단에서 들려오는 삐걱거리는 소리였다. 하나, 둘, 셋, 넷, 다섯…… 한 걸음씩 누군가 천천히 내려오고 있었다. 그 오싹한 발걸음 소리는 대문을 향해 서서히 다가오더니 대문 바로 앞에서 멈췄다. 문 하나를 사이에 두고 마거릿과 미지의 침입자가 마주보고 있었다. 마거릿은 집 안에 있는 모든 생명의 호흡을 말살한 그자의 호흡 소리를 들었다. 그 발걸음은 얼마나 조심스럽고 얼마나 나직했던가! 그 숨소리는 얼마나 묵직했던가! 문 안쪽에서 그는 무엇을 하고 있을까? 상상해 보라. 갑자기 문이 열리고 마거릿이 살인자의 손아귀에 잡히는 모습을!

그러나 그런 일은 벌어지지 않았다. 대신 마거릿의 비명소리를 듣고 이웃 사람들이 달려왔다. 사람들은 집안으로 들어가 마르 가족(아버지, 어머니, 아이) 모두와 열세살짜리 견습생이 머리가 으깨지고 목이 잘려진 채 피바다 속에 누워 있는 것을 보았다. 도난당한 물건은 아무것도 없었다.

그로부터 12일 후, 현장에서 멀지 않은 곳에 있는 여관 '킹스 암즈'의 주인 존 윌리엄슨이 가족과 함께 동일한 방식으로 살해되었다. 발견한 사람은 존 터너라는 손님이었다. 그는 어느 날 밤 자기 방에서 이상한 소리를 듣고 잠에서 깨어났다. 용기를 내어 조심조심 아래로 내려가 보니 어둠 속에서 긴 회색 코트를 걸친 큰 몸집의 사내가 시체들 위로 몸을 숙이고 있었다. 여관 주인은 아침부터 집 주변을 어슬렁거리는 수상한 사람을 보았다고 말하지 않았던가.

겁에 질린 터너는 자신의 방으로 살금살금 돌아와 침대 커버를 벗겨 길게 묶은 후 창문을 타고 내려갔다. 침대 커버가 너무 짧았기 때문에 그는 반쯤 내려와 매달린 채 도움을 요청해야 했다. 사람들이 집 안으로 들어왔을 때는 이미 늦었다. 살인자는 사라진 후였다. 훔쳐간 것은 윌리엄슨의 시계뿐, 금고 안의 돈은 그대로 남아 있었다.

포목상 마르의 상점에서는 피로 더럽혀진 쇠망치가 발견되었다. 뱃사람들이 사용하는 망치였다. 'JP'라는 이니셜로 추적해 보니 존 피터슨이라는 사람의 것으로 판명되었다. 하지만 그는 항해 중이었기 때문에 알리바이가 있었다. 이제 피터슨이 짐을 남겨두었던 선원 숙소 '페어 트리'에 남아 있는 사람들을 조사하기 시작했다. 약 40명의 사람이 하늘에 운을 맡긴 채 체포되었다.

그 중에 존 윌리엄스라는 선원이 있었는데, 그는 기소되기 전에 목을 매달아 죽었다. 법정은 이 자살이 자백이나 마찬가지라고 생각했다. 복수심에 목말라하는 사람들을 진정시키기 위해 시체의 가슴에 화살을 꽂은 뒤 도로 교차로 옆에 매장했다.

3주 후 '페어 트리'에서 핏자국이 완연한 청색 재킷과 피가 말라붙은 잭나이프가 발견되었다. 사람들은 당연히 윌리엄스의 것이라고 생각했다. 윌리엄스는 몸이 마른 편으로 코트를 — 회색이건 다른 색이건 — 가시고 있시 않았다는 사실, 즉 존 터너가 목격한 사람이 될 수 없다는 사실을 유추해 낸 사람은 없었다. 심문 당시에 그가 삶의 의욕

이 없기는커녕 명랑했다는 사실 역시 아무도 주목하지 않았다.

최근의 연구결과는 그의 자살이 완전히 자의적인 것이 아닐 수 있으며 따라서 진짜 살인범은 '페어 트리'의 또다른 주민으로 범행을 눈치챈 선원 윌리엄스를 제거했을 수도 있다는 점을 지적한다. 그러나 어쨌든 증거는 이제 더 이상 남아 있지 않다.

이 잔혹한 살인사건 이후에 엄청난 불안과 소동이 벌어진 것은 당연한 일이다. 결국 이스트엔드(런던 북동부 템스강 북안 구역. 산업혁명 이후 극빈자들이 사는 빈민가로 유명했다 - 옮긴이)의 야간 순찰관들은 해고되었고 무장한 방범 인력이 이를 대신했다. "신사들과 존경할 만한 시민들"이 이 방범대에 참여하는 것은 진심으로 환영을 받았다. 그러나 이것 역시 임시방편일 뿐이었다.

스코틀랜드의 수도 에든버러라고 해서 범죄사건 해결이 런던보다 더 나을 것은 없었다. 딜런 토머스(Dylan Marlais Thomas)의 시나리오로 만든 「의사와 악마들」을 비롯해 네 번이나 영화화되었던 다음의 가공할 만한 사건이 이를 잘 증명해 주고 있다.

해부용 시체들

1828년 10월 31일 윌리엄 버크는 친구 윌리엄 해어의 별장으로 그레이 부부를 초대했다. 다음날 손님들은 거실 바닥에 위스키를 쏟아붓고 짚으로 덮어버리는 집주인의 모습을 보았다. 침착함을 유지할 수 있었던 것도 한순간, 곧 그들은 여자의 시체를 발견했고 경찰을 불렀다. 그들이 순경과 함께 돌아왔을 때 시체는 사라지고 없었다.

버크는 인생의 반려자 헬렌 맥두걸과 함께 해어 부부와 어울려 밤새 술을 마셨다고 주장했다. 밤중에 어떤 여자가 방문하기는 했지만 그녀는 새벽에 다시 길을 떠났다는 것이다. 어차피 순경은 벌써 이 신고를 장난쯤으로 여기고 덮어둘 결심이었다. 하지만 짚더미 아래에서 핏자국이 발견되었고 더구나 유혈 낭자한 여자 옷까지 나오자 그냥 내버려둘 수 없었다. 버크와 여자친구, 헤어 부부 네 명 모두 체포되었다. 시체는 직후 녹스 박사의 해부실에서 찾았다.

경찰은 해어에게 버크를 기소할 수 있도록 증언을 해주면 처벌하지 않겠다고 제안했다. 자만심과 흥분에 가득한 해어의 자백은 이러했다. 2년 전에 해어의 집에서 하숙하는 남자 한 명이 죽는 사건이 있었다. 그 남자는 하숙비가 밀려 있었기 때문에 버크는 해어에게 시체를 팔라고 제안했다. 녹스 박사의 해부실에서는 시체 수요가 많았고 전문적인 시체 도둑을 찾기도 어려웠던 것이다. 녹스 박사는 밀린 하숙비의 2배가 넘는 7.5파운드를 지불했다.

1828년 2월 버크와 해어는 다른 하숙생이 죽기를 기다리는 대신 인간의 운명을 직접 다스리기로 결심했다. 그들의 행동방식은 너무나 간단했다. 거지나 창녀, 노숙자를 비롯한 사회적으로 고립된 사람들을 집으로 유혹해서 술을 먹이고 베개로 질식시켜 죽인 것이다. 희생자가 저항하면 경우에 따라서는 칼로 찌르기도 했다. 이 2인조는 9개월 동안 15구의 시체를 만들어냈고, 그때마다 해부실의 조교가 시체를 가져갔다. 연구재료가 자연사한 시체가 아니라는 사실을 알고 있었음에도 불구하고 녹스 박사는 의문을 제기하지 않았다.

버크는 1829년 1월 28일 교수형에 처해졌다. 약혼자의 행동을 알지 못했던 헬렌 맥두걸은 증거 부족으로 석방되었다. 해어는 고발이 되지는 않았지만 시민들의 분노를 피하기 위해 에든버러를 떠나는 편이 좋겠다고 생각했다. 나중에 그는 미들랜드의 어느 석회탄광에서 일했다. 그는 누군가 자신을 알아볼까봐 지워지지 않는 석회 가루로 분장을 하기도 했다. 영어로 'to burke'라는 동사가 '목졸라 죽이다' 혹은 전이된 의미로 '은폐하다'라는 뜻을 갖게 된 것은 이 2인조 덕택이다.

돈 때문에

에든버러와 지워지지 않는 석회 가루는 찰스 디킨스가 소설 『황폐한 집(Bleak House)』에서 묘사한 살인사건에서도 중요한 역할을 했다.

1849년 8월 10일 세무공무원 패트릭 오코너가 직장에 나오지 않았다. 11일에도 마찬가지였다. 역시 세무공무원이었던 사촌형이 그의 집을 찾아가 보았지만 헛수고였다. 집주인에게 물어보니 10일에는 마닝 부인이 오코너의 방에 있었다고 했다.

마닝 부인은 오코너의 연인이었다. 그녀는 3년 전 운하를 건너가는 중에 처음으로 오코너를 알게 되었다. 당시 그녀는 아직 마리 드 루라고 불리고 있었으며 한 숙녀의 저택에 머무르는 손님이었다. 그후 철도원 프레드릭 마닝과 결혼했고 남편과 함께 타워브리지 남쪽 민버 광장에 가정을 꾸렸다. 그러나 여전히 마닝 부인은 결혼하기 전의 애정관계를 몰래 지속하고 있었다.

사촌형과 오코너의 친구 몇 명은 이제 민버 광장으로 발걸음을 향했다. 마닝 씨는 거기 없었지만 그의 부인은 기꺼이 정보를 주었다. 그녀는 8월 9일 오코너와 저녁식사 약속을 했는데, 그는 나타나지도 않았을 뿐만 아니라 오지 못해서 미안하다는 기별도 주지 않아 매우 놀랐다고 했다. 친구들은 여전히 의심스러웠다. 그들은 스코틀랜드 야드에 사실을 통보했고 며칠 후에 경찰관과 함께 그곳을 다시 방문했다. 하지만 새 두 마리는 이미 날아간 후였다. 집안을 수색한 경찰은 지하의 부엌 바닥이 시멘트로 다시 발라져 있음을 알아차렸다. 시멘트 아래에는 지워지지 않는 석회 가루를 뒤집어쓴 한 남자가 있었다. 모두가 찾던 바로 그 사람, 오코너였다.

마닝 부인은 에든버러에서 체포되었다. 오코너의 집에서 훔친 유가증권을 팔다가 덜미를 잡힌 것이다. 저시 섬에 숨어 있던 프레드릭 마닝은 신문을 통해 그의 얼굴을 알아본 사람에게 발견되어 마찬가지로 체포되었다. 두 사람은 범행을 시인했지만 서로 상대방이 주범이라며 죄를 떠넘겼다.

어쨌든 분명해진 사실은 살인이 원래 8월 8일로 계획되었지만 오코너가 어떤 여자친구와 식사를 함께 했기 때문에 다음날 저녁으로 계획이 변경되었다는 것이다. 테이블 앞에서 마닝 부인은 그에게 손을 씻고 싶지 않은지를 물었다고 한다. 그리고는 그가 손을 씻으러 부엌으로 내려갈 때 그를 아래로 밀어버렸다. 그가 아직 죽지 않고 그르렁거리자 남편 프레드릭이 쇠지팡이로 일격을 가해 숨통을 끊어놓았다. 삽과 석회 가루는 미리 준비해 두었다. 이유는 돈 때문이었다. 오코너는 주식 거래에서 거둔 자신의 성공을 종종 떠벌리곤 했던 것이다.

이욕 때문에 벌어진 살인은 런던에서 드물지 않았다. 이 재판이 큰 반향을 일으킨 것은 피고가 특별했기 때문이다. 마닝 부인은 스위스 귀족 가문 태생으로 이국적 악센트의 영어를 썼고 판사 앞에서도 거만하고 유별난 행동을 일삼았다. 또한 그녀는 주범이 분명했다. 사랑에 미친 세무공무원을 나락으로 유혹했던 그녀의 냉혈함은 찰스 디킨스에게도 인상적이지 않을 수 없었다. 『황폐한 집』에서 디킨스는, 살인범을 마닝 부인에서 프랑스인 하녀 마드무아젤 오르탕스로 바꾸어 변호사 털킹혼을 총으로 쏘아 죽게 만든다.

마닝 부부는 사형선고를 받고 호스망거 레인 감옥에서 5만 명의 군중이 지켜보는 가운데 교수형에 처해졌다. 처형을 위해 마닝 부인은 ― 모든 신문이 이 사실을 언급하는 것을 잊지 않았다 ― 검은색 새틴 옷을 입었다. 5만 명의 군중 가운데는 디킨스도 있었다. 그후에 그는 『타임스』에 독자투고를 보냈다. 처형을 구경하며 즐거워하는 군중의 야만적인 태도를 고발하는 내용이었다. 하지만 그는 연극의 종말을 보지 못했다. 영국은 디킨스가 세상을 떠난 후인 1868년에 가서야 이 공개처형제도를 폐지했다.

범죄경찰이 막 어른이 되어가는 때였다. 프랑수아 비도크와 그의 동시대인들이 암흑가를 이해하고 참을성 있게 기다리며 건전한 이성과 때로는 우연을 신뢰해야 했다면, 후세대는 과학의 도움을 받아 진일보할 수 있게 되었다.

타이스 강에 떠오른 소녀의 시체

신원 파악의 오류와 성과

1848년 혁명의 해는 독일인들에게 바라던 바의 민주주의도, 제국의 통합도 가져다주지 못했지만 형사재판법의 중대한 개혁만은 선사해 주었다. 영국과 프랑스의 모범에 따라 이제 프로이센에서도 직업 판사가 아니라 12명의 배심원들이 피고의 유무죄를 판단하게 되었다. 라인프로이센 지역에서는 앞서 보았듯 프랑스 점령기 이후로 이미 배심재판소가 존재했다. 그러나 비전문가의 판결이 과연 정당한가 하는 논란은 결코 사라지지 않았다. 제도가 도입되고 나서 처음으로 열린 파격적인 재판에서 벌써 논쟁이 벌어지기 시작했다.

이 재판에서 가장 흥미로운 의문점은 살인범의 신원이 아니라 피살자의 신원이었다. 1849년 9월 10일 슈프레 강 지류 근처의 한 오솔길에서 핏자국이 발견되었다. 흔적을 따라가 보니 강가 갈대밭에 머리가 잘린 남자의 시체가 숨겨져 있었다. 머리는 약 열다섯 걸음 떨어진 곳에 있었다. 잔인한 방식으로 난도질 당해 얼굴도 알아볼 수 없는 시체였다. 뇌수로부터 나온 듯한 11개의 산탄이 여기저기 흩어져 있었다. 머리와 몸통은 한 사람의 것이 분명했다. 하지만 도대체 이 사람이 누구란 말인가?

작은 사냥꾼

이 끔찍한 시체가 발견된 지 4일 후, 살인 현장에서 멀지 않은 처녀림에서 한 여자가 쓰러져 있는 것을 산책하던 사람들이 발견했다. 그녀는 자신을 드리젠 출신 연극배우 프뢸리히의 아내라고 밝혔다. 남편은 집을 나가 슈판다우에서 다른 여자와 살고 있었는데, 소식이 없는 남편을 찾으러 슈판다우를 향하던 중 극심한 피로로 쓰러졌다고 했다.

그녀가 묘사한 실종자(남편)는, 며칠 전 오솔길에서 발견되어 이미 매장된 그 시체의 특징과 일치했다. 무덤을 다시 파헤쳤고 프뢸리히 부인은 시체가 자기 남편임을 확인했다. 그러나 경찰이 드리젠을 샅샅이 수색한 결과, 거기서 프뢸리히라는 이름의 배우를 알고 있는 사람은 아무도 없었다. 프뢸리히의 아내라고 주장하던 여인은 신경쇠약 때문에 정신병원에서 치료를 받고 있었던 것이다.

한편 베를린 북쪽의 소도시 리헨에서 가축 상인 에버만의 부인이 신고를 해왔다. 슈판다우 법원의 실종자 광고에서 남편의 얼굴을 확실히 보았다는 것이다. 시체가 입고 있던 옷이 리헨으로 보내졌고 에버만 부인은 남편 고트로프의 것이 틀림없다고 확인했다. 그녀의 말에 따르면 남편은 베를린에 사는 페퍼라는 사람을 만나기 위해 8월 말 동료인 프란츠 샬과 함께 집을 떠났다고 한다. 그 이후로는 남편의 소식을 전혀 듣지 못했다.

이 세 명은 경찰이 이미 알고 있던 사람이었다. 에버만, 샬(깡마른 몸집으로 인해 '작은 사냥꾼'이라 불렸다), 그리고 수건 만드는 일을 하는 페퍼는 노상강도와 가택침입 및 밀렵으로 이미 여러 번 처벌받은 적이 있는 전과자들이었다. 전해에 샬은 그루네발트에서 산림감독관을 총으로 쏘아 죽인 혐의를 받았었다. 그러나 범행을 입증할 확실한 증거를 찾지 못한 터였다.

샬과 페퍼는 체포되었다. 베를린 최고법원에 기소당한 자는 일단 샬뿐이었다. 그에게는 일련의 증거가 있었다. 무엇보다 그는 9월 9일 베를린에서 에버만과 함께 있었고 9월 11일 에버만의 은시계를 담보로 돈을 빌렸으며 무엇보다 에버만의 셔츠 세 벌이 샬의 집에서 발견되었다. 샬은 에버만과 함께 리헨에서 베를린으로 여행했다는 사실을 부인하지는 않았지만, 자신들은 베를린에서 사이좋게 헤어졌다고 주장했다. 시계는 에버만이 여행 경비 명목으로 자신에게 준 것이며, 셔츠는 에버만이 샬의 아내에게 세탁해 달라고 맡긴 것이라고 말했다 (샬 부인은 이를 부인했다).

사건 전날 밤 샬과 에버만을 목격한 증인은 에버만의 애인 한젠 양이었다. 그녀는 지난 겨울 낯선 사람의 총격을 받았지만 다행히 심하게 다치지는 않았다. 한젠 양과 페퍼의 대질심문이 있었고, 그녀의 진술은 오락가락했다. 그녀는 자신에게 총을 쏜 남자가 페퍼는 아니라고 주장했다. 당시 범인은 검은 머리가 아니라 금발이었다는 것이다.

법정은 소란스러워졌다. 관중석에서 재판장에게 쪽지 하나가 전달되었고, 재판장이 그것을 큰 소리로 읽었다. "페퍼는 감옥에서 머리카락과 수염을 검은색으로 염색했을 수도 있다." 쪽지는 개인적인 호기심으로 재판을 지켜보던 슈판다우의 검사가 쓴 것이었다. 재판장은 페퍼의 머리카락을 씻어보라는 지시를 내렸다. 페퍼가 돌아왔을 때 머리카락은 분명히 더 밝아져 있었다.

한젠 양이 입을 다물고 말하지 않았던 남자의 정체가 점점 확실해지는 반면 피살자의 정체는 더욱 불투명해졌다. 뫼베스라는 이름의 양치기가 에버만을 9월 10일 이후에도 보았다고 진술했다. 단 그는 초능력을 가지고 있었기 때문에 그가 본 것은 에버만의 실체가 아니라 영혼일 수도 있다는 의견이 제기되었다. 더 신중하게 채택된 다른 증인들은 에버만이 왼쪽 팔목에 문신을 새겼다고 말했다. 에버만의 주치의 역시 문신을 알고 있었다.

주치의는 또다른 사실을 밝혔다. 그는 치료 도중 에버만의 손목과 등에서 여러 차례 피를 뽑았다고 했다. 그것도 매번 같은 자리에서 뽑았기 때문에 아마도 그 흉터가 남았으리라는 것이다. 그러나 검시관은 시체에서 문신도, 피를 뽑은 자리도 발견하지 못했다. 그렇다면 에버만이 아니란 말인가? 변호사는 피고를 옹호하며 그렇게 주장했다. 에버만은 피살자가 아니라 오히려 살인범이라는 것이다. 시체를 알아볼 수 없게 만든 후 자기 옷을 입히고 미국으로 도망갔다는 것이다. 혁명이 실패한 후 조국을 등진 수십만 명의 독일인들처럼 말이다.

몇 년 후에 법의학에 관한 정통 이론서를 집필하기도 한 추밀고문관 카스퍼는 문신의 전문가로서 이 재판에 자문을 요청받았다. 그는 상이군인병원의 노병들을 조사해서 32명의 환자에게는 문신이 남아 있었지만 4명에게는 남아 있지 않았음을 확인했다. 배심원들에게는 충분한 자료였다. 그들은 '7표 이상'으로 샬에게 유죄를 판결했다. 최고법원은 그에게 사형선고를 내렸다.

지방법원의 법관들은 사형선고에 동의해야 했지만 확신을 갖지는 않았다. 여러 번의 토의 끝에 투표를 거쳐 그들은 살인범이나 피살자의 신원이 명백한 것은 아니라고 결론지었다. 에버만이 아직 살아 있다는 것은 베를린 암흑가 사람들의 지배적인 견해이기도 했다. 배심재판소장과 검사는 마찬가지로 상세한 서면을 통해 판결을 옹호했다. 논쟁은 내각평의회까지 올라가 신랄한 논의가 오갔다. 이것만은 분명했다. 왕이 판결을 무효처리한다면, 어차피 도입한 배심재판제도의 권위가 손상을 입으리라는 것이다. 결국 이런 법정치적 논거가 우세한 분위기였다. 사형판결은 그대로 확정되었고, 1853년 2월 11일 샬의 머리는 모아비트 감옥 앞 광장에서 형리의 도끼 아래 떨어졌다.

죽기 바로 전 그는 양심의 가책에서 조금은 벗어났다. 처음에는 정당방위로 에버만을 쏘았음을 인정했다. 그러나 처형 전날 저녁 그는 심문관 앞에 '최후의 자백서'를 제출했다.

"나는 침착하게 고민한 끝에 에버만을 죽이기로 결심했습니다. 계속해서 나쁜 짓을 강요했기 때문에 그자를 없애야만 했습니다. 그가 나를 농락하고 붙잡아두었다면 내 마음 깊은 곳에 있는 인간성이 모두 파멸했을 것입니다. 나는 자유를 되찾기 위해, 내 인간성을 구원하기 위해 그를 죽여야만 했습니다."

치아가 말해준다

베를린 최고법원이 '작은 사냥꾼'을 심판하던 즈음, 미국 보스턴에서는 마찬가지로 시체의 신원이 쟁점이 된 재판 하나가 열리고 있었다. 베를린에서와는 달리 피살자, 피고, 그리고 증인들은 암흑가 출신이 아니라 '브라만', 즉 도시 명문 가문에 속한 사람들이었다. 법정에 밀려든 인파가 너무 많아 10분 만에 입장권이 6만 장이나 교부되었을 정도였다. 베를린에서와 마찬가지로 피고는 범행을 부인했지만 그럼에도 불구하고 충분한 증거로 인해 유죄로 인정되었다.

보스턴의 부촌에 살고 있는 조지 파크먼은 1849년 11월 23일 오전 볼일이 있어 집에서 나갔다. 그는 개인병원을 그만두고 땅 투기를 통해 큰돈을 번 의사였다. 그런데 평소 점심식사를 하러 오던 그가 저녁 때가 되어도 돌아오지 않았다. 이틀 후 하버드 의과대학 화학 교수인 존 화이트 웹스터가 실종자의 동생을 찾아왔다. 그는 파크먼에게 빌린 483달러 64센트를 23일에 한푼도 남김없이 갚았다고 말했다. 가족들은 벌써 강도살인이 아닐까 하고 의심하고 있었는데, 웹스터의 말을 듣고 보니 그가 가장 의심스러웠다.

웹스터의 혐의를 믿지 않는 사람은 단 한 명, 의과대학 학장 에프라임 리틀필드뿐이었다. 경찰이 의대 건물을 두 번이나 수색했지만 아무것도 찾을 수 없었다. 리틀필드마저 웹스터를 의심하게 된 것은, 평소 인색하기 그지없던 웹스터가 추수감사절에 칠면조 한 마리를 선물했을 때였다. 그날 밤 학장은 아내에게 망을 보아달라고 부탁한 후 웹스터의 실험실 바닥을 끌로 열어 불에 타 죽은 사람의 다리를 발견했다. 웹스터는 경찰에게 과학실험용 시체의 일부라고 해명했다. 그러나 시체의 의치가 문제였다. 파크먼을 치료했던 치과의사는 자기가 만들어준 환자의 의치를 정확히 기억하고 있었던 것이다.

웹스터가 결백을 고집했음에도 불구하고 배심원들은 그에게 사형 선고를 내렸다. 집행 바로 전에야 그는 범행을 자백했다. 순간적으로 분노를 참지 못했다는 것이다. 웹스터가 빌린 돈의 지불을 연기해 달라고 간곡히 부탁했지만 파크먼은 오히려 대학 학장에게 사실을 알리겠다고 협박했다고 한다. "당신이 지금 그 자리에 있는 것은 다 내 덕분입니다. 자리를 잃게 될 수 있다는 점도 염두에 두어야 할 것입니다!"

변호사가 충고했듯이 웹스터가 처음부터 자신의 죄를 인정했다면, 아마도 교수형까지는 받지 않았을지 모른다. 그러나 어쨌든 1850년 8월 그는 교수대에 매달렸다. 20년 후에 찰스 디킨스는 보스턴에 도착한 후 처음으로 구경하고 싶은 곳이 어디냐는 질문을 받았다. 총알처럼 답변이 나왔다. "파크먼 박사가 살해되었던 곳입니다!"

헝가리의 제식살인

1880년 빈 원형극장을 불태운 화염은 최소한 관객 600명의 목숨을 앗아간 대형사고의 원흉이었다. 이 경우에도 대부분의 시체들이 전소했기 때문에 오직 치아에 의거해서만 신원을 파악할 수 있었다. 이 엄청난 작업을 이끌었던 사람은 법의학자 에두아르트 폰 호프만이었다. 2년 후 그는 오스트리아-헝가리 제국을 치열한 분쟁의 도가니로 몰아넣은 어느 재판에서 십여 명의 죄없는 피고들의 목숨을 구했다.

1882년 4월 1일, 유월절 전 안식일에 헝가리의 한 시골마을 티자 에슬라에서 열네살의 어린 하녀 에스터 솔리모시가 행방불명되었다. 유태교당의 직원 요제프 샤프가 그녀를 제물로 바치기 위해 살해했다는 소문이 떠돌았다. 당시 전 유럽에 다시 고개를 들기 시작한 반유태주의의 물결 속에서, 많은 사람들이 아무런 근거 없는 이 풍문을 믿게 되었다. 수사를 지휘하던 판사 바리가 바로 그런 경우였다. 그는 샤프의 아이들에게 오랫동안 압력을 가해 제식살인을 목격했다는 자백을 하게 만들었다. 반유태주의에 대한 언론의 가세 속에서 샤프와 다른 14명의 유태인 모임 회원들이 체포되었고 가택수사가 이어졌다.

　계획적인 전시용 공개재판이 개최될 찰나 이를 무산시킬 만한 사건이 일어났다. 6월 18일 타이스 강에서 한 소녀의 시체가 발견된 것이다. 지역 의사 세 명이 시체는 실종된 소녀가 아니라고 결론짓자 바리는 안도의 한숨을 쉬었다. 첫째로 시체의 피부는 부패의 징후가 전혀 없었다. 따라서 빨라야 10일 전에 죽은 것이었다. 둘째로 시체의 성기가 매우 확장되어 있어서 의사들은 분명히 남자들과 잦은 성관계를 맺었을 것이라고 주장했다. 셋째로 시체의 손발이 아주 깨끗해서 평소 육체적인 일을 하지 않았고 맨발로 다니지 않았다는 것이다. 이 모든 사항이 하녀 에스터와는 부합되지 않았다.

　그러던 중 바리 판사에게 익명의 편지가 전달되었다. 유태인들이 동료의 죄를 없애기 위해 시체를 타이스 강에 던졌을 것이라고 주장하는 내용이었다. 밀고의 대상이 된 사람들이 모조리 체포되었고, 고문에 의해 억지 자백을 하게 되었다.

　그러나 바리와 그의 정치적 동지들은 안심하고 있을 때가 아니었다. 피의자들의 변호를 맡을 사람이 엉터리 무면허 변호사가 아니라 제국의회에서 가장 명석한 연설가 카를 폰 외트뵈시였던 것이다. 그는 부다페스트에서 의사들을 데려와 시체를 다시 한 번 발굴해 검시하게 했다. 의사들은, 시체가 실종된 에스터일 가능성이 매우 높다는 결론에 도달했다. 바리는 이 소견을 증거자료로 채택하는 것을 거부했다.

1883년 6월 13일 재판이 열렸다. 외트뵈시 변호사가 들고 온 카드는 부다페스트의 전문가 집단뿐만이 아니었다. 아무도 공격할 수 없는 권위를 가진 대가의 감정서도 가지고 있었다. 바로 빈 대학의 법의학 교수 에두아르트 폰 호프만의 감정서였다.

호프만 교수는 지역 의사 세 명의 심각한 오류를 지적했다. 첫째, 익사체가 수면으로 떠오르지 않고 장애물에 의해 물속에 고정되어 있었다면, 수개월이 지나도 부패하지 않는다. 둘째, 성기가 늘어나 있다고 해서 문란한 성관계를 했다거나 손과 발이 깨끗하다고 해서 부유한 여성이라는 주장은 부당하다. 모두 물의 자연적인 효과일 뿐이다.

8월 3일 피고 전원은 무죄가 입증되어 석방되었다. 외트뵈시는 이 판결과 다른 선례를 묶어서 책으로 펴냈다. 아놀드 츠바이크(Arnold Zweig)는 이 사건을 바탕으로 희곡 「헝가리의 제식살인」을 썼고, 게오르크 빌헬름 팝스트(Georg Wilhelm Pabst)는 「소송」이라는 영화를 제작했다.

트렁크 안의 시체

6년 후에는 프랑스 리옹 대학 최초의 법의학 교수 알렉상드르 라카사뉴의 성과가 전 프랑스를 들끓게 했다. 1889년 8월 13일 론 강 유역의 작은 마을 밀레리에서 어느 도로 관리원이 강변의 딸기나무 덤불 속에서 황마 자루 하나를 발견했다. 악취가 진동하는 자루를 열어보자 경악스럽게도 그 안에는 반쯤 썩어 문드러진 벌거벗은 노인의 시체가 들어 있었다. 검시를 통해 노인은 교살당한 것으로 밝혀졌다.

다음날 달팽이를 모으고 있던 한 농부가 이웃 동네에서 마찬가지로 심한 악취를 풍기는 큰 나무 트렁크를 발견했다. 덤불 속을 다시 한 번 수색해 보니 열쇠가 있었다. 신원미상의 시체는 가방 속에 넣어져 운반된 것이 분명했다. 꼬리표가 밝혀주듯 열차를 통해 파리에서 리옹으로 온 것이었다. 한 마부가 경찰서를 찾아와 세 남자가 이 트렁크를 들고 밀레리로 갔다고 제보했다. 경찰은 마부에게 리옹 지역 전과자 명단을 보여주었고, 마부는 세 남자의 얼굴을 확인했다. 그들은 강도살인죄로 체포되었다. 모두 범행을 완강히 부인했지만 사건은 해결된 것처럼 보였고 시체는 매장되었다.

그러나 파리 경찰국 쉬레테의 고롱 경감이 보기에 사건은 해결된 것이 아니었다. 그는 죽은 사람이 7월 27일 실종신고된 파리의 집달관 오귀스탱 구페라고 확신했다. 당시 신고를 했던 사위를 리옹으로 보냈지만, 그는 장인의 시체가 아니라고 주장했다. 무엇보다 구페는 갈색 머리카락을 갖고 있었는데 시체의 머리카락은 검은색이었기 때문이다.

또 트렁크에 붙은 꼬리표를 보면 이미 1년 전에 살해된 것이 분명했다. 리옹의 동료가 그에게 꼬리표를 보내주자, 고롱 경감은 자기 눈을 믿을 수 없었다. 분명히 날짜가 1888년 7월 27일이었다. 무언가 잘못된 건 아닐까? 그는 황급히 기차역으로 가서 짐 번호에 의거해 확인해 본 결과 직원이 실수를 했음을 알아냈다. 트렁크는 1889년 7월 27일 부쳐진 것이었다.

시체를 다시 발굴해서 두번째로 검시했다. 법의학자 라카사뉴는 슬개골 변형을 발견했는데, 이는 절름발이였던 구페임을 증명해 주는 것이었다. 시체의 머리카락을 씻어보니 역시 갈색임이 드러났고, 현미경을 통해 머리카락과 가슴털과 비교해 보자 일치함을 확인할 수 있었다. 11월 22일자 파리 대중신문의 헤드라인은 일제히 이렇게 떠들었다. "트렁크 안 시체의 신원이 밝혀졌다!"

고롱 경감은 이미 살인범이 누구인지 짐작하고 있었다. 같은 7월 27일 사기꾼 미셸 에이로가 자취도 없이 사라졌던 것이다. 그보다 이틀 전에 그가 애인 가브리엘 봄파르와 함께 있는 것을 목격한 사람들이 있었다. 봄파르는 직접 경찰에 출두했고, 에이로는 — 당시 상황으로는 놀라운 국제적 협력에 의해서 — 쿠바에서 체포되었다. 리옹에서 체포된 세 남자는 석방되었다. 마부는 "경찰의 마음에 들고자" 이야기를 꾸며냈다고 자백했다.

법정에서 에이로와 그의 공범이자 애인인 봄파르는 서로 책임을 전가했다. 두 사람이 공모한 시나리오는 상당히 독창적이었다. 봄파르는 자기 집에서 밀회를 가지기로 구페와 약속했다. 구페가 도착했을 때 커튼 뒤에는 에이로가 기다리고 있었다. 그는 천장에 도르래를 설치하고 여기에 봄파르의 가운 허리띠를 매달았다. 구페가 자기를 초대한 여인을 덮치려고 하자 그녀는 장난스럽게 허리띠를 그의 목에 감았다. 바로 그 순간 에이로는 발버둥치는 구페의 목에 걸린 올가미를 높이 끌어당겼다. 그런 다음 죽은 구페의 열쇠로 사무실을 뒤졌다. 하지만 기대했던 돈을 찾지 못하자 애인을 실컷 두들겨 패고 이어서 더 이상 손님을 받지 않겠다는 각서를 받았다고 한다.

1891년 2월 2일 에이로는 형리 루이 데이블러에 의해 단두대에서 처형되었다. 봄파르는 20년 징역형을 받았다. 요아힘 마스(Joachim Maass)의 소설 『구페 사건』에 등장하는 "검은 폐수에서 출현한 음란한 여신"은 무죄로 석방되어 이후 남자 세계에서 갖가지 끔찍한 피해를 초래한다. 그러나 진짜 가브리엘 봄파르는 감옥에서 회상록을 썼고, 파리의 한 극장에서 좌석 안내원으로 생애를 마감했다.

베르티옹의 기민한 아이디어

이렇듯 리옹의 경찰과 티자 에슬라의 예심판사는 몇 개월 동안이나 무고한 사람들을 감금했다. 그와 같은 오류는 어떻게 하면 피할 수 있을까? 어떻게 개인의 신원을 명백하게 확인할 수 있을까? 과학의 대가들뿐만 아니라 아주 평범한 경찰들 역시 그렇게 할 수 있을까?

소녀 에스터가 실종되기 일 년 전 프랑스에서는 새로운 방법이 시험적으로 도입되었다. 이 방법은 '과학수사의 아버지'라 불리는 알퐁스 베르티옹(Alponse Bertillon)이 창안했고 그의 이름을 따서 베르티요나쥐(bertillonage)라고 불렀다.

사진의 중요성은 범죄경찰도 피해갈 수 없었다. 1844년 브뤼셀에서 처음으로 금속판 사진술로 찍은 지명수배서가 게시되었다. 그러나 전 유럽의 경찰기관이 피의자의 사진을 체계적으로 찍어 앨범으로 모으기 시작한 것은 1870년대에 들어서였다. 게다가 급속하게 늘어나는 앨범과 그 경비를 생각해 본다면 그 성과는 보잘것없었다.

파리 경찰국 문서고의 하급 직원 베르티용은 재단사, 모자나 신발이나 장갑을 만드는 사람들이 하듯이 감식 대상의 신체 사이즈를 표기할 것을 제안했다. 자료 수집은 그의 가족이 직접 했다. 베르티용의 아버지와 형이 통계분석가였던 것이다. 쉬레테의 동료들이 이 수집욕을 마다할 이유는 없었다. 베르티용의 작업이 놀라운 수사 성과를 내기까지 반대 의견을 내는 사람은 아무도 없었다.

1890년대 초, 연쇄 폭탄 테러가 파리를 강타했다. 범인은 ─ 유럽의 다른 곳에서와 마찬가지로 ─ 무정부주의자 무리였다. 우두머리의 이름 라바콜은 이미 1889년 생 에티엔 경찰서의 문서에 등장했다. 라바콜은 염색업자 프랑수아 쾨니히슈타인이라는 남자의 어머니가 결혼 전 가졌던 성이었다. 쾨니히슈타인은 강도혐의로 일시적으로 체포되어 수사를 받은 적이 있었다. 현재는 그 사이에 더 많은 강도살인혐의로 수배 중이었다.

베르티용은 생 에티엔 경찰서의 전과자 카드를 입수하고 모든 것을 이 카드 위에 기록한 다음 언론에 몽타주를 제공했다. 이틀 후인 1892년 3월 30일 라바콜은 레스토랑 '베리'의 주인에게 발각되어 격투 끝에 붙잡혔다. 피의자는 자신이 시민사회를 상대로 투쟁하고 있을 뿐 쾨니히슈타인과는 아무 관계가 없다고 주장했다. 수많은 신문들은 경찰이 비열한 범죄행위를 정치적 반역의 탓으로 돌리려 한다며 조롱했다.

재판 이틀 전날 레스토랑 '베리'가 폭파되었고 주인은 잿더미 속에 깔려 죽었다. 파리의 판사들은 몽브리송에 있는 루아르 배심재판소에 사건 처리를 떠넘겨 안도의 한숨을 쉬었다. 무정부주의적 협박이 지방에서는 통하지 않는다는 사실을 깨닫자 라바콜은 드디어 가면을 벗었다. 냉소적인 웃음을 띠며 그는 쾨니히슈타인이라는 이름으로 범죄를 저질렀음을 시인했다. 파리로부터 조립식 단두대를 가지고 와 1892년 7월 11일 사형을 집행한 사람은 이번에도 형리 루이 데이블러였을 것이다.

베르티용의 아이디어는 불의 심판과 같은 가혹한 시련에도 불구하고 살아남았으며 전 유럽으로 전파되었다. 그러나 세계는 발전하고

무정부주의자 라바콜이 체포되는 모습. 그는 조립식 단두대에 매달려 죽었다.

있었다. 베르티용의 방법은 승리를 거둔 지 10년 만에 더 신뢰성 높은 방법, 즉 지문법에 꺾이고 말았다. 저 유명한 드레퓌스 중위가 잘못 기소된 사건 때 그의 과학적인 명성은 이미 끝나 있었다. 베르티용은 보데로(독일 대사관 휴지통에서 발견된 군사기밀 파일)의 필적을 감정한 결과 용의자 드레퓌스 중위의 것이라고 주장했다. 베르티용을 개인적으로 접견했던 공화국 대통령 카시미르 페리에는 대화가 끝난 후에 그를 "기괴할뿐더러 완전히 미친" 사람이라고 표현했다.

지문법의 등장

인간의 손가락 끝이 저마다 다르다는 사실은 이미 고대 중국에서부터 잘 알려져 있었다. 그들은 공적인 문서에 서명을 하기도 했지만 지문을 찍어 안전을 기하기도 했다. 유명한 천문학자의 손자인 영국의 윌리엄 허셜(William Herschel)은 1858년 인도로 이주해서 중국 상인들로부터 지문 사용법을 알게 되었다.

그가 보기에 지문 사용은 공무원들이 혼란을 겪었던 딜레마에서 벗어날 적절한 출구 같았다. 인도에 남은 노병들에게 연금을 지급할 때마다 매번 정확한 규정이 없어 문제가 생기곤 했던 것이다. 수령자가 서명을 하지 않거나 종종 같은 이름을 가지고 있거나 다른 사람과 비슷해 보일 때, 혹은 퇴직 군인이 다시 찾아와 연금을 두번째로 요구할 때 직원들은 어떻게 할 방법이 없었다. 허셜은 연금 지급을 지문날인으로 확인받았고 감사표를 만들어 사기행위를 근절했다.

그러나 퇴직 후 1881년 『네이처(Nature)』지에 자신의 경험을 알렸을 때, 그는 자신이 최초가 아니라는 사실을 알고 실망해야 했다. 도쿄에서 일본 지문학을 공부하고 돌아온 스코틀랜드의 의사 헨리 폴즈(Henry Faulds)가 불과 몇 주 차이로 그를 앞지른 것이다.

다른 관청에서도 혹시 지문법에 관심을 갖지 않을까 기대했지만 별 성과는 없었다. 그러나 허셜은 다윈의 사촌형제인 인류학자 프랜시스 갤턴(Francis Galton) 경의 주목을 끌었다. 1892년 출간된 『지문(The Fingerprints)』이라는 저서에서 갤턴은 손가락 끝 피부능선의 불변성과 일회성을 증명하고, 지문법이 베르티용의 방법보다 더 우월하다고 주장했다.

1894년 처음으로 지문감별에 의거해 살인범이 체포되었다. 마크 트웨인의 소설 『바보 윌슨』에서였다. 소설 주인공 윌슨은 취미생활의 일부인 지문 수집을 통해 살인범을 찾아낸다.

반면에 지문법이 실제적으로 사용되기까지는 아직 몇 년의 시간이 더 필요했다. 일단은 쉽게 터득할 수 있는 단순한 분류체계가 필요했다. 이 어려운 일을 해낸 사람은 마찬가지로 인도 주재 영국 공무원인 벵갈 지역 경찰국장 에드워드 헨리(Edward Henry)였다. 그의 노력으로 1897년 인도 전역에서 전과자 신체 사이즈 측정 작업이 철폐되었고 지문날인을 통한 색인카드로 대체되었다.

성과는 매우 훌륭했다. 경찰은 구체제에서보다 세 배나 많은 범죄자를 체포할 수 있었다. 다음해 차 재배 농장의 감독관을 살해하고 강도질을 한 일꾼을 지문날인을 통해 찾아냈지만, 재판정은 사형선고를 내리는 데는 주저했다. 증거수단이 너무 새롭고 실증되지 않았던 것이다. 피고는 강도죄만 적용되어 형을 받았다.

인도에서 그렇게 성공을 거둔 방법을 드디어 모국이 받아들인 것은 1901년이었다. 에드워드 헨리는 스코틀랜드 야드의 범죄분과인 CID의 지휘자로 임명되었다. 4년 후 ─ 그 사이에 헨리는 스코틀랜드 야드의 국장으로 승진했다 ─ 경찰은 런던 데포드 지역에서 일어난 살인사건에서 깡그리 털린 금고에 찍힌 지문에 주목했다. 혐의를 받은 사람은 평소 평판이 좋지 않던 알프레드 스트라톤과 알버트 스트라톤 형제였다.

그들에 대한 재판에서 금고의 지문은, 유일하지는 않았지만 가장 중요한 증거로 부상했다. 변호사는 거의 눈에 띄지도 않는 이 작은 흔적의 증거 능력을 대수롭지 않은 것으로 왜곡하기 위해 무던히 노력했다. 검사는 배심원 각각의 오른손 엄지 지문을 채취해 그것들이 얼마나 다른지를 설명하면서 이에 반박했다. 배심원들에 대한 검사의 교육 효과는 성공적이었다. 법정은 스트라톤 형제에게 유죄판결을 내렸고 판사는 사형을 선고했다. 지문법의 승리였다.

다른 나라들도 영국의 모범을 따랐다. 파리 경찰국 쉬레테는 당분간 측정 카드를 고집했고 지문은 보완적 도구로만 사용했다. 1901년 루브르에서 「모나리자」가 도난당하는 사건이 일어났다. 베르티용과 부하들은 그림이 들어 있던 액자에서 지문을 채취해 냈다. 이미 등록된 지문이었음에도 불구하고 도난범을 잡을 수는 없었다. 지문이 아직 중요한 증거로 제시되지 않았기 때문이다.

베르티용의 생물통계법은 그가 죽은 후에야 파리에서도 작별을 고했다. 하지만 오늘날 이 방법은 조심스럽게 르네상스를 맞이하고 있다. 위조가 분명한 여권을 가리는 작업에서 유럽과 미국 관청은 다시

베르티용 식의 생물통계법적 데이터에 의존하곤 한다.

어쨌든 예외는 있지만 DNA 분석이 창안될 때까지 지문 대조는 증거수단들 중 가장 중요한 기준으로 간주되어 왔다. 영국 중부의 황량한 산업도시 블랙번에서 일어난 기이한 살인사건은 오리무중에 빠졌다가 지문의 도움으로 해결된 대표적인 사례였다.

1948년 네살짜리 여자아이가 퀸스파크 병원 소아병동에서 실종되었다. 얼마 후 아이는 병원 부근에서 강간당한 채 머리가 으깨어져 죽은 채로 발견되었다. 아이의 침대 아래에 있던 유리병에서 병원 직원들의 것이 아닌 지문을 채취했다. 이 잔인한 범죄는 혐오감을 일으키지 않을 수 없었고, 경찰은 다소 이례적인 행동을 취해야 할 필요를 느꼈다.

경찰은 16세 이상의 블랙번 남성 전체에게 자발적으로 지문날인할 것을 요청했다. 집집마다 돌며 모은 지문은 총 4만 5,000여 개에 달했다. 그러나 유감스럽게도 유리병에서 나온 지문과 일치하는 것은 없었다. 어렵게 얻은 데이터가 쓰레기통으로 사라질 위기에 처했다. 이때 한 직원이 지문날인 명단을 식량배급표에 등재된 수령인 목록과 대조할 것을 제안했다.

조사 결과 800명의 이름이 빠져 있었다. 그 중 22세의 피터 그리피스가 주목을 받았다. 그는 정신지체 아버지를 두고 있어 어린 시절 병원에서 많은 시간을 보냈기 때문에 병원에 대해 모르는 것이 없었다. 조사한 결과 그의 지문은 유리병에 찍힌 것과 정확히 일치했다. 그는 체포되어 범행을 자백했다.

피 묻은 옷

경찰당국이 지문을 체계적으로 받아들이기 시작할 무렵 의학계는 다른 영역에서 중요한 진보를 경험했다. 1900년 독일 북동부에 있는 그라이프스발트 대학 조교 파울 울렌후트가 동물의 피와 인간의 피를 구별하는 방법을 개발했다. 1901년에는 오스트리아 빈의 빌헬미넨 병원 해부학과 의사인 카를 란트슈타이너가 혈액형을 발견했다. 같은 해 울렌후트의 방법이 처음으로 범죄 분야에 이용될 수 있음이 증명되었다.

1901년 7월 1일 각각 8세와 7세 형제인 헤르만 슈투베와 페터 슈투베가 사라지는 일이 있었다. 아이들은 저녁식사 시간이 되어도 집에 돌아오지 않았다. 아버지는 뤼겐 섬 괴렌 해수욕장에서 운송업을 하고 있었다. 그는 몇몇 이웃과 함께 수색에 나섰지만 얼마 지나지 않아 포기하고 말았다.

다음날 아침 두 아이는 시체로 발견되었다. 범인은 머리와 팔과 다리를 토막내고 몸통을 갈라놓은 채로 숲속 여기저기에 던져놓았다. 3주 전에도 인근 들판에서 양 일곱 마리가 같은 방법으로 죽은 일이 있었다. 피에 굶주린 쾌락살인자의 소행이 분명했다. 당시 양들의 주인은 어떤 남자가 도망가는 것을 목격했기 때문에, 이번 사건에서 범인을 잡는 데 자신이 도움을 줄 수 있다고 생각했다.

한편 근처 야채장사 여인은 이웃마을 바베에서 가구공 루트비히 테세노브가 아이들에게 말을 거는 모습을 보았다고 증언했다. 테세노브는 바로 체포되어 양 주인 앞에 끌려갔다. 양 주인은 그를 알아보았다. 하지만 테세노브는 자기는 절대 모르는 일이라고 완강하게 주장했다. 옷에 묻은 검붉은 얼룩에 대해 묻자 가구를 만들 때 쓰는 착색제의 흔적이라고 설명했다.

그라이프스발트의 예심판사는 3년 전 오스나브뤼크에서 두 명의 소녀가 같은 방식으로 잔인하게 살해된 사건을 떠올렸다. 당시에도 경찰은 가구공 일을 하는 남자를 체포했지만 그가 옷에 묻은 얼룩을 가구 착색제라고 주장했을 때 반박할 증거가 없어 그를 풀어주었다. 예심판사는 당장 당시의 서류를 찾았다. 놀랍게도 그 남자의 이름은 테세노브였다!

좋은 기억력이 수수께끼의 첫 부분을 해결했다면 지역적 우연이 두 번째 부분을 해결했다. 작은 대학도시 그라이프스발트에는 한 젊은 조교의 연구가 사법계까지 소문으로 떠돌고 있었다. 울렌후트는 사람들의 환영을 받으며 자신의 발견을 실제 사건에서 증명할 기회를 얻었다. 그는 테세노브의 작업복에 묻은 얼룩은 착색제가 분명하지만 양복에 묻은 얼룩은 착색제가 아니라는 사실을 밝혀냈다. 22개의 얼룩은 사람의 피였고 9개는 양의 피였다. 테세노브는 사형선고를 받았고 울렌후트는 단숨에 유명인이 되었다.

배 위의 크리펜 박사

울렌후트보다 훨씬 더 큰 유명세를 얻은 사람은 마찬가지로 미국인 의사였다. 단 전문가로서가 아니라 살인범으로서였다. 크리펜 박사 사건은 범죄학이 초창기에 벌써 얼마나 큰 진보를 이루었는지를 생생하게 보여준다. 시체에 거의 아무것도 남아 있지 않았음에도 불구하고 시체의 신원을 파악할 수 있었던 것이다. 일반적으로 마취에 사용되지만 더 많은 용량을 복용하면 치명적 독이 될 수도 있는 스코폴라민(가지과 식물에 들어 있는 알칼로이드로, 중추신경을 억제하여 동공 확대, 신경 마비, 분비 억제와 같은, 아트로핀과 유사한 진정작용을 한다－옮긴이)이 처음으로 살인사건 재판의 증거자료가 되었다. 또 한 가지, 무선전신의 도움으로 살인범을 붙잡은 것도 최초였다.

의학박사 하울리 하비 크리펜이 미국에서 런던으로 이주한 것은 폴란드인 아내 코라 때문이었다. 벨 엘모어라는 이름으로 활동했던 그녀는 더 큰 오페라 경력을 꿈꾸며 런던 땅을 밟았다. 하지만 그녀에게 돌아온 배역은 단 하나, 레이디스 길트 뮤직홀의 경리 담당자였다. 아내의 실망감은 모두 남편에게 분출되었다(이 점만은 훗날 재판에서 모든 증인들이 한 목소리로 칭찬한 부분이다).

1910년 1월 31일 크리펜 부부는 노배우 마리네티 부부를 집으로 초대했다. 벨 엘모어의 마지막 등장 신(scene)이었다. 이틀 후 레이디스 길트 뮤직홀은 경리 담당자가 보낸 편지를 받았다. 미국으로 돌아가 병든 친척을 돌보아야 하므로 일을 그만두겠다는 내용이었다. 크리펜은 마리네티 부부에게도 똑같이 말했었다.

2월 레이디스 길트는 무도회를 개최했다. 크리펜은 간호사 에델 르네브를 동반하고 나타났다. 몇몇 부인들은 이 젊은 여인이 크리펜 부인의 보석을 착용하고 있음을 알아차렸다. 3월 초 간호사는 크리펜의 집으로 이사했다. 부활절의 어느 날 마리네티 부부는 크리펜이 보내온 전보를 받았다. 아내 코라가 LA에서 폐렴으로 사망했다는 슬픈 소

아내 살인범 크리펜 박사. 그가 사용한 스코폴라민은 처음으로 살인사건 재판의 증거자료가 되었다.

식이었다. 건강했던 폴란드 여인의 갑작스러운 죽음은 의심스럽지 않을 수 없었다. 코라의 친구 남편이 캘리포니아로 사업차 여행을 가던 차에 조사를 했고, LA에서 그녀의 죽음을 아는 사람은 아무도 없다는 사실을 확인했다.

7월 6일 크리펜은 월터 듀 경감의 방문을 받았다. 크리펜은 스캔들이 두려워서 아내가 죽었다는 거짓소문을 퍼뜨렸다고 고백했다. 그녀는 자신을 떠나 예전 남자친구를 만나러 미국으로 갔는데, 그곳이 어디인지는 모르겠다고 말했다. 경감은 실종된 부인을 찾을 수 있도록 인상착의를 알려달라고 요청했다. 다음날 경감이 다시 왔을 때 집은 텅 비어 있었다. 경찰은 석탄 창고로 쓰이는 지하실 바닥에서 사람의 몸체 일부와 잠옷 상의를 발견했다. 시체의 나머지가 어디 있는지는 찾지 못했다.

7월 20일 앤트워프를 향해 출발하는 영국 증기여객선 '몬트로즈'에도 수배 전단이 붙었다. 배에는 로빈슨 씨와 그의 아들 존이 타고 있었다. 선장은 존의 테이블 매너가 '매우 여성적'이며 아버지와 아들이 서로 심하게 애정 표현을 하고 있음을 알아차렸다. 선장은 선박회사로 무선통신을 보냈고, 회사는 스코틀랜드 야드에 이 사실을 알렸다. 7월 23일 듀 경감은 '몬트로즈'가 최종 목적지인 퀘벡에 도착하기 전에 그 배를 따라잡을 쾌속증기선 '로렌틱'에 올랐다. 의사와 간호사는 체포되었다.

법의학자 버나드 스필스버리는 발견된 시체의 살점에서 흉터를 찾아내 그것이 코라 크리펜의 하체라는 사실을 입증했다. 그녀는 런던에 오기 전에 자궁수술을 받은 적이 있었던 것이다. 스필스버리의 동료 윌리엄 윌콕스는 크리펜이 5그램의 스코폴라민을 구입했던 옥스퍼드 가의 한 약국을 조사했다. 약국에 비치된 독극물 서적에는 식물독을 투여하면 어떤 증상이 나타나는지 설명되어 있었다. 윌콕스는 범인이 절대 발각되지 않으리라 믿었던 식물 독을 위, 장, 간, 신장에서 검출했다.

크리펜은 마지막까지 죄를 부인했다. 그럼에도 불구하고 법정은 충분한 증거를 토대로 그에게 유죄판결을 내렸고 그해 11월 교수형에 처해졌다. 함께 체포된 간호사는 무죄방면되었다. 그녀는 다른 이름을 사용해서 스미스라는 사람과 결혼해 두 명의 아이를 낳고 살다가 1965년 사망했다. 아이들은 20년이 흐른 뒤에야 자기 어머니가 누구였는지를 알게 되었다. 크리펜 재판에 대해 책을 쓰던 어느 저널리스트가 그녀를 찾아내 인터뷰했을 때였다.

이 사건은 영국인들에게 잊을 수 없는 기억으로 남았다. 석탄 창고의 시체 잔해, 남장을 한 애인, 그리고 도주 커플의 파격적인 체포 과정은 국민적인 민담이 될 정도였다. 재판 일 년 후에 벌써 이 섬뜩한 삼각관계를 풍자한 소설이 나왔다. 스토러 클라우스턴(Storer Clouston)의 『그의 첫번째 공격』에서 경찰은 식물학자이면서 몰래 추리소설을 쓰기도 하는 몰리뇌가 아내를 살해한 다음 하녀와 함께 불태워버렸다고 의심한다. 사실은 요리사를 해고한 몰리뇌 부인이 손님들을 위한 만찬을 직접 준비해야 한다는 압박감에서 벗어나기 위해 스스로 모습을 감춘 것이었다. 이 기본적인 구도를 장식하는 것은 얽히고설키며 익살스럽게 전개되는 사건들이다. 프랑스 영화감독 마르셀 카르네가 「이상한 드라마」라는 제목으로 이 소설을 영화화했다.

크리펜 이야기는 1961년 런던의 대표 극장가 웨스트엔드까지 진출했다. 그러나 뮤지컬 「벨 또는 크리펜 박사의 발라드」는 6주만 상연되고 막을 내렸다. 1978년 희곡 『크리펜 박사의 일기 — 하나의 발명』에서 극작가이자 감독이며 배우인 엠린 윌리엄스는 온순한 살인범의 사유세계에 침투하는 색다른 시도를 보여주었다.

타고난 범죄자는 존재하는가?

19세기 후반 범죄학은 더욱 급속도로 발전했다. 모든 '세계의 비밀' — 당시 베스트셀러의 제목이기도 하다 — 을 다 풀이할 수 있다는 믿음이 시대를 지배했다. 『지문』의 저자 프랜시스 갤턴 경의 연구는 손가락 끝에만 국한되지 않았다. 그는 전과자들의 사진을 대조하면서 범죄자의 전형적인 외모를 탐구했다. 갤턴은 긍정적인 유전자 번식을 독려하고 부정적인 유전자 번식은 막아야 한다고 주장하는 우생학의 창시자이다. 얼마 후 우생학은 나치의 손아귀에 빠져 오용되었고, 아직까지도 완전히 극복되지 못하고 있다.

유전학의 진보를 믿은 사람 중에 이탈리아의 의학자이자 인류학자 체사레 롬브로소(Cesare Lombroso)가 있었다. 1876년에 출간된 『범죄인론』은 범죄학의 기틀을 세운 롬브로소의 대표작이다. 그는 범죄를 저지르는 성향은 유전되며 육체적 비정상으로 나타난다고 확신했다. 그는 살인자의 전형을 이렇게 묘사했다.

> 살인자는 유리나 얼음 같은 무표정한 시선을 가지고 있다. 눈은 충혈되었고 코는 크며 매부리코인 경우도 많다. 턱은 골격이 튼튼하고 귀는 길며 뺨은 넓고 머리카락은 곱슬인데다 빽빽하고 검다. 입술은 얇고 어금니는 크다. 안구진탕(눈알이 흔들리는 현상-옮긴이) 현상이 잦으며 한쪽으로만 표정을 짓기도 한다. 이때 어금니를 보여주며 히죽거리거나 으르렁거린다.

'작은 사냥꾼'(74쪽)에 대한 재판에서 감정인으로 등장했던 추밀고문관 카스퍼는 또다른 경험을 했다. 그의 회고록은 이렇게 시작한다. "내가 본 살인범은 모두 젊은 여자와 같은 외모였다."

실제로 대부분의 연쇄살인범은 롬브로소의 캐리커처와 아무런 유사점이 없었다. 그런 식의 일반화는 오늘날 아무도 옹호하지 않지만 동시대인들에게는 저항할 수 없는 매력을 풍겼다.

프로이트를 무의식의 길로 인도했던 신경학자 장 샤르코(Jean Charcot)는 단두대에서 잘린 라바콜의 머리를 받아 반으로 갈라보았다. 그러나 뇌의 상태와 범죄성이 과학적으로 상관관계가 있으리라는 기대감은 충족되지 않았다. 1975년 학생들은 해부하지 않은 나머지 반쪽을 파리 살페티에르 병원으로부터 훔쳐서 판테온 안에 전시했다. 현재 라바콜의 머리는 포르말린으로 보존되어 원래의 자리로 돌아가 있다.

셜록 홈즈에서 원초적 본능까지

픽션의 세계

왓슨, 그건 기본일세

추리소설과 슈퍼맨들

범죄수사 경찰의 탄생은 이전 세대가 전혀 예측할 수 없었던 결과를 낳았다. 프랑수아 비도크가 쉬레테 업무를 시작한 지 30년 후에 새로운 문학 장르인 추리소설(detective novel)이 탄생했다. 추리소설의 독자가 관심을 두는 것은 범죄 자체가 아니라 범죄를 밝혀내는 일이다. 범인은 누구인가?

고전적인 추리소설의 경우 이야기의 서두에 살인이 등장하고 마지막에 살인범이 폭로된다. 무지(無知)에서 지(知)로 바뀌는 '해결의 순간'은 이미 아리스토텔레스의 『시학』에서 '아나그노리시스(anagnorisis)'라는 개념으로 명명되었다. 이것이 바로 모든 추리소설이 목표로 하는 순간이다.

아리스토텔레스가 『시학』을 썼을 때 그에게 테비이 왕 오이디푸스의 전설은 이미 친숙한 이야기였다. 오이디푸스 왕은 부모가 누군지 모른 채 아버지를 죽이고 어머니와 결혼한다. 이 전설에 최종적인 형태를 부여한 소포클레스의 비극 『오이디푸스 왕』은 세계문학 사상 최초의 탐정 이야기라 할 수 있다. 물론 탐정 자신이 범인이라는, 코난 도일이라면 몰취미하다고 비난할 법한 면이 있기는 하지만 말이다. 수사관에게 도움을 준 신탁 역시 도일의 찬사를 받기는 어려울 것이다.

반면 아버지를 죽인 자를 추적하는 덴마크 왕자 햄릿은 설록 홈즈와 비슷한 방식으로 행동하며 자신의 관찰 능력을 신뢰한다. 그는 유랑광대 집단과 함께 살인극을 상연하며 의심스러운 삼촌의 반응을 기대했고, 그의 기대는 그대로 이루어졌다.

사냥꾼과 사냥감이 함께 죽는 『햄릿』의 결말은 다시금 추리소설에 등장할 만하다. 설록 홈즈가 같은 방식으로 죽음을 맞이했을 때 작가는 독자들의 거센 항의를 받아야 했다. 홈즈는 숙적 모리아티 교수와 함께 실종된 지 10년 만에 ─ 부활을 위해 3만 달러를 지불한 미국 출판사의 도움으로 ─ 무사히 귀환한다.

소설 작가들이 살인 이야기를 창작하기 전에는 법률가들이 실용서를 내며 시장을 점령하고 있었다. 이 분야에 최초이자 가장 유명한 사람은 프랑스의 검사 프랑수아 가보 드 피타발(François Gavot de Pitaval)이었다. 그는 1734년부터 1743년까지 20권짜리 『흥미롭고 유명한 소송사건들』을 펴냈다. 그의 이름은 후대의 모든 판례집의 모범이 되었다.

베를린의 범죄전문가 율리우스 에두아르트 히치히는 1842년 친구 빌헬름 해링(필명 '빌리발트 알렉시스'라는 이름으로 더 유명하다)과 함께 『전세계에서 가장 재미있는 범죄 이야기』 시리즈를 펴냈다. 그는 이 시리즈를 '새로운 피타발'이라고 불렀다. 60권에 달하는 이 시리즈는 20세기에도 계속 이어져 나왔다. '광란의 리포터' 에곤 에르빈 키쉬 역시 자신의 범죄 르포르타주의 제목을 「프라하의 피타발」이라고 지었다.

영국에는 『뉴게이트 캘린더(Newgate Calendar)』가 있었는데, 수배 중인 중범죄자들의 과거사에 관한 정보를 제공하는 출판물이었다. 1773년부터 간행된 이 잡지의 제목은 런던인들의 사랑을 한몸에 받았던 뉴게이트 감옥에서 따온 것이다. 공개처형이 수없이 집행된 감옥 앞 광장은 볼거리 많은 야외극장을 방불케 했다.

'뉴게이트 소설들'은 '뉴게이트 캘린더'를 능가했다. 팩트(fact)와 픽션(fiction)을 아무렇게나 섞어서 실제 범인을 감상적인 소설 주인공으로 바꿔놓은 소설들이다. 예컨대 윌리엄 태커레이(William Thackeray)의 소설 『캐서린』(1839)에 등장하는 주인공은 임대인의 도움으로 남편을 살해하고 시체를 잘게 토막냈던 실존 인물 캐서린 하예스를 재창조한 인물이다. 하지만 이런 인물들은 곧바로 새로운 주인공에게 무대를 넘겨주어야 했다. 살인범보다 독자들의 관심을 더욱 강하게 사로잡은 사람, 바로 탐정이었다.

아마추어 탐정의 시조, 오귀스트 뒤팽

아직 '탐정'이라는 단어가 존재하지도 않을 때 처음으로 탐정을 세상에 내보낸 사람은 미국의 저널리스트이자 시인이며 소설가 에드거 앨런 포였다.

1841년 『그레이엄스 매거진』에 실린 포의 단편소설 『모르그 가의 살인사건』에서 프랑스의 몰락한 귀족기사 오귀스트 뒤팽은 동기를 알 수 없는 광폭한 살인사건의 수수께끼를 풀어낸다. 놀랍게도 범인은 오랑우탄이었다.

에드거 앨런 포의 뒤팽은 세계문학 최초의 아마추어 탐정이다. 코난 도일의 셜록 홈즈, 체스터턴의 브라운 신부, 애거서 크리스티의 에르퀼 푸아로, 도로시 세이어스의 피터 윔지 경처럼 그는 프로를 능가하는 재능 - 천재적인 관찰력, 종합적인 통찰력, 천리안과 같은 직관 - 을 가지고 있다. 현실 속에서 사립탐정들이 매진하는 일은 간통이나 지불연체 등 하찮은 문제들이지만, 추리소설의 세계에서 그들은 종종 경찰 대신에 살인범을 사냥한다.

뒤팽은 세 편의 소설에 등장한다. 그 중 둘은 순수한 허구지만 세 번째 이야기는 실제 사건을 다룬 것이다. 1841년 7월 28일 끔찍하게 망가진 젊은 여자의 사체가 허드슨 강에서 낚시꾼에 의해 발견되었다. 여자는 뉴욕의 어느 담배 가게 종업원 메리 로저스로 밝혀졌다. 범인은 찾지 못했다. 에드거 앨런 포의『마리 로제의 미스터리』는 이 사건의 무대를 파리로 옮긴다.

오귀스트 뒤팽은 집에서 나가지 않고 오로지 신문기사에 의거해서만 살인을 재구성해 마리의 애인인 흑인 해군장교를 범인으로 폭로한다. 천재적인 탐정이라고 실수가 없는 것은 아니었다. 1842년 10월 실제 범인인 뉴저지의 한 여관 여주인이 범행을 인정한 것이다. 그녀는 임신한 메리 로저스를 낙태해 주다가 로저스가 죽자 시체를 허드슨 강으로 던져버렸다고 자백했다. 그래서 나중에 출판된 책에서 포는 뒤팽의 날카로운 통찰이 "소망했던 결과"에 이르렀다는 식의 애매한 결론을 맺어야 했다.

뒤팽이 했던 종류의 사업에 처음으로 이름을 붙인 것은 찰스 디킨스였다. 많은 동료 작가들과는 달리 그는 경찰의 일을 존중했다. 디킨스의 친구이자 스코틀랜드 야드 탐정과의 필드 경감은 소설『황폐한 집』(1853)에서 버케트 경감으로 재탄생해 영원한 삶을 누린다. 털킹혼 검사를 살해한 여자를 검거한 버케트 경감은 자신을 '탐정'이라고 소개한, 세계문학 최초의 탐정이다.

또한『황폐한 집』은 레드 헤링(red herring, 사람의 관심을 다른 곳으로 돌리기 위한 의도적인 행동 - 옮긴이)으로 독자를 속이는 최초의 소설이기도 하다. 레이디 데드록의 추잡한 과거는 진정한 살인 동기가 아니다. 나아가『황폐한 집』을 추리소설로만 보기에는 약간 문제가 있다. 줄거리의 가지들이 너무 다양하기 때문이다. 위험한 사랑의 과거를 간직한 레이디 데드록과 그녀의 비밀을 파헤치는 집안의 고문 변호사 털킹혼, 그리고 유산 상속을 둘러싼 사건의 참고인이자 잠정적 상속자로 지목받는 리처드 카스톤, 에이다 클레어 등이 큰 축을 이루고 있는데, 중심에 있는 유산이나 사랑 문제에 비교해 보면 살인은 곁가지에 불과하다.

윌키 콜린스(Wilkie Collins)의『월장석(Moonstone)』(1868)에서 도둑맞은 다이아몬드를 찾아낸 커프 경사 역시 실존 인물에서 빌려온 캐릭터이다.

스코틀랜드 야드의 위처 경위는 1860년 섬머셋샤이어에서 벌어진 유아 살해사건으로 유명해신 사람이다. 그는 16세의 콘스턴스 켄트가 네살짜리 이복동생 세이빌을 질투심 때문에 목졸라 죽였다고 의심하여 체포했다. 여론은 이를 불만스럽게 받아들였다. 지역경찰 역시 스코틀랜드 야드의 개입에 저항했기 때문에 소녀는 다시 풀려났다. 위처는 직책에서 물러나야 했다. 그러나 4년 후 그는 당당하게 복귀했다. 사건 이후 어느 수녀원에 들어갔던 콘스탄스가 범행을 자백한 것이다.

『월장석』에서 커프 경사의 경력 역시 굴곡을 겪는다. 그는 다이아몬드를 찾아내기 전에 군에서 면직 처분을 받았다.

살인이라야지, 유혈 살인

피터 윔지 경을 창조한 도로시 세이어스는 커프 경사의 '다이아몬드 사냥'을 "지금까지 쓰여진 추리소설 중 최고"라고 칭찬했다. 『월장석』이 훌륭한 구조를 갖춘 긴장감 넘치는 오락 작품인 것만은 의심의 여지가 없다. 그러나 세이어스의 칭찬에 동의할 것인가 말 것인가는 추리소설에 대해 무엇을 기대하느냐에 달려 있다. 결말에 가서야 발생하는 살인사건은 일종의 후기이지 이야기를 전개시키는 원동력은 아니다. 이 책의 주요 사건은 도난 사건이다. 이 점이 대부분의 추리소설 마니아들에게 아쉬운 부분이다.

애거서 크리스티의 탐정 에르퀼 푸아로는 파트너인 헤이스팅스 대위에게 이렇게 묻는다. "식사를 주문하는 것처럼 범죄를 주문할 수 있다면 자네는 무엇을 선택할 텐가?"

헤이스팅스가 대답한다. "강도? 화폐 위조? 아니야. 그렇지 않아. 그건 너무 채식이야. 살인이라야지, 유혈 살인. 모든 것이 다 들어 있는 차림 말이야."

파일로 반스라는 오만한 탐정의 창조자인 미국 작가 반 다인(S. S. Van Dine) 역시 『추리소설 작가를 위한 20가지 법칙』에서 시체를 필수 불가결한 부속품으로 보았다. "죽어 있을수록 더욱 좋다. 살인 없는 범죄는 300페이지나 낭비할 가치가 없다." 바로 이 규칙을 거의 모든 작가들이 지켜왔다.

물론 예외는 있다. 코난 도일의 셜록 홈즈와 G. K. 체스터턴의 브라운 신부는 자신의 재능을 형법적으로 중요하지 않은 사건들에 낭비하는 것을 부끄럽게 생각하지 않았다. 코난 도일의 처남인 E. W. 호눙과 모리스 르블랑은 각각 대도 레이플즈와 아르센 뤼팽으로 유명해졌다. 그러나 예외는 법칙을 더욱 분명히 확인하게 만들었다. 추리소설의 역사에서 로빈훗의 후계자인 신사 도둑은 일종의 각주로만 남아 있다.

최초의 본격 추리소설가의 명예는 한 프랑스인에게 돌아갔다. 1863년 신문 『르 페이(Le Pays)』에 연재되었고 1866년 책으로 출간된 에밀 가보리오(Émile Gaboriau)의 『르루주 사건』은 분명히 에드거 앨런 포의 영향을 받았다. 포의 소설에서와 마찬가지로 과부 르루주 부인 살해범을 밝히는 사람은 경찰이 아니라 일개 아마추어이다. 용감한 수사관 르콕도, 쉬레테의 허영기 많은 수장 제브롤도 못한 일을 천재적인 아마추어 타바레 '신부'가 해내는 것이다. 그러나 뒤팽과는 달리 타바레 신부는 자신의 천재성만 신뢰하지는 않는다. 그는 바지가 오물로 더럽혀지는 것도 개의치 않고 흔적을 찾기 위해 동분서주한다. 왜 그 나이에 그런 고생을 하는지 물어보자 그는 이렇게 대답한다.

"토끼에게 총을 쏘기 위해 25프랑을 지불하는 멍청이들을 보라! 절로 눈살이 찌푸려진다. 약탈물이라면 인간 사냥보다 더 멋진 것은 없다! 모든 능력을 동원해야 하며 승리했을 때의 기쁨도 월등하다. 인간 사냥에서 들짐승은 사냥꾼과 동등한 능력을 갖고 있다. 사냥꾼과 똑같은 지능과 체력을 갖고 있으며 게다가 교활하기까지 하다. 무기는 거의 같다. 범인과 경찰이 펼치는 숨바꼭질이 얼마나 흥분을 주는지 안다면, 경찰이 되겠다고 지원할 사람이 예루살렘 가에 진을 칠 것이다."

타바레 신부는 경찰이 당황해 하는 것도 아랑곳없이 현장에 들어가 죽 둘러보면서 범인을 묘사한다. "젊은 남자로 키가 크고 피살자를 잘 알고 있는 사람이군요. 옷차림은 우아하고 아마도 상류사회에 속한 사람일 겁니다." 이런 식이다. 아니면 "그날 저녁 그는 실크해트를 쓰고 우산을 들고 있었으며 시가 홀더에 트라부코를 끼워 피우고 있었습니다." 텔레파시를 쓴 것처럼 정확하다. 훗날 셜록

최초의 본격 추리소설가 에밀 가보리오가 쓴 『오르시발의 범죄』의 영국판 표지. 그의 소설은 영국에서도 열광적인 반응을 얻었다.

홈즈가 친구 와트슨에게 매번 기습적으로 퍼붓는 공격과 똑같은 기술이다.

그러나 그 고상한 신사가 가난한 과부의 집에서 집안 구석구석을 다 뒤지며 무엇을 찾았단 말인가? "돈? 귀중품? 아닙니다! 절대 아닙니다! 그가 원한 것, 찾은 것, 필요로 한 것은 단 하나, 종이입니다. 피살자가 가지고 있다고 생각했기 때문이죠. 결국 그는 종이를 찾았습니다. 그리고 그 종이로 무엇을 했는지 아십니까? 태워버렸습니다." 그리고 그는 르루주 부인이 코마린 백작가의 유모였다는 사실을 알아낸다. 백작의 아들은 태어났을 당시 사생아와 뒤바뀌었다는 것이다. 이것만 알면 사건 해결은 일사천리다.

에밀 가보리오의 후기 추리소설에서는 타바레가 뒷전으로 물러나고 르콕 경감이 전면에 나타난다. 영국이나 미국과는 달리 국가의 질서를 본능적으로 신뢰하는 프랑스 국민다운 일이다. 추리소설이 프랑스에서 경찰소설(roman policer)이라고 불리는 것도 우연은 아니다.

추리소설의 초창기에 여성들은 대개 피해자였다. 가끔 범인인 경우도 있지만 탐정의 삶에서 여성이 큰 의미를 갖는 경우는 거의 없었다. 브라운 신부는 직업상 금욕의 의무가 있고 뒤팽, 타바레, 홈즈는 여자에게 별 관심이 없는 철저한 독신주의자이다. 보헤미아 왕의 전(前)애인이자 오페라 가수인 이레네 아들러는 홈즈가(『보헤미아의 스캔들』에서) 어느 정도 관심을 표해야 했던 유일한 여성이며 그를 속인 유일한 여성이기도 하다.

벤틀리(E. C. Bentley, 영국의 추리소설가. 『트렌트 최후의 사건』은 현대 추리소설의 선구가 된 획기적인 작품이다 – 옮긴이)의 탐정 필립 트렌트가 피살자의 미망인과 행복한 미래를 약속했을 때, 이는 전통과의 의식적인 단절이었다.

영원한 우상, 셜록 홈즈

반면에 여성 작가들은 처음부터 있었다. 실리 레지스터라는 가명으로 요리책과 대중소설을 썼던 메타 빅터(Metta Victor)를 '추리소설의 어머니'로 부르는 사람들이 많다. 하지만 그녀의 책 『배달 불능 편지(Dead Letter)』(1866)에서는 범인이 처음부터 공개되어 있어 결말 부분에 '아하' 하고 해결되는 느낌이 없다. 또 이 탐정에게는 초감각적인 능력을 갖춘 딸이 있어서, 이것이 탐정의 자질을 떨어뜨리는 것처럼 보인다.

우리의 계보에서 시조라 할 만한 여성 작가는 뉴욕 검사의 딸인 안나 캐서린 그린(Anna Katharine Green)이다. 소설 『레븐워스 사건(The Leavenworth Case)』(1878)이야말로 추리소설의 기본 요소를 모두 갖춘 최초의 여성 작가 소설이다. 도서관 안의 시체들, 유언장을 변경하려는 갑부, 검사의 조사에서 탄도에 따른 증거물 등을 생각해 보라. 묘사는 전문적이고도 생생해서 예일 대학에서 정황증거의 위험성을 설명하는 교재로 사용할 정도였다.

사건을 해결하는 뚱뚱한 경찰 에버너처 그라이스 역시 후대의 인물들과 공통점이 매우 많다. 그가 흔들의자 위에 편안하게 앉아서 회색 뇌세포를 가지고 유희하는 동안, 그의 수족인 젊은 검사(화자이기도 하다)는 증거를 수집하러 뛰어다닌다.

안나 캐서린 그린의 후기 소설 『이웃집 사건(That Affair Next Door)』 (1897)에 등장하는 조수 아멜리아 버터워스는 애거서 크리스티의 유명한 히로인 미스 마플(『예고살인』, 『깨어진 거울』 등의 작품에 나오는 할머니 탐정 – 옮긴이)의 선배격인 여탐정이다. 잘난 척하지만 훌륭한 관찰력을 갖춘, 여러 모로 신경 쓰이는 캐릭터이다.

캐서린 그린 자신도 속물근성에서 자유롭지 못했다. 그녀의 탐정은 상류사회로부터 신사로 인정받기 위해 온갖 노력을 다한다. 소시민적인 표현양식 또한 그녀가 철저한 동시대 사람임을 증명해 준다. 의뢰인이 나타났을 때 화자의 반응을 보라.

"나는 한 대 얻어맞은 것처럼 비틀거렸다. 세상에! 내 눈앞에 펼쳐진 것은 얼마나 잔인한 타락의 심연인가! 너무나도 끔찍하고 역겨워서 고개를 숙이고 손으로 귀를 막을 수밖에 없었다."

뚱뚱한 경찰관이 등장한 지 9년 후, 매부리코에 마른 몸매의 어느 사립탐정이 런던 시내에서 사무소를 개업했다. 모든 전임자들을 순식간에 완전히 제압할 최고의 탐정, 셜록 홈즈의 등장이다. 셜록 홈즈는 동시대인들만 매혹시킨 것이 아니다. 그의 명성은 오늘날까지도 변함이 없다. 나폴레옹, 예수, 드라큘라, 타잔보다도 더 자주 조명을 받는 영화 속 주인공이기도 하다.

참고문헌만 해도 대단하다. 학자들은 예술의 갖가지 원칙에 따라 그를 분해하고 재구성해 왔다. 전문비평을 읽어보면 이 연구가 문학적 허구에 관한 것인지 역사적 인물에 관한 것인지 불투명할 정도이다. 홈즈가 실존 인물을 토대로 만들어졌다는 사실은 코난 노일 자신이 이야기한 바 있다. 도일은 '홈즈의 모험' 첫 권을 의학자 조셉 벨 교수에게 헌정했다. 학생 시절부터 벨 교수의 날카로운 눈을 경탄해 왔기 때문이다. 교수는 친히 서평을 씀으로써 감사를 표했다.

많은 독자들은 '홈즈의 모험'을 있는 그대로 맹신한다. 오늘날까지도 매일 홈즈의 숭배자들이 베이커 가를 순례한다. 그들의 우상이 벽난로 앞에서 생각에 잠겨 있던 곳, 베이커 가 221B번지가 실제로는 존재하지 않는다는 사실에 실망을 금치 못하면서도 말이다.

홈즈가 전임자들과 다른 점은 그 강렬한 성격이다. 사람들이 쉽게 잊어버릴 수 없는 특성의 소유자인 그는 파이프담배를 피우고 바이올린을 연주하며 하루에 세 번 코카인을 흡입한다. 빅토리아 시대 독자들이 주인공의 마약중독에도, 그리고 단편 「마분지 상자(The Cardboard Box)」에 등장하는 이혼에도 저항감을 느끼지 않았다는 점

무대에서 30년 동안 셜록 홈즈로 살았던 극작가이자 배우 윌리엄 질레트. 그의 유명한 대사 "와트슨, 그건 기본일세"는 원저에 없는 말이었다.

은 흥미롭다. 초기에 나온 책들에는 이혼 사실이 숨겨져 있었다.

구부러진 파이프는, 30년 동안 무대에서 홈즈로 살았던 극작가이자 배우 윌리엄 질레트의 작품이다. 파이프가 직선이라면 말할 때 방해가 될 것이기 때문이다. 1,300회에 걸쳐 무대에 오르면서 질레트는 항상 헌팅캡을 쓰고 격자무늬 케이프가 달린 외투를 입었다. 우리가 상상하는 홈즈와 떼려야 뗄 수 없는 모습이다. 질레트는 또한 이해력이 더딘 동료에게 때때로 이렇게 훈계하곤 했다. "와트슨, 그건 기본일세." 원저에는 없는 말이다.

짖지 않는 개

앞서 보았듯 셜록 홈즈는 순수한 영혼을 가진 조력자이자 기록자를 옆에 둔 최초의 탐정은 아니다. 그러나 코난 도일이 이 콤비를 묘사할 때의 위트는 이전의 작가들보다 훨씬 탁월하다. 첫 만남(『주홍색 연구』에서)부터 근사했다. 홈즈는 알지 못하는 신사에게 다음과 같이 말하며 인사한다. "안녕하십니까? 척 보니 아프카니스탄에서 오셨군요." 다른 곳에서 홈즈는 와트슨의 손가락 사이에 백묵 얼룩이 있는 것을 보고 자신의 동료가 더 이상 남아프리카 주식을 안 사겠다는 생각을 한다고 추론한다. 다음 불멸의 대화는 결코 잊을 수 없다.

"내가 주의를 기울여야 할 점이 또 있는가?"

"밤중에 개에게 물린 이상한 사건이지."

"하지만 개는 밤에 아무 일도 하시 않는데."

"그러니까 이상한 사건이라는 거야."

심지어 홈즈는 시가를 피우고 떨어진 재의 여러 형태에 대해서 학술적인 연구논문을 내기도 한다.

『주홍색 연구』(1887)는 코난 도일의 첫번째 장편소설이다. 어느 빈 집에서 피범벅이 된, 그러나 상처는 전혀 없는 시체가 발견된다. 시체 옆에는 결혼반지가 놓여 있고 벽에는 독일어로 '복수(Rache)'라는 단어가 쓰여 있다. 다른 세 장편소설에도 ― 종종 시체를 전혀 볼 수 없는 56편의 단편소설과는 달리 ― 살인이 문제가 된다. 『네 사람의 서명』(1890)은 도일이 윌키 콜린스의 『월장석』을 읽었음이 드러난다. 인도에서 보물을 찾고 있는 한 남자가 독화살을 맞아 살해된 이야기다. 『바스커빌 가의 개』(1901)는 도일이 쓴 최고의 추리소설이다. 무어인, 안개, 황량한 성, 범인이 피살자에게 풀어놓은 야생 괴물 등 즐거운 공포 이야기를 위한 모든 요소가 들어 있다.

마지막 장편소설 『피의 계곡』(1915)에서 도일은 아일랜드의 비밀조직 몰리 맥과이어(Mollie Maguires)에서 영감을 받는다. 실제로 펜실베이니아 광부들은 자신의 이익을 위해 파업과 심지어 살인까지도 마다하지 않았다. 원래 보수당원인 도일은 고용주가 옳고 노동자는 옳지 않다는 생각을 한 번도 버리지 않는다.

과학기술의 도움을 받는다고 해도 홈즈는 근본적으로 예술가적 기질의 소유자이다. 그는 끈질기고 힘든 노동보다는 자신의 확실한 본능을 신뢰한다. 홈즈에 대한 이차 문헌들 다수는 원본의 모순을 제거하고 설명하는 데 몰두하지만, 코난 도일 자신은 그러한 모순을 대수롭지 않게 생각했다. 자신의 연작소설에 등장하는 이 대가 탐정의 모험에 그늘이 드리워지는 것을 바라지 않았기 때문이다.

생애 마지막 몇 년 동안 그가 모든 열정을 다 바쳐 몰두한 것은 심령현상이었다. 도일은 고인이 된 동료 찰스 디킨스에게서 미완성 소설 「에드윈 드루드의 미스터리」를 완성해 달라는 부탁을 받았노라고 아주 진지하게 주장한 적도 있다. "영광입니다, 디킨스 씨"라고 그는 더듬더듬 말했고, 그에 대해 저 높으신 고인은 겸손하게 감사의 뜻을 전했다고 한다.

엄격하게 과학적으로 일하는 최초의 소설 속 탐정은 오스틴 프리먼(Austin Freeman)의 피조물 존 손다이크 박사였다. 그는 감옥에서 일하며 얻은 중요한 체험들을 모은 의사였다. 또한 특수기구와 화학약품이 든 작은 녹색 가방 없이는 절대 현장에 가지 않았다. 작가 프리만이 묘사한 실험은 모두 직접 해보았던 것들이다. 몇몇 실험들 — 지문을 위조할 수 있는가(『붉은 지문』, 1907), 또는 시체를 얼음 위에 두어서 사망 시점을 은폐할 수 있는가(『소리 없는 목격자』, 1914) 등 — 은 경찰들의 지침이 되기도 했다.

프리먼은 또한 도서미스터리(살인범이 처음부터 알려져 있고 비밀을 밝혀내는 것으로 끝맺는 구조-옮긴이)를 쓴 최초의 작가이기도 하다. 물론 이 계열에서 가장 대표적인 예는 프랜시스 아일스(Francis Iles)의 『살의(Malice Aforethought)』(1931)이다. 『살의』의 유명한 첫 문장은 이렇다. "비클리 박사가 자기 아내를 죽이겠다고 결심한 지 몇 주가 지나서야 그는 이 결심을 실행할 기회를 얻었다." 그러나 도서미스터리는 소수의 작가와 독자만을 매료시키는, 일종의 부차적인 영역이있다.

살인범은 예술가요, 탐정은 비평가

반면 G. K. 체스터턴의 탐정, 브라운 신부는 과학에 전혀 관심이 없다. 눈에 띄지 않는 둥근 몸집의 이 선량한 신부는, '지성의 폭력'으로 신앙을 대체한 현대 문명 대부분의 성과처럼 과학 역시 악마의 도구라고 생각한다. 브라운 신부에게 범죄란 우리 세계를 지배하는 악의 아종(亞種)일 뿐이고, 따라서 마땅히 사제의 일이다. 성직자들도 살인자가 될 수 있다. 살인범은 예술가요, 탐정은 비평가라고 생각하는 파리 경찰국장 아리스티드 발랑탱(『푸른 십자가』를 비롯한 체스터턴의 소설에 나오는 경찰 – 옮긴이)처럼 말이다.

반대로 대도(大盜) 플랑보 같은 망나니도 양심에 귀를 기울이면 명예로운 생업에 종사하는 삶으로 돌아올 수 있다. 플랑보는 『푸른 십자가』에서 브라운 신부와 치열한 두뇌 싸움을 벌인 이후 결국은 브라운 신부에게 감화되어 범죄자에서 뛰어난 탐정으로 변해가는 캐릭터이다.

체스터턴 자신은 브라운 신부가 등장하는 50편의 단편들을 일종의 동화로, '현대 일상의 시문학'으로 이해했다. 그리고 실제로 이런 문학적인 특징이 독자들로 하여금 이야기에서 빠져나올 수 없게 만든다. 우리 기억 속에 남아 있는 것은 범행의 증거들이 아니라(그마저 체스터턴은 폭로하기보다는 침묵하기를 좋아한다) 시골 여관과 교회탑, 날씨 등의 묘사이다. 브라운 신부의 신앙심은 기대에 못 미치는 경우가 많다. 하지만 위트와 역설적 포인트를 잡아내는 감각은 뛰어나서, 때때로 생각이 지나치게 비약하는 것까지 보상해 줄 정도이다. 체스터턴은 추리소설을 좋아하지 않는 독자들을 위한 작가라 할 만하다.

그렇게 성공적인 문학 장르가 2류 혹은 3류 어중이떠중이뿐만 아니라 패러디 작가까지 양산시켰다는 사실을 빼놓을 수 없다. 대표적인 예가 안톤 체호프이다. 체호프의 단편 「스웨덴 성냥」(1883)에서 술꾼 클라우소프가 실종되자 곧 경찰이 나타난다. 일련의 증거가 수집되고 살인범이 3명이라는 사실이 밝혀진다. 하인과 정원사는 체포된다. 하지만 제3의 범인은 누구일까? 광적인 경건주의자로서 클라우소프의 처신을 비난했던 여동생일까? 스웨덴제 성냥개비 한 개가 단서가 되어 경찰국장의 젊은 아내가 혐의를 받는다. 마침내 그녀는 클라우소

체스터턴이 창조한 브라운 신부는 추리소설을 좋아하지 않는 사람들을 위한 탐정이었다.

프와 관계를 가졌음을 자백하고는 피살자와 반갑게 만나 술을 마셨던 온천장으로 수사관들을 안내한다.

한때 새로운 시대의 전조로 추앙받았던 E. C. 벤틀리의 『트렌트 최후의 사건』(1912) 역시 빅토리아 시대 추리소설의 패러디로 평가받는다. 미국 대자본가 맨더슨 살인사건을 밝혀내려는 기자 필립 트렌트는 특이한 천재가 아니라 어디에나 있는 친절한 남자다. 추리소설 장르의 규칙과는 전혀 어울리지 않는 사람처럼 보인다.

사건을 해결한 그는 신문사에도 스코틀랜드 야드에도 사실을 알리지 않는다. 대신 그는 살인범에게 자신이 사건의 진상을 알고 있음을 통보한다. 그것도 호의를 가득 담아서. 그러나 그가 진짜 살인범의 입으로 들은 말은 유감스럽게도 자신이 해결한 결과와는 달랐다. 이 아마추어 탐정이 폭로한 것은 범인이 아니라 결국 자신이 아마추어라는 사실이었다. 트렌트는 피살자의 미망인과 행복을 약속하며 앞으로는 범죄사건에서 손을 떼기로 결심한다.

오리엔트 특급 살인사건

추리소설의 황금시대

아마추어 탐정들은 필립 트렌트의 실패를 두려워할 필요가 없었다. 제1차 세계대전이 끝난 후 그들의 수는 천문학적으로 늘어났다. 추리소설은 일종의 산업으로 발전했고 — 다른 대중산업과 마찬가지로 — 특정한 규범들이 창출되었다. 이 규범을 문서상으로 정립하려는 가장 유명한 시도는 앞에서 이미 언급했던 반 다인의 『추리소설 작가를 위한 20가지 법칙』이다.

본명이 '윌러드 헌팅턴 라이트'인 반 다인은 살인을 일종의 퀴즈 게임으로 생각하는 데서 그치지 않았다. 그에게 살인은 오로지 개인적인 동기에서 비롯된 것이었다. 암살사건이나 반역 혹은 직업에 관련된 범죄는 추리소설에 등장하지 않아야 한다. 장황하고 세심한 성격 묘사나 사랑싸움도 필요 없다. 독자들은 퍼즐에만 집중해야 한다. 그렇다면 독자에게는 어떤 증거도 숨겨서는 안된다. 중요한 것은 탐정이 독자보다 더 많은 것을 알지는 않음에도 불구하고 탁월한 통찰력으로 인해 첫번째로 문제를 해결한다는 점이다.

'페어플레이'는 로널드 녹스(Ronald Arbuthnott Knox)가 천명한 '10원칙'의 공통분모이기도 하다. 녹스는 허구 인물 브라운 신부처럼 가톨릭 성직자였다. 그는 범죄자 사냥에 모든 열정을 다 바쳤다. 전쟁 중에는 군 방첩기관을 위해 일했지만 전후에는 탐정소설을 집필하는 데 눈을 돌렸다. 결국 주교는 녹스 신부에게 이 세속적인 소일거리를 금지하기에 이르렀다.

녹스가 제시한 원칙들은 전체적으로 보아 추리소설의 황금시대에 쓰인 규칙들을 정확하게 요약하고 있다.

제1원칙 : 범인은 이야기 초반부에 언급된 누군가여야 한다. 독자는 아직 범인의 생각을 따라갈 수 없다.

제2원칙 : 초자연적인 능력들은 당연히 배제된다.

제3원칙 : 비밀 공간이나 출입구는 하나 이상 등장해서는 안된다.

제4원칙 : 지금까지 발견되지 않은 독약은 사용할 수 없다. 과학적 설명이 길게 부연되어야 하는 장치 역시 마찬가지다.

제5원칙 : 중국인은 이야기에 등장해서는 안된다.

제6원칙 : 뒤에서 옳은 것으로 입증된다고 해서 말로 설명할 수 없는 예감이나 우연 등이 탐정에게 도움을 주어서는 안된다.

제7원칙 : 탐정이 범인이어서는 안된다.

제8원칙 : 탐정이 만나는 모든 단서는 독자에게 곧바로 전달되어야 한다.

제9원칙 : 탐정의 멍청한 친구 와트슨은 머리 속에 떠오른 생각을 절대 비밀로 해서는 안된다. 그의 지능은 평균 독자 중에서 쉽게, 매우 쉽게 찾아볼 수 있을 정도여야 한다.

제10원칙 : 쌍둥이 형제나 도플갱어(분신)는 충분히 납득되는 경우에만 등장할 수 있다.

녹스는 런던 '탐정클럽'의 발기인 중 한 사람이었다. 이 클럽은 액션, 범인, 적국 스파이 등을 사냥하는 데서 긴장감을 유발하는 스릴러 작품과는 달리 진짜 탐정소설의 작가들만이 회원으로 가입할 수 있었다. 새로운 회원 각각은 독자에게 어떤 증거도 비밀로 하지 않겠다는 엄숙한 선서를 해야 했다.

수많은 작품을 남긴 '스릴러의 왕' 에드거 월리스(Edgar Wallace)는 이 클럽에 가입하지 못했다. 그의 특기는 녹스가 금지했던 중국인과 비밀 통로, 멜로드라마적인 요소가 들어 있는 모험 이야기로, 약간 느슨한 구성과 논리가 부족한 스토리로 전개되었기 때문이다. 그가 창조한 범인들은 괴물이요, 탐정은 화려한 기사인 셈이었다. 탐정이 임무를 완성한 후에는 그때까지 얌전하던 처녀가 갑자기 영웅의 품에 안기는 식이다.

그의 첫번째 소설 『네 명의 의인(The Four Just Men)』에는 일종의 개그가 섞인 광고가 등장하는데, 이 광고 때문에 작가는 나중에 거의 파멸할 위기에 처한다. '정의로운 네 인물'이 어떻게 영국 외무장관을 살해했는지를 밝히는 대신 그는 옳은 해결책을 제시하는 독자에게 500파운드를 주겠다고 약속했다. 하지만 그는 옳은 해결을 지면에 공개하지 않았고, 많은 독자들이 그를 사기 혐의로 고소했다. 결국은 상금 전체를 지불함으로써 사건을 무마할 수 있었다. 그러나 그는 곧 손해를 보충했다.

에르퀼 푸아로의 회색 뇌세포

탐정클럽에서 가장 성공한 또 한 명의 회원은 애거서 크리스티였다. 85편의 장편소설과 단편집을 낸 그녀보다 더 많은 독자를 확보한 영국 작가는 유일하게 윌리엄 셰익스피어뿐일 것이다.

크리스티의 희곡 『쥐덫』은 1952년부터 시작해 현재까지 런던 앰버서더 극장에서 상연되고 있다. 세계 신기록이다. 이 작품은 애거서 크리스티의 기술을 단적으로 보여주는 훌륭한 예이다. 폭풍처럼 몰아닥친 눈보라 때문에 베르크샤이어의 몽스웰 여관은 외부 세계와 완전히 차단된다. 스키복 차림으로 여관에 나타난 트로터 경사는 당황하는 손님들에게 새로운 범죄를 계획하는 살인자가 집안에 있다고 경고한다. 눈 속에 갇힌 사람 중 하나가 분명하다. 그러나 누구일까? 조심스럽게 수색이 시작된다.

『오리엔트 특급 살인사건』(1934)에서는 어느 미국인 사업가가 기차 객실 안에서 칼에 찔려 죽은 채 발견된다. 무대는 눈보라 때문에 운행이 중단된 전설적인 급행열차 안이다. 『나일강 살인사건』(1937)은 계속 늘어가는 시체와 용의자들이 나일강 댐 안에 고립된다. 『10개의 인디언 인형』(1939)은 10명의 사람들이 개인 소유의 한 섬으로 보내져 한 사람 한 사람 살해된다. 『10개의 인디언 인형』은 세 번이나 영화화되었지만 물론 한 번도 원래 제목으로는 아니었다.

사회적 약자를 배려하는 소위 정치적 공정성(political correctness)은 애거서 크리스티의 관심사가 아니었다. 그녀는 동성애자 남성을 여성화된 남성으로만 보았고 유태인들은 조롱의 대상일 뿐이었다. 애거서 크리스티는 진정 제1차 세계대전으로 몰락한 벨 에포크(19세기 말에서 20세기 초, 프랑스에서 유례없는 풍요와 평화를 누렸던 시대 – 옮긴이)의 피조물이었다. 그녀의 엄청난 성공은 그녀가 전쟁의 충격과 경제적 위기 및 사회적 변혁을 태연하게 무시했다는 점에서 기인했다. 독자들에게 전쟁 전의 신성한 세계가 변함없이 존재하고 있다는 느낌을 전해주었기 때문이다. 그녀의 소설에서 살인사건은 귀족 세계 혹은 적어도 중산층 사회에서 발생한다. 하층민들은 단역으로, 대개는 하인으로 등장할 뿐이다.

전쟁 중에 애거서 크리스티는 간호사였고, 이때 최초의 장편소설 『스타일즈 가의 미스터리』(1920)에서 유용하게 쓰일 독극물에 관한 지식을 얻었다. 이 작품에 대한 『약리학 저널』의 호의적인 서평에 그녀는 특히 자부심을 가졌다. 이 소설에는 작가의 우주를 구성하는 네 명의 주요 인물 중 세 명이 이미 등장한다. 계란형 머리에 콧수염을 기르고 자신의 '회색 뇌세포'를 자랑하는 에르퀼 푸아로, 유약한 인물 헤이스팅스 대위, 그리고 스코틀랜드 야드의 멍청한 경위 잽이다.

에르퀼 푸아로는 이미 정년퇴직한 상태지만, 앞으로 더 많은 경력을 쌓게 된다. 32편의 장편과 52편의 단편에서 말이다. 애거서 크리스티가 죽기 일 년 전인 1975년 푸아로가 스타일즈 저택으로 돌아가 사건을 겪고 결국 저세상으로 가자, 『뉴욕타임스』는 제1면에 푸아로에 대한 추도사를 싣기도 했다.

한편 철저하게 빅토리아 시대의 산물인 네 번째 인물 미스 마플은 12편의 장편에만 등장한다. 그녀가 해결한 살인사건들이 일어난 장소는 세인트 메리 미드라는 마을로, 범죄 비율이 런던보다 더 높지만 않다면 목가적인 마을이라고 부를 만한 곳이다.

탐정클럽의 동료들은 애거서 크리스티가 때때로 규칙을 어기는 것을 막지 않았다. 오늘날까지도 순수주의자들은 『로저 애크로이드 살인사건』(1926)에 분노를 표한다. 최고의 성공작 중 하나인 이 작품에서 화자 자신이 범인으로 밝혀지기 때문이다. 롤랑 바르트, 알랭 로브그리예, 그리고 움베르토 에코는 이 비정통적인 해결에 심오한 주석을 달기도 했다. 프랑스의 심리분석가 피에르 바야르는 푸아로가 편집중적 망상의 영향으로 실수를 저질렀다고 설명한다. 바야르는, 진짜 범인은 화자가 아니라 화자의 여동생이라고 주장한다.

미국 문학비평가 에드먼드 윌슨은 다른 이유에서 이 책을 공격했다. 「누가 로저 애크로이드를 죽였는지 알게 뭐야?」라는 그의 에세이는 시종일관 추리소설 자체와 통렬한 담판을 벌이는 듯한 태도를 취하고 있다. "누가 살인을 저질렀는지 왜 내가 고민해야 하는가? 살인을 눈앞에 보는 것처럼 실감나게 묘사할 능력이 작가에게 없다면? 왜 모두 똑같아 보이는 사람들 중 누가 범인인지 골치를 썩어야 한단 말인가? 그들은 책에 등장하는 이름들일 뿐인데?" 윌슨은 독자들에게 더 이상 '맛없는 톱밥'으로 시간을 허비하지 말라고 충고한다.

왜 우리는 살인 이야기에 열광하는가?

실제로 대부분의 추리소설의 문학적 가치에 대해 사람들은 어떤 환상도 품어서는 안된다. 애거서 크리스티 같은 대가조차 부담 없고 상투적인 일상적 산문을 썼다. 그러나 바로 그 때문에 그녀의 살인 이야기는 영어 시간에 수업 교재로 기꺼이 사용된다. 에드먼드 윌슨은 시리즈 독자에게는 결코 두뇌운동이 중요하지 않을 거라고 추측했다.

"추리소설 중독자는 어떤 것을 찾아내기보다는 가벼운 긴장을 위해, 파격적인 비밀의 폭로를 기대하는 즐거움 때문에 책을 읽는다. 이 비밀이 어떤 흥미도 주지 않을뿐더러 과거사 자체도 정당하지 않다는 사실은 방해가 되지 않는다. 오랜 의존성은 독자로 하여금 작가에게 휘둘리는 데 익숙하도록 만든다. 사건 해결이 수준 미달이라도 독자는 알아차리지 못한다. 독자는 사건의 전개를 검증하기 위해 되돌아 생각해 보지 않는다. 그들은 단순히 책을 덮고 다음 책을 읽기 시작할 뿐이다."

고전적인 영국 추리소설 작가들은 살인을 "눈앞에 보고 느끼는 것처럼" 묘사하는 것을 중요하게 생각하지 않았다. 예컨대 애거서 크리스티는 독자가 희생자와 자신을 동일시하는 것이 가장 나쁜 일이라고 생각했다. 희생자는 가능한 한 빨리 단순한 몸뚱이로, 수사의 중립적인 대상으로 변해야 한다. 불쾌한 특성을 세세히 묘사한다면 독자는 피살자를 위해 눈물을 흘리게 될 것이다. 『나일강 살인사건』의 첫 피살자 리네트 리드웨이는 부유하지만 거만하고 도발적인 여자이다. 『오리엔트 특급 살인사건』의 희생양 래체트 씨는 그 자체로 죄가 있는 인물이다. 꼬임으로 고립된 섬에서 비참한 죽음을 당하는 '작은 인디언 인형들'(『10개의 인디언 인형』)도 마찬가지다.

이렇게 피해자를 선택하는 사려깊은 방식은 아마도 추리소설의 황금시대에 글을 썼던 사람이 수로 여성이라는 섬 내문일 것이다. 매지리 앨링엄(Margery Allingham)과 나이오 마쉬(Ngaio Marsh) ― 이름으로 보아 뉴질랜드 출신임이 드러난다 — 는 애거서 크리스티처럼 보수당 성향의 추리작가들이다. 두 여성이 창조한 탐정들은 물론 훨씬 더 고상하다.

앨링엄의 소설에서 추리를 담당하는 앨버트 캠피온은 원래 루돌프 K. 백작이며 심지어 왕가의 친척이다. 그의 고용인인 대머리 전과자 매거스폰테인 루그와 비교해 보면 신분이 하늘과 땅 차이다. 마쉬의 소설에서 범인을 추적하는 로데릭 앨러인 경위는 사회적 피라미드에서 그렇게 높은 위치에 있지 않다. 그러나 적어도 그의 아버지 배런은 외교관이었고, 그 자신도 경찰 업무에 뛰어들기 전에는 아버지의 대를 이었다. 그의 동업자 폭스 경위는 비천한 태생이다.

가장 우아하고 총명하며 세련되고 귀족적인 탐정은 덴버 공작의 15대 후손인 피터 윔지 경이다. 그는 바이올린을 연주하고 초판본을 수집하며, 뛰어난 와인 전문가이자 크리켓 선수이다. 또 완벽한 집사 번터 덕택에 항상 깔끔한 옷차림을 하고 있다. 도로시 세이어스는 『누구의 시체인가?(Whose Body?)』(1923)에서 처음으로 피터 윔지 경을 세상에 내보냈다. 공작의 미망인인 어머니의 청으로 그는, 목욕탕에서 벌거벗은 남자의 시체를 발견한 어머니의 친구를 돕게 된다.

『맹독(Strong Poison)』(1930)에서 윔지 경은 독살혐의로 기소된 해리어트 배인과 사랑에 빠져 그녀의 혐의를 벗겨줄 뿐 아니라 결혼까지 결심한다. 이 소망은 7년 후에야 이루어진다. 가장 재미있는 소설 『살인은 광고해야 한다(Murder Must Advertise)』(1933)에서 도로시 세이어스는 한때 광고 카피를 쓰면서 얻은 경험을 활용한다. 윔지 경은 계단이 무너져 사람이 죽은 사건을 해결하기 위해 익명으로 광고를 낸다.

대표작 『나인 테일러스(The Nine Tailors)』(1934)는 작가가 유년시절을 보낸 이스트앵글리아 늪지대 위의 교회에 있는 9개의 종을 뜻한다. 전통에 따라 번갈아 울렸던 이 종들은 나중에 낫으로 손이 잘린 채 옛 무덤에서 발견된 신원미상의 시체가 누구인지를 밝혀준다. 『대학 축제의 밤(Gaudy Night)』(1935) 또한 도로시 세이어스에게 가장 익숙한 환경, 즉 그녀가 수학했던 옥스퍼드 대학을 묘사하고 있다.

탐정은 자아요, 범죄자는 이드

도로시 세이어스는 높은 교양을 갖추었을 뿐 아니라 신앙심이 매우 깊은 작가이기도 했다. 그녀가 추리소설을 쓴 이유는 단 하나, 원래 마음에 두고 있던 기독교 성서드라마나 학술논문보다 더 많은 돈을 가져다주기 때문이었다.

피터 윔지 경 못지않은 통찰력을 보여주는 한 에세이에서 그녀는 추리소설은 결코 최고의 문학적 완성도에 도달할 수 없다고 확신한다. 추리소설이라는 장르는 현실을 묘사하거나 이해하는 대신 현실에서 도피하기를 원하기 때문이라는 것이다.

이런 엄격한 판단에도 불구하고 그녀는 범죄학적 시계장치가 작동하는 마리오네트(실로 매달아 조작하는 인형극 – 옮긴이)로부터 생생한 인간을 만들어내기 위해 많은 노력을 기울였다. 물론 모든 독자가 이런 노력에 고마움을 표하는 것은 아니다. 일부는 질닌 척한다고 느끼고, 세밀한 환경 묘사를 불필요한 짐이라고 생각한다. 특히 사회적으로 불안정한 독자들은 윔지 경의 무신경한 자신감을 스노비즘(snobbism, 속물근성 – 옮긴이)과 혼동하는 경향이 있다.

마지막 몇 년 동안 도로시 세이어스는 살인에 대해 더 이상 관심을 두지 않았다. 대신 단테의 『신곡』 번역서를 연구했고 철학, 종교, 중세사에 관한 강연을 했다. 추리소설에서 종교적 체험을 얻으려는 그녀의 시도는 분명히 실패했다. 기대한 것처럼 독자의 공감을 얻지 못했기 때문이다. 반면 W. H. 오든은 그런 부분에서 성공한 작가이다. 「죄지은 목사관(The Guilty Vicarage)」이라는 에세이에서 오든은 이렇게 말한다. "탐정소설의 전형적인 독자들은 – 나처럼 – 죄책감에 괴로워하는 인간인 것 같다."

니콜라스 블레이크라는 가명으로 추리소설을 쓴 계관시인 세실 데이 루이스(Cecil Day-Lewis)는 '탐정소설'을 불경한 우리 시대에 더 이상 아무도 믿지 않는 경건한 전설의 대안이라고 생각했다. 살인은 성서의 시작 부분에 나오는 원죄를 대신한 것이고, 범인을 밝히는 것은 성서의 마지막에 나오는 최후의 심판을 대신한다. "나팔소리와 함께 비밀이 본모습을 드러내고, 양떼가 두 편으로 나뉠 것이다."

추리소설의 개선행렬을 심리분석과 비교한 사람들도 있다. 세계문학 사상 최초의 탐정 이야기인 오이디푸스 드라마는 프로이트의 사유 속에서도 중심 역할을 하고 있지 않은가? 심리치료를 위해 소파에 앉은 환자들이 밝혀내는 것은 어두운 과거가 아닌가? 그렇게 본다면 모든 추리소설에는 일종의 치료적 요소가 숨어 있다. 탐정(자아)은 심판대(초자아) 앞으로 범죄자(이드)를 불러내며 승리를 거둔다.

덴마크의 심리분석가 제랄딘 페더슨 크라하는 습관적인 추리소설

독자에게 중요한 것은 부모의 성교라는 '원초적 폭력 장면'을 극복하는 일이라고 주장한다. "탐정이 된 독자는 처벌을 걱정할 필요 없이 유아적인 호기심을 만족시킬 뿐만 아니라 잠재의식 속에 남아 있는 공포스러운 죄책감과 무기력 또한 극복할 수 있다." 지그문트 프로이트는 셜록 홈즈와 또 한 가지 공통점이 있다. 코카인 중독자라는 점이다.

사냥하는 간호사들

미국 여성 작가들 역시 세련된 사회, 즉 뉴잉글랜드 부유층이나 권력자의 별장 혹은 루비콘 강 건너편의 우아한 도시저택에서 벌어지는 사건들을 소재로 삼았다. 애거서 크리스티와 마찬가지로 메리 로버츠 라인하트(Mary Roberts Rinehart)도 간호사 출신이다.

라인하트의 소설 중 몇몇에서 수수께끼를 푸는 인물은 간호사 힐다 아담스(『미스 핑커톤』)이다. 그러나 영국인 동료와는 달리 그녀는 첫 등장하는 인물에게 이미 끝난 모험을 회고하게 하는 것으로 이야기를 전개한다. 이와 같은 '만약 내가 알았더라면'이라는 관점은 고딕소설, 즉 낭만주의적 공포소설에서 유래한 것으로, 당시에도 벌써 구시대적이라 평가받았다. 하지만 그녀의 독자들은, 나이는 어리지만 매번 생명에 위협을 느끼는 상황에 처하면서 더 이상 완전히 순수하지만은 않은 처녀를 사랑했다. 1920년대에 50편이 넘는 소설을 쓴 메리 로버츠 라인하트는 전성기에 미국에서 가장 돈을 많이 버는 작가였다.

"이것은 한 노처녀가 어떻게 이성을 잃어갔는지를 보여주는 이야기이다." 이렇게 시작하는 것은 그녀를 일약 유명인으로 만든 첫 장편소설 『나선형 계단(The Circular Staircase)』(1908)이다. 레이철 이네스는 유령이 출몰하는 한 여름별장을 임대한다. 그녀는 미스터리를 추적하지만, 기대했던 유령 대신 발견한 것은 계단참에 총을 맞고 죽어 있는 소유주의 아들이었다. 더 많은 사람들이 죽음에 이르고, 비밀통로가 발견되며, 마지막에는 흥분되는 범인 사냥이 펼쳐진다.

『박쥐(The Bat)』역시 소설의 드라마 버전으로 큰 성공을 거두었다. 브로드웨이에서 3년 동안 장기 상연되었던 것이다. 라인하트 최고의 장편으로 인정받는 작품은 고전적인 열차 살인사건을 다룬 『10호실 사나이(The Man in Lower Ten)』(1909)다. 젊은 검사 로렌스 블레이클리는 화폐위조범의 자취를 추적하기 위해 워싱턴에서 피츠버그로 가는 야간열차를 타게 된다. 침대칸이 잘못되어 다음날 아침 자신이 예약했던 곳에서 잠을 잔 신사가 죽어 있는 것을 알게 된다.

『뒤쪽 선실(The After House)』(1914)은 오늘날까지도 만족스럽게 해명되지 않은 실제 사건을 다룬다. 1896년 7월 14일 이른 새벽 보스턴에서 남아메리카로 목재를 수송하는 삼장선(돛대 3개의 배 - 옮긴이) '허버트 풀러'에 탄 사람들은 비명소리에 잠에서 깼다. 선장과 그의 아내, 그리고 제2항해사가 죽어 있었다. 수색 끝에 흉기로 보이는 피 묻은 도끼가 발견되었다.

한 독일인 선원이 가장 먼저 혐의를 받고 감방에 갇혔다. 그러나 그 후에 제1항해사 토머스 브람에게 의심의 눈초리가 향했다. 그는 자기 죄를 강력하게 부인했고 동기는 마지막까지 불분명했다. 하지만 재판부는 그에게 사형선고를, 2심에서는 종신형을 선고했고, 1913년이 되어서야 집행유예로 석방했다. 소설에서 메리 로버츠 라인하트는 그에게 무죄를 선고한다. 살인자는 미친 조타수이다.

미뇽 G. 에버하트(Mignon G. Eberhart) 역시 선배 동료의 비법을 전수받아 큰 성공을 거두었다. 그녀도 살인범을 알아내는 인물로 간호사를 등장시켰다. 초기 장편소설들에서 붉은 머리 사라 키트는 아직 남성의 강한 팔을 필요로 한다. 매력적인 랜스 올리어리 중위는 스스로 초래한 위험에서 간호사의 도움으로 구출되곤 했다. 그러나 나중에 그녀는 독립해서 혼자 범죄를 밝혀낸다.

틈니도 없이 총 맞아 죽은 방탕아

라인하트와 에버하트가 탐정클럽의 규칙을 거의 완전히 무시했다면 S. S. 반 다인, 존 딕슨 카(John Dickson Carr), 그리고 엘러리 퀸(Ellery Queen)은 이 규칙을 존중한 작가들이다.

반 다인의 탐정 파일로 반스는 피터 윔지 경을 모방한 동시에 극단까지 밀고나간 캐릭터이다. 그 역시 예술품을 수집하지만 영국 귀족과는 달리 자신의 지식을 자랑할 기회를 놓치지 않는다. 필요한 경우에는 주석까지 달아서 말이다. 그는 뉴욕의 저택과 피렌체의 별장을 가지고 있다. 리비에라에서 '신흥 부자 미국인들'을 만난 이후로는 더 이상 그곳에 가지 않는다.

1920년대에 반스는 현학수의의 성상으로 펑가되있고 작가에게 많은 돈을 가져다주었다. 오늘날의 독자들에게는 그런 오만한 유미주의가 그다지 좋은 반응을 얻지는 못하고 있다.

　시대사적 이유에서 읽을 만한 것은 그의 첫 사건 『벤슨 살인사건』(1926)이다. 반 다인은 뉴욕 사회를 최고로 경악시켰던 이 사건을 임시변통으로, 최대한 거리를 두고 다루었다. 1920년 6월 11일 이른 아침, 도시의 유명한 방탕아 조셉 B. 엘웰은 머리에 총상을 입은 채로 가정부에게 발견되었다. 침실에서 경찰은 결혼한 여자들을 포함해서 53명의 여자친구들 이름이 적힌 주소록과 여자 속옷을 발견했다. 하지만 이 여성들 중 하나가 그를 죽였으리라고는 생각할 수 없었다. 엘웰은 평소 앞머리가발과 틀니 없이는 여자친구를 맞아들이지 않았기 때문이다. 반면 그를 제거할 이유가 있었던 남편들은 충분히 많았다. 하지만 누가 죽였는지는 여전히 알 수 없었다.

　존 딕슨 카의 탐정 기드온 펠은 길게 늘어뜨린 콧수염에 코안경을 걸친 뚱뚱하고 키가 큰 남자다. 카는 자신이 존경했던 체스터턴을 모델로 했다. 카터 딕슨(Carter Dickson)이라는 필명으로 쓴 그의 소설들에는 또다른 뚱보가 등장한다. 시가를 피우는 '스코틀랜드 야드' 형사 출신의 헨리 메리베일로, 윈스턴 처칠을 떠올리게 하는 인물이다. 팬들조차 카의 화려한 미사여구에 찬사를 보내는 것을 주저했다. 하지만 그들은 밀실 미스터리에 관한 한 비교 불가능한 대가로 주저 없이 카를 꼽는다.

　카의 탐정은, 폐쇄된 문 뒤에서 시체가 발견되고 열쇠는 죽은 자가 가지고 있는 사건, 또는 살인현장으로 가는 발자국이 하나뿐인 비에 젖은 테니스코트장 안의 살인사건 등 해결할 수 없는 것처럼 보이는 사건들을 놀라운 방식으로 해결한다. 『할로우맨』(1935)은 7개의 '불가능한' 범죄의 기본 유형(과 그 해결)을 설명하는 펠 박사의 긴 이론적 부설이 포함되어 있다.

탐정의 이름이기도 한 '엘러리 퀸'이라는 필명으로 활동한 두 사촌형제, 브루클린 출신의 맨프러드 B. 리와 프레드릭 대니를 빼놓을 수 없다. 카처럼 그들은 독자와 함께 생각한다는 점에 가장 큰 가치를 두었다. 다수의 장편에서 그들은 서술 흐름을 중단하고 '독자에게 보내는 도전'을 삽입한다. 이것은 독자로 하여금 지금까지 획득한 증거를 토대로 사건을 해결해 보라고 요구하는 것이었다.

탐정 엘러리는 아마추어이지만 뉴욕 경찰에서 일하는 아버지에게 많은 것을 배운다. 뉴욕은 사건이 일어나는 주요 장소이기도 하다. 몇몇은 뉴욕 북부의 작은 마을 라이츠빌에서 벌어진다. 그 중에서 마니아들이 특히 아끼는 『재앙의 거리(Calamity Town)』(1942)가 유명하다.

신사 탐정과의 결별

2년 후 『월간 애틀랜틱』에 품위 있는 영국 여성과 미국 동료들에게 보내는 도전장이 실렸다. 「간단한 살인 기술」이라는 에세이에서 추리 작가 레이먼드 챈들러(Raymond Chandler)는 섬세한 퀴즈놀이, 눈에 덮인 호화 저택, 호화 열차에서 발견된 시체, 신사 탐정 등을 구식이라고 주장했다.

"고전적인 범죄 이야기는 아무것도 잊지 못하고 아무것도 배우지 못한다. 항상 똑같은 식이다. 신중하게 선별된 용의자들, 포핑던 부인이 포슬스웨이트 3세를 찌를 때 사용한 육중한 백금 단도를 생각해 보라. 15명의 손님들 앞에서 오페라 「라크메」의 작은 종 아리아가 울려퍼질 때 귀족 C가 그녀 옆을 지나가던 그 순간을 떠올려보라. 모피로 가장자리를 장식한 파자마를 입은 순진한 젊은 처녀가 밤이면 사람들을 비명으로 깨우고 다음날 아침에는 멍하니 침묵을 지킨다. 모두가 둘러앉아 싱가폴슬링으로 입을 축이며 서로를 추궁하는 중에 순경이 나타나 페르시아 양탄자 위를 어슬렁거린다."

모범으로 삼을 만한 예로 챈들러가 추천한 것은 동료 대쉬엘 해미트(Dashiell Hammett)였다. 해미트의 『말타의 매(Maltese Falcon)』(1929)는 영국의 전통과 단호하게 단절한 작품이었다.

"해미트는 살인을 베네치아산 화병에서 꺼내 뒷마당으로 쫓아냈다. 그는 삶을 날카롭게 공격하는 사람들을 묘사한다. 그들은 세상의 어두운 면에 대해서도 공포심을 갖지 않는다. 거기 집이 있기 때문이다. 폭력도 겁내지 않는다. 거리에서 날이면 날마다 보아왔기 때문이다. 해미트는 확실한 동기를 가진 사람들에게 살인을 되돌려준다. 어렵사리 살인을 저지를 뿐만 아니라 살인 도구를 손에 넣는 것이 중요한 사람들, 수제 회중권총도 없고 쿠라린 독도 없으며 열대어도 없는 사람들에게 말이다."

『말타의 매』에서 사립탐정인 샘 스페이드와 동료 아처는 브리지드라는 미모의 여인으로부터 새스비라는 남자와 함께 사라진 여동생의 행방을 찾아달라는 의뢰를 받는다. 하지만 그를 쫓던 중 아처가 의문의 죽음을 당하게 되고 그 직후 새스비마저 살해된 채 발견되자 샘은 혼란에 빠진다. 자신을 죽이려는 음모가 광범위하게 진행되고 있었던 것이다. 과거에 아처의 아내를 사랑했던 적이 있었기 때문에 경찰의 의심을 받게 된 샘은 혐의에서 벗어나기 위해 사건에 깊이 개입하게 되고 스스로 진범을 밝혀낸다.

샘 스페이드는 에르퀼 푸아로처럼 천재적 종합능력을 가진 사람은 아니다. 그에게도 회색 뇌세포는 있지만 그 뇌세포는 오래전 위스키의 제물로 바쳐졌기 때문이다. 그는 살인사건 해결을 취미로 여기는 아마추어가 아니라 자신의 고객에게 돈을 받는 사설탐정(private eye)이다. 작가는 이 세계를 잘 알고 있었다.

해미트는 작가가 되기 전 8년 동안 핑커톤 탐정사무소에서 일한 경력이 있다. 탐정 샘 스페이드에게는 항상 최고의 새로운 업적을 이루도록 격려하는 와트슨이 없다. 그는 항상 위험에 처해 있다. 폭력조직원에게 두들겨 맞고 경찰에 체포되기도 한다.

1920~30년대의 미국은 애거서 크리스티가 독자들에게 암시했던 쾌적한 빅토리아식 환경과는 동떨어진 세상이다. 선과 악이 불분명하게 섞여 있고, 돈으로 매수할 수 있는 정치가와 부패한 경찰들이 일상을 지배한다. 샘 스페이드가 자신의 환경을 시니컬하게 보는 것은 당연하다. 그러나 그가 아무리 시니컬한들, 천신만고 끝에 붙잡은 살인범이 전기의자 위에 앉는 것을 막지는 않는다.

작가도 범인을 모른다?

소설 속 샘 스페이드는 원래 매부리코를 가진 '금발의 악마'다. 그러나 존 휴스턴의 영화 「말타의 매」(1941)를 본 사람은 당연히 그가 험프리 보거트처럼 생겼을 거라고 믿는다. 레이먼드 챈들러가 창조한 탐정 필립 말로 역시 보거트 없이는 상상할 수 없다. 재미있는 것은 작가가 『빅 슬립(The Big Sleep)』(1939)을 쓸 때 원래는 배우 캐리 그랜트를 염두에 두었다고 한다.

『빅 슬립』은 필립 말로가 등장하는 첫 장편소설로, 진실을 추적하지만 결국은 환멸만을 발견하게 되는 말로의 모습을 통해 현대인의 고독과 불안을 엿볼 수 있는 하드보일드 추리소설이다. 부유한 퇴역 장군 스턴우드는 자신의 작은 딸 카르멘이 가이거라는 남자에게 협박을 받고 있다며 말로에게 이 문제를 해결해 달라고 의뢰한다. 카르멘과 그녀의 언니 비비안을 만난 후 말로는 사건 해결에 착수하지만 자신을 둘러싼 음모의 세계를 파헤쳐 갈수록 사건은 점점 복잡해져만 간다.

어쨌든 『빅 슬립』을 읽은 영화감독 하워드 혹스는 책의 내용을 이해할 수 없었다. 그는 챈들러에게 전보를 보내 누가 운전기사를 죽였는지를 물었고 챈들러는 이렇게 대답했다. "저도 모르겠습니다."

그렇다. 살인사건 해결은 부차적인 문제인 것이다. 논리적인 정확성은 중요하지 않다. 두 소설 모두 농밀한 분위기, 재기 넘치는 대화와 색깔 있는 인물들로 가득하다. 문학적 대작을 토대로 대작 영화를 만드는 일은 그래서 항상 쉽지만은 않다. 하지만 이 두 소설만은 예외적인 경우이다.

챈들러의 친구인 얼 스탠리 가드너(Erle Stanley Gardner)가 쓴, 변호사 페리 메이슨이 등장하는 85편의 소설들은 분명히 대작과는 거리가 멀다. 그러나 열광적인 독자들은 순식간에 모든 소설을 읽어내곤 했다. 가드너는, 디트로이트에서 컨베이어 시스템으로 자동차가 생산되

듯, 많은 책을 써냈다.

캘리포니아에 있는 농장에서 그는 20명의 직원을 고용한 '얼(Erle) 삼촌'이라는 사령부를 운영했다. 해미트나 챈들러처럼 가드너는 자신의 작품들을 싸구려 잡지(pulp magazine)에 실어 떼돈을 벌었다. 변호사로 일할 때는 주로 이민자들을 고객으로 받았기 때문에 충분한 벌이가 되지 못했다. 1948년 이미 백만장자였던 그는 유죄판결을 받은 결백한 사람들을 사법의 손아귀에서 해방시키기 위해 '최후의 구제 재판소'를 설립하기도 했다.

가드너의 페리 메이슨 역시 형사재판 변호사였다. 그의 편은 여비서 델라 스트리트(그는 자주 그녀에게 청혼을 했다)와 필수적인 사전작업을 담당했던(때때로 합법성의 경계에서 가혹하게 일했던) 탐정 폴 드레이크였다. 그의 적은 LA 경찰국(LAPD) 트래그 중위와 검사 해밀턴 버거였다. 물론 메이슨은 모든 사건에서 경찰이 죄없는 자기 의뢰인을 체포했다는 사실을 입증해 낸다. 이미 1930년대에 페리 메이슨 소설 중 8편이 영화로 만들어졌다. 나중에 소설들은 레이먼드 버를 주인공으로 하여 큰 성공을 거둔 TV 연작 드라마로 만들어졌다. 연작의 효과는 LAPD에 대한 근본적인 불신을 낳아 O. J. 심슨 재판에까지 영향을 미쳤다.

6억 명의 팬을 거느린 메그레 경감

세계적인 독자를 확보한 추리소설 속 탐정은 엉미 문학계에만 있었다. 유일한 예외는 벨기에인 조르주 심농의 소설 주인공 메그레 경감이었다. 어림잡아 6억 부를 찍은 심농의 책들은 심지어 애거서 크리스티를 능가한다.

1931년 — 샘 스페이드보다 2년 후, 페리 메이슨보다 2년 전 — 세상의 빛을 본 메그레 경감은 천재적인 괴짜도 시니컬한 투사도 아니요 단지 인간 영혼의 나락을 감지해 낼 줄 아는 용감하고 고지식한 기혼 공무원이다. 범죄의 단서를 포착하는 것은 통찰력 있는 추론 때문이 아니라 인내와 감정이입 때문이다. "살인범을 알려면 먼저 피살자를 잘 알아야 한다"고 그는 말한다. 종종 그는 범행에 너무 공감한 나머지 범인을 도망가게 내버려두기도 한다.

서술의 속도에서도 심농은 모든 경쟁자들을 앞선다. 메그레 경감이 나오지 않는 136편의 '하드 로망'을 쓰기 위해 그가 평균적으로 필요로 했던 기간은 한 권당 11일뿐이었다. 84편의 메그레 장편은 더 빠른 시일 내에 나왔다. 코난 도일처럼 그가 자신의 주인공에게 허락한 시간은 짧았다. 메그레 경감은 1934년에 벌써 은퇴해야 했다. 그러나 독자들의 성원에 힘입어 8년 후 다시 업무에 복귀한다.

심농 자신은 자신의 책들을 겸손하게 '반(半)문학'이라 불렀고 의식적으로 2,000개의 단어만으로 어휘를 한정했다. 앙드레 지드, 손톤 와일더를 비롯한 동시대인들은 이에 현혹되지 않고 그를 당대 가장 뛰어난 이야기꾼으로 언급했다. 죽은 후에 그는 프랑스가 작가에게 허락하는 최고의 영예를 얻었다. 그는 프랑스 문학의 고전작가로 인정받았다.

자크 랑티에는 살인마 잭인가

문학작품 속 살인사건

추리소설 작가들에게 그들의 책이 세계문학보다는 통속문학에 더 가깝다는 사실을 억지로 상기시킬 필요는 없다. 그들 자신이 이미 잘 알고 있기 때문이다. 조르주 심농은 자신의 '컨베이어 생산품'(기계로 찍어낸 듯 다량으로 쉽게 쓴 작품 – 옮긴이)들을 '반(半)문학'이라 불렀고, 도로시 세이어스는 피터 윔지 경을 14년 만에 은퇴시킨 후 단테의 『신곡』 번역을 비롯해 다른 고상한 일에 몰두했다.

다른 한편 순수문학에서도 살인범은 자주 그 모습을 드러낸다. 최고의 작가들조차 사회의 아웃사이더들에게 열광했다. 물론 작품의 정점에서 범인을 폭로하고 독자를 술래잡기에 초대하는 것과는 거리가 멀다. 그들의 책에 등장하는 살인범들은 한두 시간 즐거운 긴장을 위한 장치에 머무르지 않으며, 주리소설에서의 살인범들과는 달리 종종 현실세계에 존재했던 인물들이다.

강도이자 살인범인 프리드리히 슈반의 이야기를 시인이자 극작가인 프리드리히 실러는 스승 아벨에게서 들었다. 소설『명예를 잃어버린 범죄자』(1792)에서 실러는 등장인물의 이름을 바꾸었을 뿐 아니라 슈바벤 지방색을 부각시킴으로써 한 젊은 남성이 범죄의 세계에 빠지는 전형적인 예를 창출했다. 그를 만족시키는 것은 센세이션에 대한 쾌감이나 악행에 대한 대중의 즐거움이 아니었다. "단순히 혐오스러운 것은 전혀 교훈을 주지 않는다." 실러의 독자는 범죄를 심리학적이고 사회학적으로 이해하라는 안내를 받는다. 인간 영혼의 변하지 않는 구조와 인간의 외면을 규정하는 가변적인 조건들을 통해 범죄를 이해하라는 말이다.

이런 관점에서 볼 때 실러는 자신의 시대를 훨씬 앞서나갔다. 월터 스콧을 비롯한 역사소설의 대가들은 기본적으로 심리학과 사회학에 전혀 관심이 없었다. 본래 그들의 집합장이기도 한 역사 역시 그들은 정확하게 취하지 않았다. 그들은 각종 문서와 연대기를 자신의 형편에 맞게 짜깁기하고 사실에 판타지를 더해서, 이 혼합물을 다채로운 — 학자들이 제공해야 했던 모든 것보다 훨씬 더 다채로운 — 화보로 가공했다.

월터 스콧의 소설 『케닐워스(Kenilworth)』(1821)에서 다루는 것은 역사 속의 어느 죽음이다. 1560년 9월 로버트 더들리 경의 젊은 아내 에이미 롭스아트가 계단 아래로 굴러떨어져서 목뼈가 부러졌다. 공식적인 해석이 그랬다. 비공식적인 설명에 따르자면 그녀의 남편이 계단 사고에 일조했다고 한다. 훗날 레스터 백작이 되는 더들리 경은 '처녀 여왕' 엘리자베스 1세에게 아주 잘 보였고, 여왕의 손에 미래를 걸었다. 스콧의 소설은 더들리에게 무죄를 선고한다. 범인은 바르니라는 이름의 음모가이다.

스탕달의 사형수

대작 『적과 흑』(1830)에서 스탕달은 두 가지의 범죄사건을 각색했다. 칙칙한 옛날 옛적 이야기가 아니라 따끈따끈한 동시대 이야기였다.

1828년 스탕달의 고향도시 그르노블에서 젊은 가정교사 앙투안 베르테가 단두대의 이슬로 사라졌다. 고용주이자 전애인인 마담 미쇼 드 라 투르를 예배 중에 총으로 쏘았기 때문이다. 그녀는 총을 맞고도 죽지 않았다. 사건 전에 그는 부인에게 협박 편지를 보내 자신을 해고한 책임을 물었다고 한다. 다음 직장 역시 비슷한 이유에서 잃었다. 집안의 딸과 관계를 가졌기 때문이다. 베르테는 교회 같은 공공장소에서 범행을 저지름으로써 자신의 복수가 최고의 반향을 불러올 것이라고 기대했다. 하지만 그 반향이 얼마나 치명적일지는 결코 예측하지 못했다.

『적과 흑』의 줄리앙 소렐에 의해 그의 범행은 정말이지 불멸의 명성을 누리게 되었다. 줄리앙이라는 인물은 절반은 냉소적인 야심가요, 나머지 절반은 낭만주의적 성격을 띠고 있다. 한편으로는 나폴레옹의 몰락 이후 붉은색 군복보다는 성직자의 검은색 수탄이 더 빠른 출세를 보장해 주리라는 생각이 줄리앙을 지배한다.

줄리앙이 가진 또다른 절반의 성격은, 포(Pau)의 법정에 선 가구공 아드리앙 라파그 파테 사건으로부터 온 것이다. 라파그는 정조를 지키지 않은 애인을 사살한 후 무기를 자기 자신에게 향했다. 그의 변호는 남자답고 감동적이었기 때문에, 배심원들은 감형할 만한 충분한 이유를 인정하고 단 5년의 금고형을 선고했다.

소설 『카르멘』에서 질투심 강한 돈 호세와 그를 배반한 애인 카르멘을 만들어낸 프로스페르 메리메는 친구 스탕달의 사실주의가 너무 극단적이라고 생각했다.

"줄리앙의 성격에는 혐오스러운 특성이 존재한다. 모든 사람이 그 진실을 느끼지만 한편으로 섬뜩함을 주기도 한다. 예술의 과제는 인간 본성의 이런 측면을 보여주는 것이 아니다. 스위프트가 묘사한 델리아의 모습과 마지막을 장식하는 그 추잡한 시구를 생각해 보라. '하지만 델리아는 오줌을 싸고 똥을 눈다' 라니. 그렇다, 물론 그건 사실이다. 하지만 왜 그렇게 말해야만 하는가?"

만약 메리메가 니콜라이 레스코프의 단편소설 『므첸스크의 맥베스 부인』(1865)을 읽었다면 뭐라고 말했을까? 이 소설에서 레스코프는 서른살 연상의, 부유한 상인의 어린 아내 카테리나 이스마일로바의 이야기를 한다. 카테리나는 하인 세르게이의 품에서 처음으로 성적인 충만감을 찾는다. 자신이 얻은 사랑의 행복을 지키기 위해 그녀는 아무것도 두려워하지 않고 결코 물러서지 않는다. 그녀는 애인을 매질했던 시아버지를 독살하고, 여행에서 돌아온 남편을 애인과 함께 살해하며, 유산을 나눠야 할 남편의 조카를 교살한다.

두 사람은 법정에 서서 종신 강제노역형을 선고받는다. 시베리아로 가는 기차에서야 그들은 재회하지만, 세르게이는 그 사이에 다른 여자와 사랑에 빠져 카테리나를 냉대한다. 질투심에 불타오른 그녀는 강을 건너는 중에 라이벌 여자에게 몸을 던져 그녀와 함께 강 속으로 뛰어든다.

레스코프는 역사가의 냉정하고도 정확한 입장에서 사건을 묘사한다. 그 자신이 역사가이기도 했다. 그러나 농부들이 러시아를 구원하리라 기대하며 시골에서의 삶을 예찬하는 러시아 지성인들에게 레스코프의 이야기가 호감을 살 만한 구석은 없었다.

레스코프에 대한 유보적 평가는 차라리 온건한 편이었다. 1936년 초 볼쇼이 극장에서 드미트리 쇼스타코비치의 동명 오페라를 보았을 때 스탈린이 보여준 분노의 폭발과 비교해 본다면 말이다. 이틀 후에 『프라우다』 신문은 "안절부절 맴도는 신경질적 음악"을 맹렬히 비난했다. 그런 음악을 작곡한 사람은 "부르주아의 도착적인 취향에 아첨하려는" 명백한 의도가 있었으리라는 것이다. 그후로 26년 동안 아무도 이 오페라를 볼 수 없었다.

세속적 정의와 신적인 정의

레스코프의 동향인 표도르 도스토예프스키는 정치적 견해 때문에 시베리아에서 4년 동안이나 유형생활을 한 작가이다. 그의 소설 역시 살인사건을 중요하게 다루었다.

『죄와 벌』(1866)에서 대학생 라스콜리니코프는 전당포 여주인과 그녀의 여동생을 살해한다. 라스콜리니코프는 도스토예프스키가 심취했던 프랑스의 살인범 라세네르(40쪽)의 정신적 형제나 다름없다. 라세네르는 시민적 도덕에 투쟁을 선포했었다. 라스콜리니코프 역시 범행 전에 함께 당구를 치던 어느 장교에게 이렇게 말한다.

> 들어보시오. 어리석고 무의미하며 아무래도 상관없고 사악하고 병들어 누구에게도 도움이 되지 못하며 오히려 모두에게 해를 끼치는 노파가 있소. 자신이 도대체 무엇을 위해 사는지 모르는 채 내일이면 무력하게 죽어갈 늙은이요. 다른 한편에는 단지 돈이 없기 때문에 좌절하는 젊고 신선한 힘들이 있소. 그런 젊은이들이 도처에 수도 없이 존재하오!! 늙은이가 돈만 준다면 좋은 작품을 수백, 수천이나 추진하고 완성할 수 있소! 그러나 그들은 돈을 수도원에 남기고 가지요! 그들을 때려죽이고, 그들 돈을 빼앗아 모두를 위해 쓴다면 어떨까, 그렇게 생각하지 않소? 단 하나의 작은 범죄가 수천 개의 좋은 작품으로 보상받지 않겠소?

도스토예프스키는 범죄행위와 범인의 도주, 그리고 예심판사 포피리와의 싸움을 매우 긴장감 넘치게 묘사했다. 범죄학에 의거해 매듭을 푸는 일은 부차적인 문제였다. 중요한 것은 회개한 범인을 기다리는 종교적 각성체험이다. 그의 자백 — 어쩌면 고해라고 부르는 편이 더 나으리라 — 은 용서로 가는 첫번째 걸음이다. 라스콜리니코프는 작가와 마찬가지로 사회주의자에서 경건한 기독교인으로 변모한다.

도스토예프스키의 『악령』(1871/72)은 원래 무정부주의와 허무주의를 비방하는 책자로 계획되었다. 무정부주의와 허무주의의 경전은 세르게이 네차예프의 『혁명가의 교리문답서』였다. 그 안에 나오는 문장들은 이렇다. "우리는 오직 지금 지배하고 있는 사회질서의 파괴에만 헌신한다. 새로운 사회질서를 구축하는 일은 고민하지 않는다. 그것은 우리 뒤에 올 사람들의 일이다." 저자 네차예프는 자신의 강령을 더 이상 실행할 수 없었다. 1869년 11월 변절한 수행원 대학생 이바노프를 총으로 쏘아 죽여 종신형을 선고받은 것이다.

『악령』에서 무정부주의자 표트르 베르호벤스키는 모반을 꾸미는 비밀결사로부터 이탈하려는 대학생 샤토프를 총살한다. 그는 결사의 다른 일원인 키릴로프에게 살인죄를 떠넘긴다. 결국 기술자 키릴로프는 죽음의 공포를 극복함으로써 신과 비슷해지기 위해 자신의 목숨을 스스로 거두어들인다. 표트르의 친구이자 사상적 동지 니콜라이 스타브로긴 역시 더 많은 사람들을 죽이고 자살로 생을 끝맺는다. 그러나 표트르 자신은 아무런 가책 없이 그곳을 떠나 우리의 시야에서 사라진다.

도스토예프스키는 반사회적 범죄자들을 상당히 냉소적으로 묘사하고, 범죄자들에게 아부하는 '위대한 작가' 카르마지노프를 노골적으로 희화화한다. 소설 속 카르마지노프는 동료 작가 투르게네프가 투영된 인물이다. 도스토예프스키와 투르게네프는 정치적·철학적 견해 차이 때문에 결코 좋은 사이가 아니었다. 도스토예프스키는 소설을 통해서나마 아쉬운 대로 투르게네프를 은근히 비꼬고 있는 것이다.

마지막 소설 『카라마조프의 형제들』(1879/80)은 필시 도스토예프스키가 자기 아버지의 죽음에서 영감을 받아 집필한 작품일 것이다. 이것은 적어도 몇몇 전기작가들이 주장하는 바이다. 일부 다른 사람들은 그의 아버지가 아들의 게으른 성품에 분노해 뇌졸중을 일으켜 죽었다고 한다. 도스토예프스키의 작품 중에서 가장 추리소설에 근접한 것이 바로 이 소설이다. 늙은 카라마조프 살인사건이 단계적으로 해명되기 때문이다.

그러나 결정적인 지점에서 도스토예프스키는 독자적인 길을 선택한다. 유죄판결을 받는 것은 피살자의 사생아이자 간질병 환자인 살인범 스메르자코프가 아니라, 실제로 자기 아버지의 죽음에 도덕적 책임을 가진 — 지적인 차남 이반과 경건한 삼남 알로샤도 마찬가지다 — 장남 드미트리이기 때문이다.

『죄와 벌』에서처럼 도스토예프스키에게는 세속적인 정의보다는 신적인 정의가 중요하다. 극중 이반이 '대종교재판관 전설'에서 신랄하게 밝히는 관료 교회의 권력욕과 신적인 정의를 혼동해서는 안된다. 드미트리는 인간의 법집행의 오류가 신과 화해했음을 인식한다. 알로샤는 드미트리와 함께 시베리아로 떠난다.

야수로 태어나

도스토예프스키가 그렇게 냉대한 세속적 정의가 동시대인 에밀 졸라에게는 고귀한 목표였다. 이 목표를 위해 그는 심지어 — 죄없이 유죄판결을 받았던 드레퓌스 대위를 위해 용감하게 싸운 사실에서도 증명되듯 — 형사소추와 망명도 감수했다. 하지만 그가 쓴 소설들은 다르다. 대대적인 환경 연구에 매진하고 자연주의자 그 자체로 간주됨에도 불구하고, 그가 창조한 살인범들은 '자연'스럽게(감옥이나 기요틴 아래에서) 생을 마치지 않는다.

졸라의 최초 성공작 『테레즈 라캥』(1867)에서 주인공 테레즈 라캥과 애인 로렝은 함께 테레즈의 남편인 카미유를 배에서 밀어뜨려 익사시킨다. 카미유만 죽으면 행복할 줄 알았던 그들은, 사법의 심판을 받지는 않지만 카미유의 환영에 시달리며 양심의 가책에 괴로워하다가 동반자살을 저지른다.

이 소설의 자극이 된 것은, 현재는 망각 속에 묻힌 소설, 아돌프 벨로와 에르네스트 도데의 『고르드의 비너스』였다. 이 소설에서는 간통을 저지른 살인범 커플이 배심재판소 앞에 선다. 반면에 졸라는 『테레즈 라캥』에서 법정을 주인공들의 심리 속으로 옮겨놓는다. 매력적이기는 하지만 특별히 독창적인 설정은 아니었다. 양심의 가책은 졸라 이전에 이미 셰익스피어의 맥베스와 그의 부인에게도 있었다.

1890년 출간된 『인간 야수』에서 세브린을 살해한 죄로 유죄판결을 받은 사람은 그녀의 애인인 전기기관차 운전수 자크 랑티에('인간 야수')가 아니라 죄없는 숭배자이다. 랑티에는 연료를 관리하는 사람과 싸우다가 사고로 전기기관차에 치어 죽는다. 이 작품 역시 실존 모델이 존재한다는 혐의가 있다. 졸라가 소설을 집필하는 동안, 전 유럽을 공포로 몰아넣은 어느 정신병자 부녀살인범이 등장했다. 살인마 잭이었다. 졸라는 이에 대해 이렇게 말했다. "자크 랑티에는 살인마 잭이 아니다. 그러나 그의 폭력성이 파리인들을 악몽으로 몰아넣은 사실은 이미 알고 있다."

졸라가 20권짜리 연작소설 『루공 마카르』에서 보여주고 싶었던 것은 인간의 소질이 유전된다는 이론이었다. 자크 랑티에는, 범죄학의 창시자 체사레 롬브로소가 기술했듯 타고난 범죄자이다. 물론 경험적으로 증명할 수 없는 롬브로소의 이론은 오래전에 구식이라 평가받아 철폐되었다. 그러나 그 때문에 연작소설 17번째 권인 『인간 야수』도 구식이라 치부한다면 너무 성급한 일일지 모른다. 랑티에처럼 성적인 흥분과 죽음이 함께 나타나며 여성에 대해 억제할 줄 모르는 정신병자들이 범죄의 역사에는 수없이 존재한다. 랑티에는 연쇄살인범의 고전적인 케이스이다. 에밀 졸라가 그로 하여금 살인 한 건과 살인미수 한 건만 범하도록 배려한 것은 작가적인 절약의 이유 때문일 뿐이다.

졸라는 자기 시대의 과학적 정점에 서 있었다. 반면 스코틀랜드 출신의 로버트 루이스 스티븐슨은 『지킬 박사와 하이드 씨』(1886) 이야기로 초기 낭만주의 공포소설을 부활시켰다. 조금 후에 아일랜드 출신 브램 스토커가 뱀파이어 이야기 『드라큘라』(1897)를 쓴 것도 유사한 경우이다.

'지킬 박사와 하이드 씨' 전설은 실제로 18세기에 생겨난 것으로 스티븐슨이 어린 시절 잠자리에서 들었던 동화들 중 하나였다. 이중생활을 즐긴 '조합장(Deacon)' 브로디는 1788년 에딘버러에서 교수형에 처해졌다. 그는 낮 동안에는 명망 높은 가구공 조합장으로 살다가 밤만 되면 패거리와 함께 고객의 집을 털었다.

스티븐슨은 이 소재를 메리 셸리의 『프랑켄슈타인』(1818)에 나온 연금술적 성분과 혼합했다(프랑켄슈타인 이야기는, 사랑할 수 없기 때문에 살인하는 인조인간 이야기다). 그래서 완성된 것이 인간에게 친절한 지킬 박사가 마법 음료를 마시면 살인범 하이드로 변신하는 이야기다. '분신'과 '변신'은 오래된 테마이다. 괴테의 파우스트 박사는 "내 가슴 속에는 두 개의 영혼이 살고 있네"라고 탄식하지 않았던가.

괴테 자신은 이렇게 말했다. "세상의 어떤 범죄도 절대 내가 저지를 수 없겠다고 할 만한 것은 없다."

세상을 지배하는 것

에밀 졸라가 고지했던 자연주의의 복음은 특히 대서양 저편에서 비옥한 토지에 뿌리를 내렸다. 좋은 의미에서 사람들은 프랭크 노리스(Frank Norris)를 '미국판 졸라'라고 부른다. 그의 소설 『맥티그(McTeague)』(1899)의 주인공 역시 인간 야수로 살인자가 된다. 물론 여기서는 성적인 욕망 때문이 아니라 돈에 대한 욕망 때문이다. 이 소설을 바탕으로 7시간짜리 영화를 만든 에리히 폰 슈트로하임은 작품을 2시간 반으로 편집하면서 제목도 「그리드(Greed)」라고 바꾸었다.

치과의사 맥티그의 불행은 그의 아내 트리나가 복권으로 5,000달러를 횡재했을 때 시작되었다. 트리나가 자신의 돈에만 신경쓰는 동안, 맥티그는 자격증 없이 독학으로 공부해 불법으로 운영 중이던 진료소를 폐업해야 했다. 트리나의 전(前)약혼자이기도 한, 질투심 많은 맥티그의 친구 마커스가 그를 관청에 신고해 버린 것이다. 다른 업종으로 전환할 능력은 없고 힘만 센 맥티그는 맥주통에 빠진 듯 비참한 신세가 된다. 그는 아내를 죽이고 돈을 훔쳐 네바다로 도망간다. 그러나 곧 마커스가 그를 추적하고 두 사람은 '죽음의 계곡'에서 사투를 벌인다. 종말을 눈앞에 둔 맥티그는 안간힘을 다해 자신의 손과 라이벌의 손을 수갑으로 연결하고 천천히 목말라 숙어간다.

매우 통속적인 소재로 보이지만 실제 배경이 있다. 1893년 샌프란시스코에서 패트릭 콜린스라는 이름의 무직자가 자신의 아내를 칼로 30번 이상 찔러 죽였다. 그녀가 여관을 지을 돈을 주지 않았기 때문이다. 그 전에도 그는 아내를 면도칼로 공격한 적이 있었다. 『샌프란시스코 이그재미너』 신문은 이를 두고 사회적 상황으로만 설명할 수 없는 야만성이라 평가하며 "짐승으로 세상에 태어난" 사람이 존재한다는 주석을 달았다. 이것은 롬브로소의 결정론을 분명히 알고 있던 작가 노리스의 견해이기도 했다.

좀더 현실에 근접한 소설은 테오도르 드라이저(Theodore Dreiser)의 『아메리카의 비극』(1925)이다. 주인공 클라이드 그리피스의 모델은 23세의 체스터 질레트였다. 그는 1906년 7월 11일 보트 위에서 임신한 애인 그레이스 브라운을 테니스채로 때린 후 강에 빠뜨려 익사시켰다. 공장 노동자인 애인과의 결혼으로는 결코 사회적 야망을 이룰 수 없다는 점이 범행의 동기였다. 그레이스가 자살했다는 그의 변명은 배심원들에게 신뢰를 주지 못했다. 그는 1908년 3월 전기의자 위에서 생을 마쳤다.

드라이저는 범행 현장인 뉴욕 주 빅 무즈 호수와 싱싱 감옥을 돌아보고 재판 문건을 연구했다. 그는 사회법칙이 자연법칙만큼이나 세상을 강제적으로 지배한다는 사실을 보여주고자 했다. 살인처럼 평범하지 않은 행동조차, 현미경을 통해 그 동기를 충분히 정확하게 관찰해 보면, 원칙적으로는 화학적 반응과 다르지 않다는 것이다. 명석한 비평가 데이비드 덴비(David Denby)는 이렇게 평가했다.

"드라이저의 소설이 보여주는 비극은 위대한 인간의 몰락과는 아무 관계가 없다. 클라이드는 처음부터 도덕적으로 취약한 사람이다.

이 책이 비극인 이유는 등장인물들이 본능에 쫓기고 아주 작은 충동에 이끌려 일말의 자유를, 한 조각의 행복을 소원하지만 이 겸손한 목표마저도 이룰 수 없다는 점 때문이다."

사건은 진부하지만

드라이저는 적어도 일부분에서는 문학적 자유를 행사했다. 반면 트루먼 카포트(Truman Capote)는 현실 그대로의 상황을 묘사하는 것 외에는 아무것도 원하지 않았다. 그럼에도 불구하고 그는 『인 콜드 블러드(In Cold Blood)』(1965)를 실용서가 아니라 새로운 문학 장르를 연 최초의 예라고 생각했다. 논픽션소설이라는 이 새로운 장르는 "소설의 모든 기술을 이용하는 동시에 엄격하게 사실을 유지하는 이야기 형태"이다.

사건 자체는 진부하기 그지없다. 1959년 11월 클러터 가족 4명 전원이 캔자스의 농장에서 살해당했다. 범인은 12월 말에 검거되었다. 전과자인 페리 스미스와 리처드 히콕이었다. 그들은 농장에서 한몫 챙길 수 있을 거라고 생각했지만 훔친 것은 단 40달러였다. 두 사람은 사형선고를 받았고 1964년 4월 처형되었다.

카포트는 지역 연구를 충분히 했고 피살자들의 이웃과 친구들을 인터뷰했으며 감옥에 있는 범인을 만날 허가까지 받았다. 그는 범인들에게 가장 가까운 의지처가 될 정도였다. 나중에 사람들은 범인들의 신뢰를 악용했다며 그를 비난했다. 자신의 책을 시상에 내놓아 돈을 벌 시점을 찾으면서 범인들의 처형을 기다리는 대신 어떻게 해서든

처형을 막을 방법을 찾아야 했다는 것이다. 카포트는 전망 없는 시도였을 것이라고 변명했다.

노먼 메일러(Norman Mailer)는 퓰리처상 수상작 『사형집행인의 노래』(1979)에서 카포트의 모범을 따른다. 후기에 그는 이렇게 썼다. "역사는 삶에 가장 가까운 이야기다. 그렇다고 증인들의 기억보다 역사가 진실에 더 가깝다는 말은 아니다." 메일러의 작품 중 최고로 여겨지는 이 책도 진부한 사건 하나를 다룬다.

게리 길모어는 1977년 1월 유타 주에서 총살형을 당했다. 주유소 점원과 모텔 매니저를 살해했기 때문이다. 특이한 것은 두 가지 상황 때문이었다. 길모어의 총살형은, 연방대법원이 사형포고를 임시 중단한 이후로 10년 만에 미국에서 행해진 첫번째 처형이었다. 또 한 가지는 길모어가 법적 수단을 동원하기를 거부했다는 점이다. 그의 최후의 말은 "그렇게 하시오"였다고 한다.

집필을 위해 자료를 모으던 중 메일러는 유타 주의 다른 죄수 한 명을 확보했다. 성인이 된 후로 전 세월을 철창 안에서 보낸 잭 아보트는 자신의 전문지식을 제공했고 대신 자신의 자서전을 내는 데 도움을 달라고 요구했다. 메일러는 깊은 인상을 받았다. 메일러는 아보트의 『야수의 배 안에서』가 출판되고 그가 형기 전에 출옥하는 데 도움을 주었다. 3개월 동안 아보트는 뉴욕 문학계의 총아였다. 1981년 7월 어느 레스토랑에서 웨이터와 싸우고 그를 칼로 찔러 죽이기 전까지는 말이다.

메일러에게 불쾌한 기억은 그 자신 역시 하마터면 감옥에 갈 뻔한 일이었다. 1960년 11월 생일파티를 한 후에 그는 두 번째 아내 아델레를 죽이려 했다. 그가 찌른 칼은 아내의 심낭을 관통했지만 다행히 죽지는 않았다. 의사로부터 '추적망상의 급성 발작'이라는 진단을 받은 후에 작가는 뉴욕 벨레뷰 병원 정신과에 입원해서 11일 동안 정신 상태를 관찰받았다. 결국 정신에 이상이 없다는 판정이 나왔지만 아내가 용서했기 때문에 그는 집행유예를 허락받았다.

이 범행 역시 문학적 부산물이 없지는 않았다. 소설 『아메리칸 드림』(1965)에서 메일러는 자기 아내를 창문 너머로 밀어버리고 살인으로 인해 내면의 자유를 다시 얻는 남자를 묘사한다. 아내 아델레는 꾹 참고 있다가 1977년 『마지막 파티』라는 제목의 책으로 자신이 경험한 살인미수를 후세에 남겨주었다.

태양이 너무 눈부셔서

모든 미국 작가들이 현실을 그대로 복사하고자 한 것은 아니었다. 윌리엄 포크너(William Faulkner)의 소설 중 10권은 요크나파타파 카운티를 배경으로 하는데, 이 행정구역은 그가 주장하듯 미시시피 주라기보다는 옛 남부인들의 신화와 더 밀접한 관련이 있다. 이 소우주를 지배하는 인종주의와 폭력성은 물론 충분히 현실적이다. 포크너 자신의 선조 중 한 명이 어느 공직을 두고 경쟁하던 사람의 총에 맞아 죽었다고 한다.

『성역(Sanctuary)』(1931)에서 범인 파파이는 좋은 가문 출신의 매력적인 여대생 템플 드레이크를 성폭행했다. 그런데 이를 방해하는 두 남자를 총으로 쏘아 죽여버리고, 여대생은 파파이의 범행을 덮어준다. 따라서 법정에서 유죄판결을 받고 성난 군중에게 린치를 당한 것은 그가 아니라 무고한 다른 사람이었다. 그러나 파파이는 자신의 운명에서 벗어날 수 없다. 후에 살인 누명을 쓰고 교수형을 당한다.

『8월의 빛(Light in August)』(1932)에서는 혼혈아 조 크리스마스가 자신의 은인이자 애인인 백인 여성 조안나 버든의 목을 자른다. 민병대가 그를 수색해서 체포, 사살한다. 조 크리스마스의 살인 사실보다도 혼혈아 따위가 감히 백인 여성과 사귀었다는 사실에 더 분개한 민병대 대위는 살인보다 더 무거운 범죄를 저지른 그의 신체 부위를 징벌한다. 즉 죽어가는 자를 거세한 것이다. 살인범의 이름과 불분명한 출생, 금요일에 있었던 그의 죽음과 그를 배반한 친구를 생각해 보면, 포크너가 염두에 둔 것은 성서지대(Bible Belt, 미국 남부의 근본주의자들이 많이 살고 있는 지역 - 옮긴이)에서의 수난사였으리라 추측할 수 있다.

제임스 케인(James M. Cain)의 처녀작 『포스트맨은 벨을 두 번 울린다』(1934)에 등장하는 떠돌이 살인범 프랭크 챔버스 역시 살인 누명을 쓰고 처형당한다. 5페이지에서 그는 나이든 여관 주인의 젊은 아내 코라를 알게 되고, 15페이지에서 성관계를 가지며, 23페이지에서 방해가 되는 남편을 없애버리기로 작당한다. 첫번째 공격은 실패했고 두번째 — 계획적인 자동차 사고 — 에는 성공을 거둔다.

그들은 기소당했지만 능숙한 변호사의 도움으로 무죄선고를 받는다. 그러나 그들은 테레즈 라캥과 로렝만큼 불행했다(146쪽). 죄책감과 성격 차이는 두 사람의 공동생활을 지옥으로 만들었다. 무엇보다 그들은 협박을 받아야 했다. 코라가 아기를 낳으려 할 때에야 비로소 그들은 서로에 대한 깊은 애정을 깨닫는다. 그러나 이제 운명의 시련이 기다리고 있다. 병원으로 가는 중에 자동차 사고가 일어나 코라는 목숨을 잃고 프랭크는 그녀를 죽인 범인으로 몰려 사형선고를 받는다.

케인은 도덕적 가치를 알리는 데 별 관심이 없었지만 독일 작가 야콥 바서만(Jakob Wassermann)은 달랐다. 그는 20년 전에 실제로 열린 센세이셔널한 재판을 다룬 흥미진진한 소설 『마우리치우스 사건』(1928)을 썼다.

1906년 11월 바덴바덴에서 공중보건의사 몰리토르의 미망인이 총상을 입고 죽었다. 미망인은 아직 결혼하지 않은 둘째 딸 올가와 함께 전보를 발송하기 위해 중앙우체국으로 가는 도중이었다. 살인혐의를 받고 기소된 사람은 미국으로 이민 간 큰 딸 리나의 남편 카를 하우였다. 하우는 범행 시간에 바덴바덴에 있었음을 인정했다. 그는 가짜 수염을 붙이고 계획적으로 장모를 우체국으로 유인했다고 자백했다. 그러나 살인만은 부정했다. 왜 그렇게 이상한 행동을 했는지를 묻자, 사실 자신이 사랑하는 여자는 처제 올가인데 그녀를 여행 전에 다시 한 번 보고 싶었기 때문이라고 설명했다(이 진술이 있은 후 아내 리나 하우는 호수에 몸을 던져 자살했다).

검사의 주장은 달랐다. 하우는 장모를 없애면 자기 아내에게 큰 유산이 돌아올 것이라고 생각했다는 것이다. 1907년 7월 칼스루에 배심재판소는 하우에게 사형선고를 내렸고, 대공은 형벌을 종신형으로 감해주었다. 1924년에 사면을 받은 하우는 석방되자마자 로마에서 스스로 목숨을 끊었다. 마지막까지 범행은 부인했다.

바서만은 『마우리치우스 사건』 속에서 당시 바덴바덴에도 널리 유포된 견해를 대변한다. 즉 마우리치우스(하우)가 아니라 아름다운 처제 안나 얀(올가)이 살인범이라는 것이다. 그러나 범인이 누구인지는 부차적인 문제였다. 작가의 마음속에 있던 질문은 과연 정의가 법정에서 얼마나 관철될 수 있느냐는 것이다. 바로 이 점에서 사법기관은 잘못된 길을 간다. 검사는 똑똑한 변호사와 함께 경력을 쌓는 데만 급급해 한다. 그의 칼자루에 휘둘릴 피고가 진정 유죄인지 무죄인지는 관심이 없다.

검사의 아들 에첼은 학교 가는 길에 (투옥된) '마우리치우스'의 아버지로부터 설명을 듣고 진실을 낱낱이 알기 위해 부모의 집을 떠난다. 그제야 비로소 검사는 옛 문건을 깊이 들여다본다. 의구심이 든 그는 감옥에 있는 죄수를 찾아갔고 결국 마우리치우스의 사면을 추진한다. 하지만 재심은 추진하지 않는다. 에첼이 당시 위증을 했던 증인을 찾았다는 기쁜 소식을 가지고 돌아왔지만 때는 너무 늦었다. 드레퓌스가 사면된 후에 프랑스 사법부가 그랬듯, 검사는 다시 재판을 열 의사가 없었다. 아버지와 아들 사이에는 마지막 충돌이 일어난다. 그것은 도덕적 가치관의 격렬한 충돌이었다.

『포스트맨은 벨을 두 번 울린다』와 마찬가지로 알베르 카뮈의 『이방인』(1942)도 처형을 기다리는 사형수의 관점을 선택한다. 그런 점에서 카뮈는 분명히 이 미국판 모델을 염두에 둔 것 같다. 화자이자 주인공 뫼르소는 어느 아랍인으로부터 협박을 당한다고 생각해 그를 총으로 쏘아 죽인다.

뫼르소라는 인물에는 일간지 『콩바(Combat)』의 편집장으로 일하는 저항투사 카뮈의 특징이 그대로 투영되어 있다. 그러나 동시에 뫼르소는 개인적인 특성을 초월한 모든 사람 각자이기도 하다. 여론조사에서도 알 수 있듯, 이 소설은 프랑스인이 가장 사랑하는 책이다. 프랑스 국민들은 주인공 안에서 자신의 모습을 인식한다. 그들을 천박한 인종주의자로 몰고 싶지 않다면, 그들이 삶을 이해할 수 없고 불합리한 것으로 본다는 점을 가정해야 할 것이다.

뫼르소는 법정에서 "태양이 너무 눈부셨기 때문에" 사람을 죽였다고 말한다. "그 번쩍이는 검이 내 속눈썹 안을 후벼팠고 내 고통스러운 눈을 뚫고 들어왔다. 그때 모든 것이 비틀거렸다. 바다로부터 번쩍거리는 거대한 입김이 불어왔다. 불길을 일으키기 위해 하늘이 활짝 열리는 것 같았다." 뫼르소는 유죄판결을 받고도 "애정 어린 무관심"을 느낀다. 언젠가 자기 어머니가 죽었을 때 이미 느낀 감정이었다. 철저한 실존주의자답게 그는 사제의 위로도 바라지 않는다.

정의는 따분할 뿐

반면 영국 작가 그레이엄 그린(Graham Greene)은 좋은 의미에서 가톨릭 작가로 평가받는다. 그가 개인적으로 얼마나 경건했는지와는 무관하게. 기독교적 색채를 띠고 있는 그의 첫번째 소설 『브라이튼 록(Brighton Rock)』(1938)은 17세에 벌써 범죄단 두목이자 살인범이 된 핑키 브라운의 갑작스럽지만 슬픈 출세를 묘사한다.

핑키는 한때 자신이 성직자가 될 것이라 생각했지만 결국은 악당이 되기로 결심한다. 16세 소녀 로스가 사신에게 불리한 진술을 하지 못하도록 그녀와 결혼하고, 죽는 날까지 사랑은 "신의 은총이 얼마나 경악스럽고 기이한지"를 보여주는 것이라 생각한다.

그린은 다음 책들에서도 살인범들을 동정 어린 시각으로 묘사했다. 『제3의 사나이(The Third Man)』(1949)에서는 양심 없는 페니실린 암거래상 해리 라임이, 『조용한 미국인(The Quiet American)』(1955)에서는 영국의 저널리스트 토머스 파울러가 살인범으로 등장한다.

해리 라임은 결국 빈의 하수구를 통해 추격해 오는 적들에게 붙잡혀 총살당한다. 토머스 파울러는 자신의 조국을 미국인에게 뺏기고 싶지 않아 순박한 정보요원 파일을 베트남 공산당의 함정에 말려들게 한다. 파울러는 프랑스 경찰로부터 의심을 받지만 경찰은 아무 증거도 찾아내지 못한다. 소설의 주요 모티프가 무엇인지에 대한 질문에 그린은 로버트 브라우닝의 시 「블로그램 주교의 변호」를 인용하며 이렇게 대답한다.

> 우리는 세상의 위험한 면에 흥미를 느낀다.
> 성실한 도둑, 친절한 살인자,
> 미신에 빠진 무신론자…….

살인사건을 밝혀내는 것이 전혀 중요하지 않거나 부차적인 의미만 가지고 있는 소설은 앵글로색슨 문학계에서 범죄소설(crime novel)이라고 불린다. 탐정소설(detective novel)의 황금기가 종말을 고했을 때 범죄소설이 눈에 띄게 성장한 것은 우연이 아니다. 이것은 집사와 정원사를 갖춘 별장, 호화 여객열차 등 화려한 세계의 종말이며, 범죄를 우아한 스포츠처럼 해결하는 돈 많은 귀족의 종말이기도 하다.

퍼트리샤 하이스미스의 첫 출간작 『기차 안의 낯선 승객(Strangers on a Train)』(1950)은 아직 어느 정도 고전적인 추리소설의 도덕률을 지키고 있다. 브루노와 귀는 기차여행에서 서로를 알게 된다. 두 사람은 각각 없애버렸으면 하는 가족을 가지고 있다. 브루노는 아버지를, 귀는 아내를. 브루노는 각각 상대방을 대신해 살인을 하자고 제안한다. 그렇다면 범인은 동기가 없고, 용의자는 알리바이를 가지고 있으니 완벽한 살인이 될 것이다. 그리고 사건이 벌어진다.

작가는 이렇게 고한다. "살인범을 법정에서 심판한다고 해서 그들을 개선시킬 수는 없다. 모두가 각자의 법정을 가지고 있고 충분히 스스로를 심판한다." 마지막에 브루노는 자살을 감행하고 귀는 경찰에 자수한다. 이 소설을 곧바로 영화화한 알프레드 히치콕이 보기에 살인범 두 명은 너무 많았다. 브루노는 약속대로 살인을 감행하지만 귀는 실행에 옮기지 않는다. 할리우드 영화 규칙이 요구하는 것처럼, 마지막을 장식하는 것은 해피엔드이다.

5년 후에는 『재능 있는 리플리 씨(The Talented Mr. Ripley)』가 독자를 만났다. 잘 생겼지만 욕망이 강한 청년 리플리는 이탈리아를 돌아다니는 어느 부자의 아들을 찾아 그를 죽이고 자신이 그 역할을 함으로써 상류사회의 쾌적한 환경을 즐긴다. 살인자 리플리는 네 편의 소설에 더 등장하지만 결코 죽지 않는다. 예술애호가이자 아마추어 화가로 변신한 주인공은 '아름다운 그늘(Belle Ombre)'이라는 매력적인 이름을 가진 프랑스의 한 별장에서 범죄의 결실을 즐긴다.

퍼트리샤 하이스미스는 이렇게 말한다. "나는 정의를 추구하는 일정이 따분하고 가식적이라고 생각한다. 삶도 자연도 사실 그런 것과는 무관하다." 다른 곳에서 그녀는 냉정하게 설명한다. "예술이 항상 건전한 것은 아니다." "살인은 사랑의 한 종류요, 소유의 한 종류다."

그녀의 장편, 단편 소설에는 처벌받으리라는 걱정은 전혀 하지 않는 식의 사랑 행위가 넘쳐나고, 후회하지 않는 살인범이 우글거린다. 이런 식의 냉소주의가 모든 사람의 공감을 얻을 수는 없다. 많은 미국 출판사가 작가의 반도덕적인 냉정함에 반발하며 원고를 거절했다. 반면 그녀가 인생의 많은 부분을 보낸 유럽에서 — 추리소설에 별로 관심 없는 독자들에게도 — 그녀는 인간 영혼의 나락으로 안내하는 가장 정통한 작가로 평가받는다.

살아 있는 추리작가들 중 가장 고집스러운 작가 조이스 캐롤 오츠(Joyce Carol Oates) 역시 적지 않은 논란의 대상이다. 프린스턴 대학에서 '창조적 글쓰기'를 배운 이 엄청나게 생산적인 미국 작가의 소설 세계는 살인, 근친상간, 강간, 고문, 식인의 복마전이다. 이런 범죄 일부는 죄 값을 치르지만 대부분은 그렇지 않다. 속죄는 작가에게 중요한 문제가 아니다.

'내셔널 북 어워드'의 영광을 안겨준 그녀의 첫 성공작 『그들(Them)』(1969)은 주인공 로레타의 오빠가 로레타의 애인을 살해하고, 범인을 알지만 덮어준 경찰관과 로레타를 결혼시키는 것으로 시작한다. 나중에 경찰 역시 목숨을 잃는다.

『좀비(Zombie)』(1995)의 경우, 실제 동성애자 대량살인범 제프리 대머 페이트를 모델로 했다. 그는 사냥감을 잔인하게 죽인 후 그 시체를 먹은 엽기적인 살인마이다. 소설의 주인공 쿠엔틴의 삶의 목표는 '좀비'. 자신에게 무조건 복종하고 성적 만족을 주는 '좀비'를 만들기 위해 사냥에 나선다. 조잡한 그림을 곁들인 일기에서 그는 희생자들을 성의 노예로 만들기 위해 어떻게 그들의 뇌수술을 계획했는지, 그리고 이 수술이 어떤 식으로 매번 실패했는지를 묘사한다.

살인범에 정통한 트루먼 카포트는 동료 작가 조이스의 '악몽 같은 세계'에 감동받지 않았다. 그는 이렇게 말했다. "내가 봤을 때 그녀는 미국에서 가장 역겨운 피조물이다. 익살극에나 등장할 허접쓰레기요, 공개처형을 당해 마땅한 괴물이다."

음악과 함께, 또는 음악 없이

무대에서의 살인

장편소설은 문학사상 비교적 늦게 맺은 결실이지만 드라마는 그렇지 않다. 드라마는 고대의 가장 오래된 장르 중 하나이다. 드라마 속에서 살인은 처음부터 매우 중요한 역할을 했다. 부친을 살해한 오이디푸스 이야기, 독살범의 원형인 메데이아 이야기는 이미 보았다. 그중에서 가장 유혈 낭자한 가족사를 만든 것은 저주받은 아트레우스 일가이다.

아트레우스는 티에스테스의 자식들을 죽이고 요리를 만들어 아무것도 모르는 아이들의 아버지에게 대접한다. 훗날 그는 조카 아이기스토스에게 살해당한다. 나중에 아이기스토스는 아트레우스의 아들이자 미케네 왕국 계승자인 아가멤논까지 살해한다. 아이기스토스의 공범은 그와 열정적인 관계에 있던, 아가멤논의 아내 클리타임네스트라이다. 복수는 반드시 찾아온다. 비록 늦게 오더라도. 아가멤논과 클리타임네스트라 사이의 아들 오레스테스는 여동생 엘렉트라의 사주를 받아 이 살인범 커플(어머니가 포함된)을 도끼로 살해한다.

작가들은 이 존속살인범을 소중하게 다루었다. 아이스킬로스는 3부작 『오레스티아』에서 아테네 아레오파고스 언덕에서 열린 재판을 묘사한다. 판결은 유죄와 무죄가 똑같이 나타나, 아테네는 오레스테스에게 무죄를 선고한다. 소포클레스의 『엘렉트라』에서는 유무죄 여부가 전혀 등장하지 않는다. 아폴론 신이 오레스테스에게 피의 복수를 명령했기 때문에, 감히 인간이 신의 대리인을 법정에 세울 이유가 없다. 오레스테스와 엘렉트라를 기다리는 것은 행복한 미래다.

그리스 비극작가 트리오 중 가장 어린 에우리피데스는 다르다. 그는 이 테마를 세 번이나 다루었다. 그 모든 작품에서 작가는 피의 복수를 철저히 비판한다. 『엘렉트라』에서 여주인공의 복수욕은 비인간적인 것으로 조명된다. 제우스의 두 아들은 오레스테스와 엘렉트라 남매를 서로 떼어놓고 영원히 추방해 버린다.

다음으로 『오레스테스』에서 남매는 처음에 국민집회의 판결에 의해 사형선고를 받는다. 그러나 오레스테스가 미치광이가 되고 아트레우스의 악령이 다시 그를 지배하자, 아폴론 신이 개입해서 그에게 아버지 나라의 통치권을 허용한다. 『타우리스의 이피게네이아』에서 에우리피데스는 세 번째 해결책을 제시한다. 즉 오레스테스는 속죄의 행위로서 타우리스의 아르테미스 제식 조각상을 델피로 옮긴다. 그 기회에 그는, 장래 여사제로서 아르테미스 여신에게 봉사하게 될 동생 이피게네이아를 자유롭게 풀어준다.

이 소재를 가공한 후대의 작가들 역시 오레스테스의 죄를 씻어주기 위해 무던히 노력했다. 볼테르의 『오레스트』에서는 오레스테스가 어머니를 살해하는 것이 결코 고의가 아니다. 오레스테스가 계부를 죽이려고 할 때 어머니가 공격을 말리다가 우연히 희생된다.

후고 폰 호프만스탈과 리하르트 슈트라우스의 공동작인 오페라 「엘렉트라」에서는 주인공 엘렉트라가 범행을 완수한 후에 엑스타시에 휩싸여 기쁨의 춤을 추면서 죽는다. 오레스테스의 이후 운명에 대해서는 아무 말도 하지 않는다. 그러나 슈트라우스가 작곡한 오레스테스의 고귀한 음조의 노래로 추측해 보았을 때 오레스테스는 아마 나쁘지 않은 끝을 보았을 것이다. 어떤 악인도 그렇게 노래하지 않는 법이니 말이다.

점령기 파리에서 초연된 장 폴 사르트르의 『파리떼』(1943)에서는 오레스테스가 자유로운 인간을 대표한다. 그는 양심(파리떼)에 의거해 자신이 옳다고 믿는 일을 행하는 사람으로, 국민의 자유를 구속하는 권력 찬탈자를 제거하지 않을 수 없다. 전후에 사르트르는 이 드라마를 통해 친독일파 비시(Vichy) 정부에 항의의 뜻을 표했다고 주장했다. 그러나 이 사명감은 어쨌든 잘 감추어져 있었기 때문에 독일 검열도, 관객도 알아차리지 못했다.

오레스테스의 여동생에 대해서는 작가들이 상대적으로 배려심이 적다. 유진 오닐은 삼부작 『상복이 어울리는 엘렉트라』(1931)에서 고대의 드라마를 미국 시민전쟁 시기로 옮겨온 동시에 근친상간의 욕망이 낳은 비극으로 바꾸어놓았다. 크리스틴(클리타임네스트라)은 집안의 사생아 아담(아이기스토스)과 함께 여단 장교인 남편 에즈라 마논(아가멤논)을 배신한다. 그녀의 딸 라비니아(엘렉트라) 역시 이를 모방

한다.

라비니아는 전쟁에서 돌아오는 아버지에게 고자질하겠다고 어머니를 협박했다. 어머니 크리스틴은 아버지를 독살한다. 라비니아는 이제 오빠 오린(오레스테스)에게 간통죄를 범한 커플을 갈라서게 하라고 종용한다. 자기 어머니를 열렬하게 사랑하는 오린은 아담을 총으로 쏘고 크리스틴은 자살한다. 오린은 라비니아에게 함께 살자고 요구하지만 묵살당하고 스스로 목숨을 끊고, 라비니아는 홀로 고독하게 남겨진다.

셰익스피어의 의뢰인

윌리엄 셰익스피어의 드라마에서도 살인은 쉴새없이 등장한다. 엄격한 의미에서 역사적인 살인은 소수이고 몇몇은 자유롭게 창작된 것이며 대부분은 문학과 현실의 혼합물이다.

『맥베스』(1606)의 모델인 실제 맥베스는 국왕 던컨을 침대에서 살해한 것이 아니라 전투 중에 죽였다. 당시는 계승권에 관한 분명한 규정이 없었고, 맥베스의 아내 그루오치는 케네스 3세의 손녀였다. 따라서 실제 맥베스는 왕위에 오르기 위해 마녀의 예언을 필요로 하지 않았다. 스코틀랜드 연대기에는 그의 섭정기(1040~1057)에 관한 좋은 증거가 있다. 맥베스는 던컨 왕의 아들 말콤과의 전투에서 죽었지만 셰익스피어가 지적한 그 장소는 아니었다. 그루오치의 종말과 그녀의 수면장애에 대해서는 아무 기록이 없다.

『리처드 3세』(1593)의 주인공도 역사적 인물이 상당 부분 변형되어 묘사되었다. 이 경우에는 단지 문학적 자유뿐만이 아니라 작가의 특정한 의도가 개입한 것이기도 하다. 리처드 3세는 플랜태저넷 가의 마지막 왕이었다. 플랜태저넷 가는 셰익스피어에게 일감을 준 튜더 가에 의해 쫓겨난 왕가이며, 튜더 가는 이전 왕조에 흠집을 내기 위해 온갖 노력을 다했다. 셰익스피어는 이 새로운 권력자가 자신에게 무엇을 기대하는지 정확히 알고 있었다.

동시대 기록에 따르면 셰익스피어는 편안하고 사려깊은 리처드 3세를 기형적인 불구자로 바꾸어놓았다. 리처드 3세의 왕위계승에 걸림돌이 되었던 친척들의 수가 비정상적으로 많았고 그들이 모두 갑작스럽게 의문의 죽음을 맞이한 것이 사실이기는 하다. 전왕 에드워드 4세의 두 아들은 1483년 흔적도 없이 탑 안에서 사라졌다. 그보다 5년 전 형 클라렌스 대공은 미심쩍은 상황에서 와인통에 빠져 익사했다. 그러나 두 사건이 리처드 3세의 책임이라는 증거는 없다.

클라렌스 대공은 적이 많았다. 대공의 아내 이자벨이 하녀에 의해 독살당한 후로 그는 부르고뉴 왕국의 공주와 결혼하는 데 성공했다. 하지만 프랑스와 새로운 계승권 다툼을 유발할 위험이 있었기 때문에 결혼과 동시에 궁정에는 경고의 신호가 울렸다. 실종된 왕자들 — 그들의 뼈는 200년 후에야 수색되었고 계단 아래에서 발견되었다 — 은 리처드와 왕권을 다투고 있었지만 문제는 그것만이 아니었다. 튜더 가 역시 경쟁자를 제거할 동기가 충분했다.

영국 작가 조세핀 테이(Josephine Tey)의 추리소설 『시간의 딸(The Daughter of Time)』(1951)에서 그랜트 경위는 직업상의 사고를 당해 침대에 묶여 있는 동안 셰익스피어의 작품을 연구한다. 결론만 말하자면 셰익스피어가 고발한 리처드 3세는 배심재판소 앞에 설 가능성이 전혀 없다는 것이다.

『줄리어스 시저』(1599)에서 셰익스피어는 역사적 원전, 특히 플루타르크의 저서에 크게 의존한다. 이 위대한 야전사령관이자 국가 지도자의 죽음에 관해 후세는 여러 가지 판단을 내려왔다. 그러나 암살이 고전적인 폭군 살해로서 찬양받았다는 목소리는 없었다. 18세기와 19세기에 와서야 절대군주들의 적에게는 브루투스가 배심원들 다수의 지지를 받으며 높은 명성을 자랑하게 된다. 공산주의자들 역시 피살자에게 전혀 눈물을 흘리지 않았다.

베르톨트 브레히트는 소설 『줄리어스 시저 씨의 사업』(1957)에서 주인공을 민중을 선동하는 노름꾼이자 양심 없는 고리대금업자로 묘사한다. 그러나 반대의 목소리가 더 우세하다. 단테는 암살자를 지옥으로 추방했다. 셰익스피어는 브루투스를 나무랄 데 없는 성격으로 그렸지만, 비극에서 가장 빛나는 부분은 마커스 안토니우스가 조사(弔詞)를 낭독하는 부분이다. 이 조사를 통해 안토니우스는 브루투스에 반대해서 민중과 나머지 '명예로운' 모반자들을 선동한다.

민주주의의 '불확실한 이익'보다는 '권위'를 항상 더 높이 평가했던 괴테는 이 살인을 "지금까지 저질러진 것 중 가장 몰취미한 범행"이라고 불렀다. 그렇지만 편협한 열광주의자들에 의해 제거된 "모든 인간적 위대함의 총화"를 연극작품으로 만들어보라는 나폴레옹의 제안에는 동의하지 않았다.

사리풀 독에 의한 형제 살해

반면 셰익스피어 연극 중 가장 흥미로운 주인공 '햄릿'은 전설의 인물이다. 『햄릿』(1601)의 자료가 된 것은 삭소 그라마티쿠스의 『덴마크사(史)』였다. 하지만 이 자료는 삭소 그라마티쿠스가 살아 있던 시절에 일어난 사건에 관해서만 신뢰할 수 있다. 암레투스(햄릿), 그의 죽은 아버지 호르벤딜루스, 그의 어머니 게루타(거트루드), 살인범이자 계부인 펭고(클로디우스)의 이야기는 포함되지 않는다. 그럼에도 불구하고 완전히 허구의 인물들은 아니다.

어떤 사람들은 셰익스피어가 이 소재를 (찾아보기 어려운) 초고를 집필할 때가 아니라 런던 극장에서 상연된 토머스 키드의 작품을 보고 개작하면서 알게 되었다고 주장한다. 지금은 소실된 토머스 키드의 이 작품은 『햄릿』 초연보다 12년 전, 메리 스튜어트 여왕 처형 2년 후인 1589년 상연되었다. 메리 여왕의 운명은 곧바로 가톨릭 선전에 이용되어, 예수회가 집필한 순교자 드라마에서 가장 선호하는 주제가 되었다. 신교가 지배하는 런던에서, 아름다운 스코틀랜드 여성의 불경함을 널리 퍼뜨리는 것보다 더 중요한 일이 무엇이겠는가? 그녀는 세 번이나 결혼하지 않았는가? 두 번째 남편 댄리 경은 피렌체 출신 여왕의 비서 데이비드 리치오를 질투심 때문에 살해하라고 지시했고 일 년 후에는 그 자신 역시 살해당했다. 이때 미망인은 살인범 보스웰 백작에게 결혼하자고 손을 내밀었던 것이다.

『햄릿』은 셰익스피어가 쓴 작품들 중 가장 풍부한 어휘를 자랑할 뿐 아니라 가장 유혈 낭자한 것이기도 하다. 막이 내릴 때 적어도 9명

이상의 인물이 비자연적인 방식으로 목숨을 잃는다. 첫번째 희생자인 햄릿의 아버지는 유령으로 나타난다. 자살할 생각에 가득 찼던 아들은 그 때문에 "어떤 방랑자도 한번 가면 다시 돌아올 수 없는 왕국"에 관해 말을 늘어놓지 않을 수 없다. 사리풀 독을 잠자는 사람의 귀에 떨어뜨려 죽인다는 이례적인 살인 방법은 후세 사람들이 보았을 때 아버지의 죽음에 대한 복수를 망설이는 아들의 행동보다 훨씬 덜 흥미롭다.

아들은 살인범이 세 번이나 자신을 죽이려 한 후에야 복수를 결심한다. 햄릿은 "사유의 창백함에 병들기 쉬워" 행동을 감행할 수 없는, 전형적인 심사숙고형의 총화가 되었다. 지그문트 프로이트는 그를 가리켜 "오이디푸스 콤플렉스의 희생양"이라고 했다. 『꿈의 해석』에서 프로이트는 이렇게 말한다.

"그는, 자신의 아버지를 제거하고 어머니 곁에서 아버지의 자리를 차지하는 남자에 대한 복수만 하지 못하는 것이 아니다. 그가 진정으로 할 수 없는 것은, 억압된 유년기에 꿈꾸었던 자신의 소망을 그대로 실현해 보이는 남자에 대한 복수이다. 그에게는 자신을 복수로 몰아갈 혐오감 대신에 자기비판이, 즉 자신이 처벌할 범죄자보다 자신이 더 낫지 않다는 양심의 가책이 나타난다."

반면 이탈리아 범죄학자 엔리코 페리(Enrico Ferri)는 의학자이자 인류학자 체사레 롬브로소의 추종자답게 햄릿을 타락한 상류층 인간의 고전적인 사례로 본다. 그의 정신병은 연기가 아니라 진짜라는 것이다. 아버지의 유령을 만났다고 믿는 사람은 미친 사람이 아닐 수 없기 때문이다.

프랑스인들 역시 이 덴마크 왕자를 약간은 언급했다. 볼테르는 이 드라마를 "조잡하고 야만적인 작품으로, 프랑스와 이탈리아에서라면 최하층 폭도들도 참기 어려울 것"이라고 평가했다. 프랑스 무대에서 햄릿은 두 여성 사이에 있는 남자로 구현되었다. 앙브루아즈 토마스의 오페라에서도 햄릿은 유일하게 살아남는 인물이다. 1886년에 와서야 햄릿은 파리 무대에서 죽을 수 있었다.

한편 영국 작가들이 보기에 햄릿은 선량하고 오랜 친지와 같다. 그런 익숙함 때문에 작가들은 갖가지 목적에 기꺼이 그를 동원한다. 마이클 아이네스 — 옥스퍼드 대학 교수 존 아이네스 맥킨토시 스튜어트의 가명이다 — 의 『햄릿, 복수하라!』(1937)에서, 아마추어 극단에서 배우로 활동하는 영국의 대법관은 자신이 연기했던 폴로니우스와 똑같은 방식으로 목숨을 잃는다. 톰 스토퍼드의 희극 『로젠크란츠와 길든스턴이 죽다』(1966)는 주변 인물 두 명의 관점에서 이야기를 진행한다. 이들은 햄릿과 의붓아버지 사이의 갈등에 휘말리며 거의 죽을 뻔한 지경에 이르는데, 끝까지 그런 일촉즉발의 상황을 이해하지 못한다.

『오셀로』(1604)의 주인공 오셀로 역시 허구의 인물이다. 셰익스피어는 이 소재를 이탈리아 단편소설집, 친티오의 『100편의 이야기』(1565)에서 발견했다. 거기서는 어느 기수가 흑인 대위의 아내 데스데모나를 유혹하려고 한다. 유혹이 실패하자 그는, 그녀가 자신과 불륜을 저질렀다며 죄를 뒤집어씌운다. 대위는 기수의 말을 믿고 모래로 가득 채운 양말로 아내를 때려죽인다. 그후 두 사람은 살인을 은폐하기 위해 침실 천장을 무너뜨리지만 데스데모나의 친척에게 사실이 발각되어 대위는 살해되고 기수는 지독한 고문을 받아 죽는다.

셰익스피어는 이 무어인에게 오셀로라는 이름을 붙이고 그를 비극의 주인공으로 만들었다. 기수는 이야고라는 이름으로 탄생했다. 그러나 그는 거부당한 사랑 때문이 아니라 승진에서 고려의 대상이 되지 않았다는 분노 때문에 오셀로에게 복수한다. 셰익스피어가 잘라내버린 에로틱한 모티프는 영국 배우 로렌스 올리비에에게서 다시 꽃피었다. 로렌스 올리비에가 연기한 이야고는 오셀로를 사랑하기 때문에 데스데모나에게 질투를 느낀다.

캔터베리 대주교 살인사건

셰익스피어는 관심을 두지 않았지만 중세 영국에서 가장 유명한 범죄사건은 캔터베리 대주교 토머스 베케트 살인사건이었다. 전 유럽을 경악하게 만든 이 범죄의 배경은 대륙에도 한바탕 휩쓸아쳤던, 교회와 국가의 분쟁이었다.

영국 왕좌에 오른 플랜태저넷 가 최초의 왕 헨리 2세는 이 분쟁을 종식시키기 위해 1161년 수상이자 아버지의 친구인 토머스 베케트를 프리마스(수석 대주교)로 선출했다. 그가 정치와 종교 두 영역을 모두 장악한다면 갈등은 자연히 해소될 것이라고 믿었기 때문이다. 잘못된 판단이었다. 막 서품식을 올린 사제는 모든 세속직에서 손을 떼고 열정적으로 교회의 특권을 수호했다. 두 사람 사이의 갈등은 극한 상황까지 치달았다. 결국 베케트는 자신이 곧 감옥에 갇히고 심지어는 거세당할 것이라는 소문이 떠돌자 프랑스로 망명해서 프랑스 국왕의 보호를 받았다. 망명은 6년 동안 계속되었다.

1170년 7월 헨리 왕과 베케트는 오를레앙에서 만났고 놀랍게도 화해를 결정했다. 12월 1일 베케트는 군중의 환호 속에 다시 영국 땅에 입성했다. 캔터베리에 돌아오자마자 베케트는 자신이 없는 동안 국가권력에 아첨했던 런던과 솔즈베리의 주교들을 파문했다. 요크 대주교는 그 동안 직책을 이용해 부당한 이익을 취했다는 이유로 자리에서 물러나야 했다.

주교들은 일제히 노르망디에서 크리스마스를 보내고 있는 왕에게 몰려가 항의했다. 주교들은 베케트를 환영했던 민중에게도 베케트에 대한 모함을 서슴지 않았다. 헨리 2세가 왕권을 잃을 때까지 베케트는 모든 수를 다 쓸 것이라는 식이었다. 헨리 2세는 자신을 걱정하는 분노의 목소리를 듣고 이렇게 고함쳤다고 한다. "도대체 왜 그 동안 내 집안에는 이렇게 가련한 겁쟁이와 배신자들만 많아졌단 말인가. 자신의 주군이 일개 신하에게 이런 모욕을 받도록 내버려두다니."

왕의 측근인 네 명의 남작들은 왕의 심중을 재빨리 이해했다. 몰래 캔터베리로 떠나 12월 28일 베케트의 침실에 침입한 그들은 평화를 깨뜨렸다는 죄를 물으며 나라를 떠나라고 종용했다. 베케트가 차갑게 거절하자 무기를 들고 다시 오겠노라고 경고했다. 겁에 질린 수도승들은 저항하는 수도원장을 성당으로 몰아넣었다. 이제 베케트는 왼쪽 익랑의 한 기둥 앞에서 다가올 운명을 기다렸다. 죽음을 앞두고 격투가 벌어진 것으로 보아, 살인범들은 그를 때려죽이기보다는 납치하려 했던 것 같다.

헨리 2세는 공범 의혹에서 벗어날 길은 하나밖에 없음을 깨달았다.

맨발에 참회복 차림을 하고 캔터베리로 순례를 떠난 것이다. 왕은 눈물을 흘리며 순교자의 무덤에서 기도하고 80명이나 되는 수도승 각각에게 채찍질을 해달라고 청했다.

캔터베리를 순례한 것은 왕만이 아니었다. 범행이 며칠 지나지도 않았는데 사람들의 행렬이 이어졌다. 살인 현장에서 기도를 올려 병을 치유하려는 사람들이었다. 캔터베리는 — 로마, 산티아고 데 콤포스텔라와 함께 — 기독교 최고의 성지로 부상했다. 특히 이재에 밝은 수도승들이 대량으로 만들어낸 '성 토머스 성수'가 인기 품목이었다. 성자를 죽인 자들이 법정에 서지도 않은 채 아무 일 없이 궁정에 계속 살았다는 사실은 대중의 기억 속에서 점차 잊혀져 갔다.

영국의 과거사를 샅샅이 훑어보던 셰익스피어도 베케트만은 피해 갔다. 가톨릭 성자에 몰두하는 것은 신교가 지배하는 엘리자베스 시대에 권할 만한 일이 아니었기 때문이다. 엘리자베스 여왕의 아버지 헨리 8세는 캔터베리 성지순례를 금했고 순교자의 다리를 아무도 모르는 장소에 묻어버렸다.

20세기가 되어서야 베케트 대주교 이야기는 대중적 인기를 끄는 무대 주인공이 되었다. 중세 신비극에서 영감을 받은 T. S. 엘리어트는 — 물론 캔터베리에서 초연한 — 연극 「대성당에서의 살인」(1959)에서 베케트의 순교행위가 의식적인 것이었는지를 묻는다.

반면 장 아누이의 「베케트 혹은 신의 영광」(1959)은 동성애적 기조를 갖는다. 신앙이라고는 전혀 없이 인생을 즐기는 어느 궁신은 자신의 막역한 친구가 성직을 달라고 끈질기게 조르자 왕의 비밀을 고위 성직자에게 누설한다. 아누이 연극을 영화화한 작품에서는 심지어 베케트(리처드 버튼)와 헨리 2세(피터 오툴)가 같은 침대에서 잔다. 정숙한 비평가들에게는 기절초풍할 일이었다.

빈 궁정의 배은망덕

발렌슈타인 일가 살해사건도 이와 매우 유사하다. 이 사건에서도 신성로마제국의 황제 페르디난트 2세는 헨리 2세와 비슷한 행동을 취했다. 1625년 30년전쟁에서 가톨릭 관련 문제로 좋지 않은 상황에 처했을 때, 그는 뵈멘 최고의 대지주 발렌슈타인을 '황제 신민을 다스리는 카포(우두머리)'로 임명했었다. 1630년 발렌슈타인이 덴마크 왕을 몰아내며 자신의 임무를 완수하자 황제는 그를 다시 고향으로 돌려보냈다.

하지만 2년이 지나자 황제는 그에게 친서를 보내 다시 불러들였다. 더 위험한 적이 다가오고 있었기 때문이다. 스웨덴 왕 구스타브 아돌프가 연일 승리를 거두며 독일을 침공하려 하고 있었다. 구스타브 왕은 뤼첸 전투에서 죽었지만 스웨덴 군은 물러나지 않았다. 발렌슈타인은 스웨덴 군을 성급하게 공격하지 않았다. 1633년 스웨덴 군을 오버팔츠 지방에서 몰아내라는 명령이 내려왔지만 그는 거부했다. 아군의 상황이 아직 그럴 때가 아니라는 판단 때문이었다.

하지만 빈 궁정은 이에 심한 불쾌감을 드러냈다. 익명의 전단이 스웨덴 군과 비밀리에 내통한다는 죄로 그를 고발했다. 이 고발의 내용이 구체적으로 무엇이었는지는 아직까지도 논란의 대상이다. 반역의 결정적인 증거는 찾을 수 없었다. 어쨌든 그가 황제의 선교 열망을 함께하지 못하고 화해 조약을 구상했다는 점은 사실이다. 강제적인 휴직 상태에서 그는 심지어 스웨덴 국왕과 공동 작전을 논의하는 편지를 교환하기도 했다. 그러나 발렌슈타인에 대한 재판은 성사되지 않았다.

빈 궁정은 말썽 많은 용병대장을 다시 한 번 해임하기로 결의했다. 그러나 군대의 폭동을 막기 위해서는 우선 주요 지휘관들을 한 편으로 만들어야 했다. 발렌슈타인이 사태를 눈치채지 못했을 리가 없다. 1634년 1월 12일 그는 필젠에 지휘관들을 집합시켜 무조건적 복종을 명령했다. 궁정에서는 '필젠 모의'를 국가반역자와 적의 결탁, 내지는 빈 침공의 전조로 해석했다. 1월 24일 황제는 발렌슈타인의 지휘권을 박탈하는 내용의 비밀 명령을 내렸다. 발렌슈타인과 주모자 일로브와 트르츠카 ─ 실러의 희곡에서는 일로와 테르츠키 ─ 는 "가능한 한 어떻게든 체포해서 빈으로 이송하거나, 경우에 따라서는 (죄인으로 입증되었기 때문에) 죽일" 수 있었다.

2월 13일 발렌슈타인 체포는 실패했다. 그가 주둔지를 바꾸고 부대를 도시로 보냈기 때문이다. 해임 명령이 내려진 후로 그는 적진 작센으로 몸을 피하기로 결심했다. 도중에 경기병 연대의 버틀러 대령을 만났다. 이 아일랜드 출신 대령은 앞서 '필젠 모의'에 서명을 했었다. 지나치게 남을 잘 믿었던 발렌슈타인은 그에게 대열에 가담할 것을 명령했다. 버틀러는 해임 건을 알고 있었지만 야전사령관의 명령에 감히 복종하지 않을 수 없었다.

2월 25일 체류지인 에게르에서도 영어를 쓰는 사람들이 있었다. 국경 요새를 방어하는 연대 선두에 있던 두 명의 스코틀랜드인 고든과 레슬리였다. 버틀러는 그들과 저녁식사를 하면서 급속하게 가까워졌다. 발렌슈타인으로부터 자신의 집을 팔아달라는 부탁을 받았던 고든은 소심한 사람으로, 도망갈 것을 충고했다. 버틀러는 망설였다. 발렌슈타인을 죽이자는 제안을 처음으로 한 사람은 레슬리였다. 어차피 추방당한 사람이기 때문이라는 것이다.

그러나 일단 '추종자들'을 제거하는 것이 급선무였다. 일로브, 트르츠카, 트르츠카의 처남 킨스키, 트르츠카의 전령인 기마대장 니만 등의 추종자들은 성에서 열리는 향연에 초대받아 그곳에서 무참히 살해당했다. 야전사령관 살해를 맡은 사람은 버틀러 연대에 속한 대위 드베루였다. 드베루는 발렌슈타인의 침실에 침입해서 그를 칼로 찔러 죽였다.

너무 독립적이라서 눈엣가시였던 총사령관을 황제는 드디어 없애 버리는 데 성공했다. 하지만 토머스 베케트가 죽은 후 헨리 2세가 그랬듯, 행복한 삶만 남은 것은 아니었다. 죄인의 말을 청취하지 않고 사형선고를 내리는 것은 당시에도 숱한 의심과 소문을 낳았다. 10여 종류의 전단들이 피살자 편을 들며 빈 궁정의 야비한 배은망덕을 고발했다. "이쪽저쪽 편의 총애와 증오로 일그러진" 야전사령관에게 관심을 가진 것은 극장들도 마찬가지였다. 발렌슈타인이 죽은 지 몇 년 지나지 않아 유랑극단들은 「폭군 발렌슈타인 장군의 세계적으로 유명한 역사」를 공연했다. 이 연극의 내용은 발렌슈타인이 정치적 공명심 때문에 벌을 받은 것이 아니라 자기 아들과 아들의 애인을 죽게 했기 때문이라는 것이었다.

유랑극단이 공연한 또다른 연극은 「한때 황제군의 장군이며 프릴란트 공작이었던 발렌슈타인의 세계와 그의 삶과 죽음을 통해 본 엄청난 괴물 — 어릿광대와 함께」라는 제목을 달았다. 제목만 보아도 그 괴물이 죄 값을 받을 만했다는 견해였으리라는 것이 확실하다.

1798년과 1799년 바이마르에서 초연된 실러의 「서막과 두 부분으로 구성된 극시」는 완전히 다르다. 그의 발렌슈타인은 우유부단한 전략가로 결국 자신이 조직한 너무 정교한 망에 빠진다. 실러의 동시대인이며 혁명군을 떠나 연합군으로 넘어간 발미 전투의 승자 뒤무리에(Dumouriez)와는 달리 발렌슈타인은 단순한 기회주의자 이상이다. 물론 점성술사의 속삭임에 강하게 의존하기는 하지만 — 역사적 인물 발렌슈타인은 그렇지 않았다 — 정치적 비전을 가진 사람이다.

이 드라마에서 악당은 버틀러(희곡에서는 t가 두 개인 Buttler로 썼다)이다. 그는 발렌슈타인으로 인해 자만심에 상처를 입고 이후로 발렌슈타인을 증오한다. 앞뒤 가리지 않고 무조건 복종함으로써 그는 황제가 내린 사형판결의 형리가 된다. 발렌슈타인의 적수 옥타비오 피콜로미니가 그에게 "전하가 자비를 베풀 시간"을 주지 않고 너무 빨리 행동했다고 비난하자, 그는 태연하게 말한다.

> 무엇 때문에 나를 꾸짖는가? 내 죄가 뭐란 말인가?
> 나는 좋은 일을 했을 뿐,
> 가공할 적들로부터 나라를 해방시키고
> 그 대가를 요구했을 뿐이다.
> 너희와 내 행동의 차이점은
> 단 하나뿐, 너희는 화살촉을 갈았고
> 나는 그 화살을 쏘았다는 것뿐이다.

버틀러는 복종의 대가를 지체하지 않고 받아들였다. 황제는 그를 육군소장으로 임명하고 백작 작위와 함께 훈장을 무더기로 하사했다. 그러나 버틀러는 자신의 신분 상승을 오래도록 즐길 수 없었다. 훈장을 받은 그해에 죽었기 때문이다.

요람 속의 아기

발렌슈타인의 경우와 달리 실러의 마지막 드라마 『빌헬름 텔』(1804)의 주인공은 실존 모델이 없는 전설상의 인물이다. 빌헬름 텔의 특성을 갖춘 인물은 문헌상으로 찾아볼 수 없다. 목표를 정확하게 명중시키는 명사수도, 가학적인 태수 게슬러의 제물도 역사 속에는 존재하지 않는다. 다만 정치적 살인을 미화했다는 오해에 대처하기 위해 실러는 5막에 역사적 인물을 등장시켰다. 1308년 유산 문제로 삼촌인 독일 왕 알브레히트 1세를 살해한 슈바벤 대공 요한 파리치다이다. 텔은 수도승으로 변장한 파리치다에게 이렇게 설교한다.

> 당신은 명예욕이 낳은 잔인한 범죄를
> 아버지의 정당한 방어와 혼동할 수 있나?
> 아이들의 사랑스런 머리를 지켜봤나?
> 성스러운 양떼를 보호해 봤나? 당신이 가진
> 가장 끔찍한 것, 최후의 것을 못 오게 막아봤나?
> 난 하늘을 향해 깨끗한 두 손을 높이 든다.
> 당신과 당신의 행위를 저주한다. 당신이
> 더럽힌 성스러운 자연을 대신해 복수한다.

당신과 나는 아무것도 같지 않다. 당신은
살인을 한 것이고, 나는 가장 소중한 것을 지킨 것이다.

역사적 인물 파리치다는 스위스의 빌헬름 텔에게로 도망간 것이 아니라 황제의 은사를 받으려는 희망으로 피사로 갔다. 그러나 은사 대신에 황제는 그를 감옥에 가뒀고, 1313년에 감옥에서 죽었다.

역사적 사실이든 아니든 스위스 국민들은 『빌헬름 텔』을 국민 드라마로 선택했다. 독일 국민 드라마 『파우스트』(1808)에서도 죽은 사람들이 나온다. 처음에는 그레트헨의 어머니가 살해되고, 다음에는 그녀의 오빠가, 마지막에는 그녀의 아이가 살해된다. 그레트헨 비극은 파우스트 전설에 괴테가 덧붙인 독창적인 산물이다(역사적 인물 파우스트는 오히려 소년에게 관심이 많았다).

1772년 1월 괴테는 고향도시에서 어느 유아 살인범의 목이 잘리는 광경을 지켜보았다. 수잔나 마가레타 브란트라는 이름의 이 여인은 여관 '일각수'의 종업원으로, 떠돌아다니는 금세공사의 아이를 임신했다. 아기가 세상에 태어나자 겁에 질린 그녀는 가위로 아기를 찔러 죽였다. 이 가위는 아직도 프랑크푸르트 시립문서실에 보관되어 있다. 법률가가 되려고 생각했던 괴테에게 처형 장면은 큰 충격이었다.

타락한 여인의 절망을 무대에 올린 사람은 괴테가 처음이 아니었다. 하인리히 레오폴트 바그너의 비극 「유아 살인범」(1776)에서 여주인공은 어느 양심 없는 군인이 남긴 사랑의 결실을 제기히고 그 때문에 사형선고를 받는다. 이와 병행해서 유아 살인범에 대한 사형을 철폐하려는 노력이 전개되었다. 독일에서는 이미 19세기에, 영국과 프랑스에서는 20세기에 와서야 시작된 일이다.

'유아 살해'라는 주제는 후대 극작가들에게도 매력적이었다. 게르하르트 하우프트만은, 갓 태어난 아이를 죽인 혐의로 기소된 시골 노동자 여인에 대한 재판에 배심원으로 참여한 이후 비극『로제 베른트(Rose Bernt)』(1903)를 썼다.

영국 작가 에드워드 본드의 두 번째 작품『구원받음(Saved)』(1965)은 작가를 유명하게 만들기는 했지만, 요람 속의 아기가 놀림을 받고 괴롭힘을 당한 후 돌로 맞아 죽어가는 잔인한 장면 때문에 금서가 되었다. 본드는 자신을 변명하기는커녕 오히려 검사에게 도발적으로 이렇게 말했다. "런던파크에서 아기를 돌로 쳐죽이는 것은 영국인에게 전형적인, 억제된 표현입니다. 독일 도시들의 '전략적인 폭격'과 비교하면 이는 풋내기의 장난에 불과하며, 우리 아이들의 문화적·정서적 빈곤과 비교해 보아도 미미할 뿐입니다."

독일 극작가 게오르크 뷔히너의『보이체크(Woyzeck)』(1836)에서 살해되는 것은 사생아가 아니라 부정을 저지른 애인이다. 뷔히너는 그리 오래되지 않은 한 사건에 기초를 두었다.

1821년 6월 2일 가발 제조사 요한 크리스티안 보이체크가 질투심 때문에 애인 요한나 보스트를 칼로 찔러 죽였다. 보이체크는 3년 후 라이프치히 광장 앞에서 참수되었다.

보이체크에 대한 재판은 상당히 오래 진행되었었다. 의사들이 피고의 책임능력에 의심을 가졌기 때문이다. 감정이 공표되었고, 감정서는 다름슈타트 궁정의의 서고에 보관되었다. 궁정의의 아들이 바로 게오르크 뷔히너였다. 그는 방학 동안 다름슈타트에 머물면서 이 감정서를 토대로 드라마를 집필했다. 드라마는 미완성이었기 때문에 오랫동안 방치되어 있다가 1879년에야 작가의 전집에 포함되었다. 처음에는 『보체크(Wozzeck)』라는 잘못된 제목으로 나왔다. 뷔히너가 손으로 쓴 원고의 상태가 좋지 않아 편집자가 제대로 알아보지 못한 것이다. 문헌학자들이 사건을 연구해서 이름을 고쳤을 때에는, 이미 알반 베르크가 이 작품을 오페라로 만든 후였다.

정치적 살인

'정치적 살인'이라는 모티프는 셰익스피어와 실러만 전세 낸 것이 아니라 오랫동안 극작가들이 가장 선호하는 소재였다. 일부 작가들은 역사적 사건을 골라 극화했고, 다른 작가들은 판타지에 의존하는 것을 좋아했다.

사르트르의 성공작 『더러운 손』(1948)은 동유럽의 가상 국가 일리리아를 배경으로 한다. 당의 명령으로 위고에 의해 사살되는 변절자 에드레르는 허구 인물이다. 그러나 그를 보면 1940년 스탈린의 명령으로 살해된 변절자 레온 트로츠키를 연상하지 않을 수 없다. 위고가 출옥했을 때, 당은 '더러운 손'으로 표현되는 에드레르의 노선 — 즉 파시스트와의 전략적 동맹 — 으로 방향 전환을 했다. 결국 이상주의자 위고는 치안교란자라는 당의 판단에 의해 제거된다.

당시 아직 공산주의적 구원이론을 확고하게 믿고 있던 사르트르는 자신의 작품이 미친 영향력에 놀라움을 감출 수 없었다. 정치의식이 있는 관객이라면 스탈린과 히틀러의 협정을 떠올리거나 프랑스 공산주의자들이 전격적으로 노선을 변경한 사실을 기억하는 것이 당연했다. 즉 나치 독일군이 프랑스로 진격해 왔을 때 가장 열렬한 협력자로 변신한 프랑스 공산주의자들을 말이다. 하지만 전쟁 후에 당은 변절행위 따위는 신경도 쓰지 않았다. 게다가 그런 행위를 동정적으로 묘사한 연극이 등장한다 해도 관심을 표할 이유가 없었다. 사르트르는 상연을 중단시켰다.

페터 바이스(Peter Weiss)의 경우는 살인범에게 공감해야 하는지 피살자를 동정해야 하는지 결정하지 않는다. 그의 『마라와 사드』(1964)는, 찬성과 반대가 정신병원에서 논의되는 천재적인 아이디어의 작품이다.

피에 굶주린 혁명가 마라는 프랑스대혁명 시대인 1793년 7월 13일 샬로트 코르데이라는 젊은 여인에 의해 욕조에서 칼에 찔려 죽었다. 왕당파와 자유파는 이 노르만 소귀족 출신 처녀를, 국가를 위해 생명을 바친 잔 다르크의 고귀한 후예라고 생각했다. 반대로 자코뱅파는 살해를 선전에 이용하기로 결정했다.

자코뱅파의 일원인 화가 자크 루이 다비드는 피살자의 절친한 친구이기도 했다. 죽은 마라를 그린 그의 유명한 그림 「마라의 죽음」은 ― 현재는 브뤼셀에 있지만 ― 루브르 안에 전시되어 열렬한 환영을 받았다. 관현악단이 연주하는 가운데 온갖 정치적 클럽들, 조합들, 헌법기관 파견단들이 줄을 지어 이 그림을 관람했다. 행렬의 마지막은 흰 옷을 입은 어린 소녀들과 육군부대, 기마부대가 장식했다.

파리의 무대들은 이 고마운 주제를 덮어두지 않았다. 시테 극장은

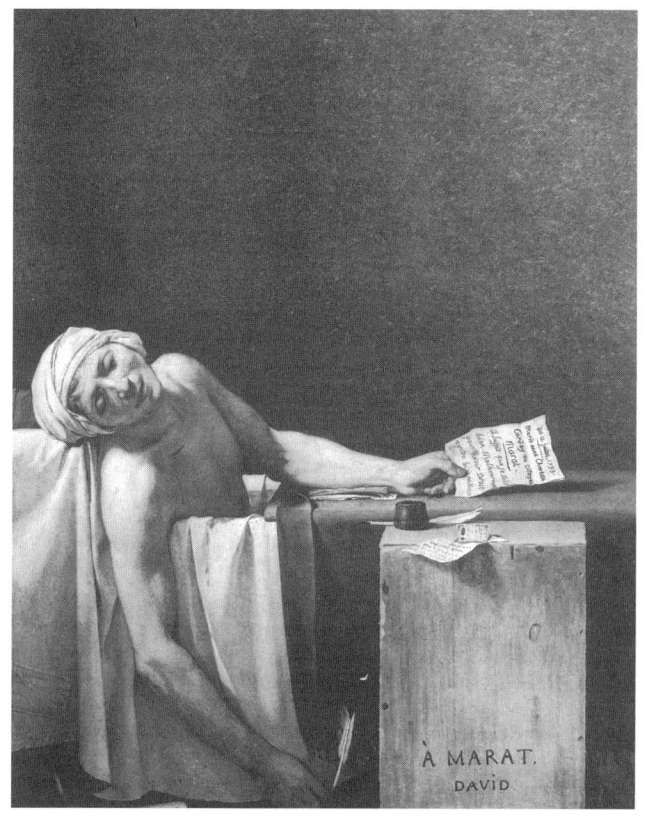

자크 루이 다비드의 「마라의 죽음」.
다비드는 자코뱅파의 일원이자 피살자의 절친한 친구이기도 했다.

관객들에게 「불행한 마라의 죽음과 극락의 땅으로의 승천」을 프로그램에 넣었다. 에스플라나드 극장은 「올림포스의 마라」라는 제목의 오페레타를 상연했는데, 국민적 영웅에게 심지어 노래까지 부르게 함으로써 경쟁에서 한 발 앞섰다. 스탈린의 전시재판과 죽음의 수용소를 보고도 모른 척했던 프랑스 지성인들에게 장 폴 마라는 국민 영웅으로 남았다. 마라와 이름이 같은 사르트르는 이렇게 선언했다.

"본디 혁명정부란 위협이 되는 일정 수의 개인들을 떨쳐내야 한다. 그리고 내가 보기에 그 방법으로 죽음보다 좋은 것은 없다. 감옥에 처넣으면 언제든 다시 나올 수 있기 때문이다. 1783년 혁명군은 아마도 끝없이 많은 사람을 살해했을 것이다."

물론 다른 사상을 가진 사람을 박해하고 살해하는 것은 혁명으로 세계를 바꾸려는 사람들만의 독점물은 아니다. 드라마『시련(Crucible)』(1953)에서 아서 밀러는 19명의 죄없는 사람들이 고문을 당하고 사형선고를 받은, 매사추세츠 주 세일럼의 마녀재판을 환기시켰다. 밀러의 경고에는 그럴 만한 이유가 있었다. 그가 작품을 쓰는 동안 미국에서는 또다른 마녀재판이 진행 중이었던 것이다. 맥카시 상원의원이 공산주의, 동성애, 그 밖의 '비미국적 활동'을 대상으로 벌인 마녀재판이었다.

관은 복수할 사람이 이미 준비했다

블랙코미디『노부인의 방문』(1956)에서 스위스의 극작가 프리드리히 뒤렌마트는 그런 마녀재판이 어떻게 조직적으로 일어날 수 있는지를 보여준다.

미국인 백만장자 클레어 차하나시안은 젊은 시절의 애인 알프레드 일에게 복수하기 위해 스위스의 고향도시로 돌아온다. 과거 알프레드는 둘 사이에 생긴 아이의 아버지임을 부인했고, 그 때문에 그녀는 수치스럽게 마을을 떠나야 했었다. 이제 그녀는 관을 가져왔다. 그리고 마을 주민들에게 배신자를 죽여서 가져온다면 거액의 현상금을 주겠다고 제안한다.

그녀의 뻔뻔한 제안에 대한 분노는 거셌지만 곧바로 수그러든다. 시장이 우아한 해결책을 찾는다. 시민대표부가 데리고 온 알프레드 일이 직접 수표를 받는다. 무리에 둘러싸인 그에게 몇 초 동안 ― 관객은 정확히 알 수 없지만 ― 무슨 일이 벌어진다. 그리고 나서 시민대표부가 흩어지면 그가 죽은 채로 땅에 쓰러져 있다. "심장마비입니다"라고 의사가 확인한다. 만족한 노부인은 무거운 관을 가지고 떠나고 마을 주민으로 구성된 합창대가 횡재에 감사하는 찬양을 한다.

한편 영국 연극계의 '앙팡테리블' 조 오튼은 도덕적인 교훈에 관심이 없었다. 그가 쓴 멋진 소극들은 살인을 웃음의 수단으로 삼는다. 물론 범인은 속죄하지 않는다. 첫번째 작품 『슬론 씨 즐겁게 하기』(1964)에서 잘생긴 주인공은 집주인의 아버지를 죽인다. 자신이 이전 사장을 죽인 살인범이라는 사실을 그가 알아냈기 때문이다. 아들과 딸은 살인범을 신고하는 대신 성적 노리개로 삼기로 결정한다.

오튼은 『약탈』(1965)에서도 범인에게 감옥생활을 경험하게 하지 않는다. 간호사 페이는 젊은 나이에도 불구하고 벌써 7명의 남편을 비롯해 여러 사람을 지하세계로 보낸 악녀다. 하지만 그녀의 계략을 알아차린 트러스코트 경위는 그녀가 마지막으로 죽인 여자의 남편에게 혐의를 돌린 채 이 돈벌이가 될 법한 사업에 직접 파트너로 참여한다. 작가 오튼의 삶은 자신의 작품과는 달리 기분좋게 끝나지 못했다. 1967년 그는 질투심에 휩싸인 동성 애인 케네스 할리웰에게 망치로 얻어맞아 죽었다.

물론 무대에 등장하는 경찰관들이 모두 트러스코트 경위처럼 부패한 것은 아니다. 영화와 TV가 이 장르를 점유하기 전, 탐정 이야기를 체험하고 싶은 사람들에게 주어진 통로는 연극이었다. 많은 탐정 이야기가 무대에서 제2의 경력을 쌓았다. 앞서 살펴보았듯, 우리가 셜록 홈즈라고 알고 있는 사진은 원래 극작가이자 연출가이며 배우인 윌리엄 질레트의 모습이다. 그는 30년 동안 대서양 양편에서 홈즈로 살았다. 질레트는 헌팅캡과 케이프가 달린 외투, 구부러진 파이프로 장식한 채 이 유명한 말을 만들어냈다. "와트슨, 그건 기본일세."

1952년부터 런던 극장에서 중단 없이 상연되고 있는 애거서 크리스티의 『쥐덫』은 더욱 성공적이었다. 연극이 끝날 때 관객들은 살인자가 누구인지 발설하지 말라는 엄중한 부탁을 받는다. 이 비밀은 모두가 훌륭하게 지키고 있다.

영국의 정치가이자 베스트셀러 작가인 제프리 아처(Jeffrey Archer)의 『피고인』(2001)은 그렇게 오래 상연되지는 않았다. 그럼에도 불구하고 웨스트엔드 관객들은 이 범죄물을 지금까지 보아온 연극 중에서 가장 특이한 작품으로 꼽는다. 관객들은 마지막 장면에서 패트릭 셔우드 박사가 아내를 진짜 독살했는지 아닌지 투표를 해야 한다. 투표가 특별히 매력적이었던 것은, 피고를 연기하기도 했던 작가 제프리 아처가 실제 형사재판에서도 피고였다는 사실 때문이었다. 살인이 아니라 위증에 관한 재판이었다.

과거에 그는 자신이 창녀에게 입막음용 돈을 지불하는 것을 목격했다고 보도한 어느 선정적인 신문을 고소하고 피해보상금으로 50만 파운드를 얻어냈었다. 그러나 14년이 지난 후, 당시 그에게 알리바이를 제공했던 증인이 위증이었음을 자백했다. 연극에서는 대부분의 관객이 피고 셔우드 박사에게 무죄를 선언한다. 하지만 실제로 작가는 그렇게 관대한 처분을 받지 못했다. 그는 4년 금고형을 선고받았다.

테러의 제왕

프랑스 범죄 장르가 만족시켰던 것은 또다른 본능이었다. 이에 대해서는 문학사 대부분이 수치스럽게 회피하곤 한다. 그랑기뇰(19세기 말부터 20세기 초까지 파리에서 선풍적 인기를 끌었던 잔혹극. 유령이나 괴물, 잔인한 살인, 강간, 폭동 등을 다루었다 – 옮긴이)은 자연주의 연극의 어린 가지였으며, 에밀 졸라가 묘사한 인간 야수를 독자의 판타지에만 맡기지 않고 직접 무대 위에서 보여준 장르였다. 이 밭을 일구어 가장 큰 수확을 거둔 작가는 『테러의 제왕』으로 경탄을 한몸에 받은 앙드레 드 로드였다.

1901년부터 1926년까지 그는 100편 이상의 작품을 썼고, 이것들은 '웃음과 공포의 극장'에서 관객의 열광적인 호응을 얻었다. 『마지막 고문』(1904)은 의화단의 난이 벌어진 중국을 배경으로 한다. 프랑스 대사관은 몇 주 전부터 포위되어 있다. 특히 용감한 몇몇 사람들은 탈출을 시도하지만 소용없다. 선원

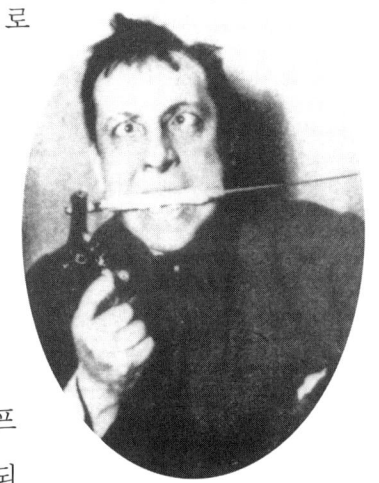

『테러의 제왕』의 작가 앙드레 드 로드. 100편 이상의 잔혹극을 써서 많은 호응을 받았다.

하나가 손이 잘린 채 돌아와서 피가 뚝뚝 떨어지는 팔뚝을 보여주며 안에서 죽어가는 사람들의 고통을 묘사한다. 대사는 자기 딸이 고문을 받으니 차라리 죽이는 것이 낫겠다고 판단해 총을 쏘아 죽인다. 그 순간 연합군이 감금된 사람들을 모두 해방시킨다. 그 순간 대사가 제정신이라면 정상이 아닐 것이다.

『죽은 쥐에게』(1907)에서는 러시아 황제군의 장군 그레고로프가 파리의 어느 유곽에서 레아라는 여인을 알게 되고 이후 그녀와 사적인 만남을 갖는다. 식사를 하면서 와인을 너무 많이 마신 그는 레아에게 자신이 고문하고 죽게 만들었던 혁명군들을 실감나게 묘사한다. 그는 레아가 희생자들 중 한 명의 여동생이라는 것을 알지 못한다. 그가 똑바로 서지 못할 만큼 취하자 그녀는 자신이 누구인지를 폭로하고 그의 목을 조른다.

그랑기뇰은 제2차 세계대전 중에도 없어지지 않았지만, 관객은 눈알이 뽑히고 젖꼭지가 잘리는 데에서 더 이상 즐거움을 느끼지 못했다. 1962년 극장은 문을 닫았다. 마지막 연출자는 이런 말을 남겼다. "전쟁 전에는 무대 위에서 벌어지는 일이 불가능하다는 사실을 모두가 알고 있었다. 하지만 지금 우리는 이것들이 — 오히려 더 끔찍한 일들이 — 현실 속에서 충분히 가능하다는 것을 알고 있다."

오페라 무대라고 해서 과도한 유혈 참사가 없었던 것은 아니다. 오페라는 해방된 감정, 살인의 쾌락을 분출하기에 이상적인 무대이다. 집시 여인은 질투심에 눈먼 애인의 칼에 찔려 죽고(「카르멘」), 색정광 공주는 자신의 유혹에 끝까지 저항하는 성자의 목을 베게 하며(「살로메」), 궁중의 익살광대는 주인을 없애기 위해 직업킬러를 고용하는데 시체를 끌고 올 때 자루 안에 자신의 딸이 죽어 있는 것을 알게 된다(「리골레토」). 이 장면으로 끝나는 베르디의 오페라 「리골레토」는 원작인 빅토르 위고의 극시 『왕이 놀린다』를 레퍼토리에서 완전히 밀어냈다. 『엘렉트라』, 『오셀로』, 『보이체크』 같은 다른 희곡들 역시 오페라로 만들어져 음악과 함께 상연되었다.

몇 개의 기본 규칙은 오페라 작가들이 특히 주목해야 한다. 정치적 살인은 오페라 무대에서 성공하기 어렵다. 그래서 헨델의 오페라 「줄리오 체사레」는 로마 독재자의 종말이 아니라 클레오파트라와의 사랑을 다룬다. 베르디의 「가면무도회」에서도 정치적 음모에 대한 이야기는 남녀간의 사랑 이야기로 바뀐다. 스웨덴 국왕 구스타브 3세는 1792년 귀족들의 반란에 희생되어 죽었다. 반란의 주도자 앙카르스트룀 백작이 배신당한 남편 레나토로 바뀌어 아내의 타락에 대한 복수를 펼친다.

『니벨룽의 반지』는 예외적으로 복수나 질투심이 아니라 돈과 권력을 다룬다. 거인, 난쟁이, 그리고 마지막으로 금발의 지그프리트는 값진 보물을 위해 목숨을 바쳐야 한다. 역사적 실존 인물 살로메(신약성서에 헤로데스의 의붓딸이자 헤로디아의 딸로 나오는 인물. 세례자 요한을 탐했다 – 옮긴이)는 오스카 와일드와 리하르트 슈트라우스의 작품에서 그려진 것과는 달리 헤로데스의 포악한 병정에게 살해되지 않았다. 그녀는 세 아들의 어머니로서 평화롭게 죽었다. 후세에 자신이 어떤 명성을 떨치게 될지는 상상도 못한 채 말이다.

악마가 찾아오는 밤이면

영화와 TV에서의 살인사건

연극이 시작했던 것을 영화는 더욱 발전시켰다. 영화는 기괴한 것, 불투명한 것, 잔혹한 것을 표현하기에 이상적인 매체이다. 영화감독들은 밤과 안개, 어둠침침한 범행 현장, 스코틀랜드 야드의 사무실과 싱싱의 사형수 감방을 표현하는 데 무대보다 스크린이 훨씬 더 효과적이라는 사실을 금방 깨달았다. 그 결과 범죄영화는 범죄연극을 주변부로 밀어내버렸다. 나중에 영화 역시 TV의 범죄 시리즈에 의해 밀려나기는 하지만.

무성영화는 처음에 제한적인 소재만이 허락되었다. 오래 끄는 심문, 장광설의 변론, 천재적 탐정과 그 조수 사이에 벌어지는 입씨름 같은 것은 배제되었다. 당시 세계적인 명성의 정점에 서 있던 독일 영화들에는 실제 암흑가 대신에 초인, 마술사, 뱀파이어와 최면술사가 등장한다. 영화사에 이런 악몽들을 남겨준 것은 위대한 거장들이었다. 로베르트 비네의 「칼리가리 박사의 밀실」(1920), 프리드리히 빌헬름 무르나우의 「노스페라투」(1921), 프리츠 랑의 「마부제 박사」(1922) 등이다.

사회학자 지그프리트 크라카우어는 「칼리가리로부터 히틀러까지」라는 유명한 에세이에서 이런 영화들을 갈색(나치) 테러의 전조라고 해석했다. 이것은 '그 이후에(post hoc)'를 '그 때문에(propter hoc)'로 혼동하는 전형적인 궤변이다. 단순히 시간적으로 앞에 있다고 해서 원인이 될 수는 없다는 말이다.

사실상 이 영화들은 표현주의적 겉옷에도 불구하고 공포낭만주의의 지각생이라 보는 것이 옳다. 공포낭만주의의 음침한 주인공들은 ─ 프랑켄슈타인에서 드라큘라까지 ─ 전 유럽을 열광시켰다. 『드라큘라』 작가의 미망인 플로렌스 스토커는 감독 무르나우에게 표절 소송을 제기해 「노스페라투」를 극장에서 끌어내리는 데 성공했다.

물론 살인을 자연주의적으로 묘사하려는 시도들도 있었다. 에리히 폰 슈트로하임은 「그리드」(1923)의 단 한 장면도 스튜디오에서 촬영하지 않은 점을 자랑스러워했다. 프랭크 노리스의 소설 『맥티그』를 가능한 한 자연에 충실하게 영화화하려는 열의 때문에 그는 장르의 기본 규칙 중 하나를 망각했다. 그는 필름이 잘려나가 7시간짜리 서사시가 2시간 반으로 축소되는 것을 분노에 떨며 받아들여야 했다 (149쪽).

알프레드 히치콕 역시 관객의 취향을 반영해야 했다. 그의 첫번째 성공작 「하숙인」(1926)에서 수수께끼의 임차인은 다름아닌 살인마 잭이었다. 이렇게 시나리오는 예정되어 있었다. 그러나 소녀들로부터 열광적 인기를 누리는 스타 아이버 노벨로가 주인공 역할을 했기 때문에 결말이 변경되었다. 임차인은 피살자의 형제이자 살인마를 추적하는 사람으로 바뀌었다.

기다려, 잠깐만 기다려

사운드는 범죄영화에 예상치 못한 새로운 가능성을 열어주었다. 삐걱거리는 문, 끼익 하고 급제동하는 타이어 소리, 경찰차 사이렌, 총소리와 피살자의 비명…… 이 모든 것을 이제 귀로 똑똑히 들을 수 있었다. 이전에는 즉흥적인 서툰 연주로 그다지 진지하게 받아들여지지 않았던 음악도 이제 매우 중요한 의미를 갖게 되었다. 작곡가들은 최대한 영화 내용을 효과적으로 전달할 수 있는 음악을 작곡하기 위해 노력했다.

작곡가 미클로스 로자가 「이중배상」(1944)의 살인음모 장면에 불협화음의 음악을 삽입하고, 특히 극적인 장면에서 '솔(G)'음과 '솔 올림(Gis)'음이 충돌하게 만들었을 때, 스튜디오에는 대소동이 벌어졌다. 다행히 영화감독 빌리 와일더는 그를 지지했다. 영화음악의 역사에서 실로 대전환을 이룬 사건이었다.

「스펠바운드」(1945)에서 히치콕은 정신병원 원장 그레고리 펙의 강박관념을 표현할 때 기이한 음악을 넣음으로써 신뢰성을 부여했다. 미클로스 로자가 테레민이라는 신디사이저 악기를 이용해 그 유명한 낑낑거리는 효과음을 만들어낸 것이다(악기 발명가 레온 테레민은 나중에 KGB에서 청취 기계 설계자로 일했다).

「사이코」(1960)의 유명한 샤워 신(scene)은 원래 히치콕이 무성으로 계획한 것이다. 그러나 결과가 별로 만족스럽지 않아서 영화를 포기할 생각까지 했다. 그때 작곡가 버나드 헤어만이 사운드를 집어넣는 것이 좋겠다고 건의했다. 그것은 마이크에 가까이 대고 연주한 바이올린 활주로, 날카로운 새소리 같은 것이었다. 결과는 환상적이었다. 45초밖에 안되는 샤워 신은 영원히 끝나지 않을 것처럼 느껴지는 공포의 명장면이 되었다.

몇 년 후 감독과 작곡자의 사이가 벌어지는 사건이 있었다. 헤어만이 「찢어진 커튼」(1966)의 독일 스파이 살인 장면에 12개의 플루트, 16개의 호른, 9개의 트롬본 합주를 넣자고 하자 히치콕은 질 나쁜 농담

히치콕의 영화 「사이코」의 한 장면. 살인범으로 분한 앤소니 퍼킨스가 손님을 기다리고 있다.

프리츠 랑의 영화 「M」에서 다음 차례의 희생양과 함께 있는 배우 페터 로레.
훌륭한 연기를 펼쳐 평생 정신병자 범인 역할만 맡았다.

으로 여겨질 것이라며 대놓고 반대했다. 그로써 10년 동안의 공동작업은 끝이 났다.

독일 영화감독 프리츠 랑은 첫번째 유성영화 「M」(1931)에서 단 하나의 살인만을 보여준다. 굴러가는 공과 공중을 떠다니는 풍선을 통해 매우 재치 있게 표현되는 장면이다. 더욱 경악스럽게 묘사되는 것은 살인범 자체다. 해파리같이 흐느적거리고 울먹대는 살인범 역의 페터 로레는 무의식이 자신을 사로잡을 때마다 그리그(Edvard Hagerup Grieg, 노르웨이의 작곡가이자 피아니스트 – 옮긴이)의 멜로디를 휘파람으로 분다. 결국은 곁에 있던 거지가 이 소리를 듣고 그를 알아본다(사실 주인공 배우가 휘파람을 불 줄 몰랐기 때문에 감독 랑이 불었다고 한다). 당시 이 영화를 본 사람은 하나같이 20년대 독일을 깊은 공포로 몰아넣었던 두 명의 연쇄살인범을 떠올렸다. 프리츠 하르만과 페터 퀴르텐이었다.

영화 「M」은 거리에서 놀고 있는 아이들을 포착하며 시작된다. 아이들은 술래를 정하기 위해 잘 알려진 노래를 부르고 있다. 노랫말을 들은 관객은 이 여행이 어디를 향하는 것인지 단숨에 이해한다.

기다려, 잠깐만 기다려.
곧 하르만이 네게 올 거야.
작은 도끼를 들고 와서 널
소금에 절인 고기로 만들어줄 거야.

하르만은 1923년과 1924년에 하노버에서 27명 이상의 소년들을 성폭행한 후 교살했다. 피살자의 몸을 작은 조각으로 잘라서 소시지로 가공해 아무것도 모르는 주변 사람들에게 먹였다고 한다. 나머지는 라이네 강에 던져버렸다. 처음으로 유골이 인양된 후에 경찰은 강을 수색해서 500개 이상의 시체 조각을 발견했다.

1929년과 1930년에 뒤셀도르프에서 범죄행각을 벌였던 퀴르텐은 소녀와 젊은 여자들을 대상으로 했

뒤셀도르프 부녀자 살인범 페터 퀴르텐

다. 기소된 범죄는 9건의 살인과 7건의 살인미수였다.

하르만과 퀴르텐은 사형선고를 받고 교수형에 처해졌다. 「사이코」에서 죄책감에 괴로워하는 살인범 역의 앤소니 퍼킨스처럼, 「M」의 페터 로레 역시 훌륭한 연기를 펼쳐 평생 정신병자 범인 역할만 맡아야 했다.

갱스터 무비

유성영화가 처음으로 일종의 학파처럼 인식된 장르는 서부영화의 도시판 격인 갱스터 무비(범죄영화를 가리키는 장르로, 암흑가의 폭력조직, 특히 미국 금주법시대인 1920년대의 폭력조직을 묘사한 액션영화 - 옮긴이)였다. 관객이 암흑가에 열렬한 관심을 보인 것은 놀라운 일이 아니었다. 10년 전부터 사람들은 신문에 실린 자극적인 스토리에 익숙해져 있었기 때문이다.

미국 갱스터 무비의 발전 과정에서 1919년은 운명적인 해였다. 당시 의회는 주류 수입과 판매를 금지하는 조항을 헌법에 삽입했다. 금주 조항은 나폴리와 시칠리아 '패밀리'들에게 모든 사업가가 꿈꾸는 것, 즉 안정적이고 독점적인 수입원을 선사해 주었다. 물론 그들이 이 사업에 접근하는 유일한 사람들은 아니었다.

갱단이 가장 활개를 치던 1924년 시카고에서 이탈리아인과 아일랜드인 사이에 전쟁이 발발했다. 이 전쟁은 5년 후인 1929년 2월 14일 밸런타인데이 학살사건으로 끝을 맺었다. 알 카포네가 보낸 5명의 저격수가 경찰관으로 변장해서 상대측 7명의 목을 날린 사건이었다. 그럼으로써 아일랜드 폭도들의 미래는 완전히 끝장났다. 끝장나기는 알 카포네도 마찬가지였다. 대살인극을 지휘했다는 증거를 찾지는 못했지만 법정은 탈세혐의를 인정해 금고형을 선고했다. 1939년 출옥했을 때 그는 매독으로 완전히 망가진 폐인이 되어 있었다.

1930년대 초 미국에서 촬영된, 족히 50여 편은 되는 갱스터 무비 중에서 다른 것들보다 약간은 뛰어난 3편의 영화가 있었다. 「작은 시저」(1931)에서 에드워드 G. 로빈슨은 잡범 엔리코 반델로를 연기했다. 엔리코는 거대한 갱단 두목이 되겠다는 꿈을 짧은 시간 안에 실현한다. 하지만 죽마고우 조가 반대하자 차마 그를 없애버릴 용기를 내지 못한다.

「공공의 적(Public Enemy)」(1931)에서 톰 파워(제임스 캐그니)는 도둑으로 출발해서 주류 밀수로 부자가 된다. 그와 그의 파트너가 자신들을 속인 장물아비를 총으로 쏘자, 순식간에 조직 간 전쟁이 벌어지고 모두가 몰살당한다. 톰을 죽인 사람은 시체를 소포처럼 꾸려서 톰의 어머니 집 문 앞에 던져놓는다. 「스카페이스」(1932)에서 하워드 혹스는 타이틀 롤을 맡은 폴 뮤니와 함께 알 카포네의 여정을 묘사한다.

세 영화 모두 주인공의 죽음으로 끝남에도 불구하고 갱들의 성과가 나쁜 것은 아니다. 영화 속에서 갱들의 세계는 고유한 법칙과 도덕을 따르는 '유사 사회'로 조명되었다. 비록 양심이 없는 사회일망정 기본적으로는 자수성가한 노력가들(이들의 출세에 온 미국이 경탄했다)인 것이다. 그들의 옷차림 ─ 검은 양복과 넥타이, 펠트지로 만든 테가 넓은 중절모 ─ 이 얼마나 인상적이었는가 하면, 진짜 갱들이 영화 속의 분신을 유행의 본보기로 삼을 정도였다. 아이러니의 최고봉은 바로 이것이다. '국가의 적 제1호'로 수배전단이 뿌려진 조직의 보스

존 딜링거는 1934년 7월 21일 갱스터 무비를 보고 극장에서 나오던 중 경찰관의 총에 맞아 죽었다.

품위수호단의 항의

1934년의 갱스터 무비는 30년대 초반의 모습과는 달랐다. 가톨릭 주교들이 조직한 품위수호단(Legion of Decency)이 더 엄격한 감독을 펼쳤다. 무절제한 총격 장면은 제한되고 암흑세계 묘사는 더 비판적이 되었다. 1933년 금주법이 없어지면서 범죄사회의 현실도 달라졌다. 갱들은 본래의 사냥터로 돌아갔다. 특히 운송업과 노동조합으로.

이런 상황에서 제작자들을 만족시키는 길은 경찰의 가치를 높여주는 것뿐이었다. 「지멘(G-Men)」(1935)에서 제임스 캐그니는 「공공의 적」에서 보여준 그대로 폭력적이다. FBI의 옷을 입은 것만 다를 뿐. 현실감을 높이기 위해 FBI 수장인 J. 에드거 후버는 심지어 진짜 경찰관들을 촬영장에 보내기도 했다.

또다른 방법은 추리소설의 탐정으로 돌아가는 것이었다. 소설 속 탐정들은 연달아 극장에서 부활했다. 물론 중요한 차이가 있었다. 독자 앞에 어떤 증거도 비밀로 해서는 안되고 독자가 범인을 찾아낼 공정한 기회를 주어야 한다는 황금률은 스크린에서 조건부로만 적용되었다. 마술사가 모자에서 하얀 비둘기를 꺼내듯, 마술처럼 사건을 해결하는 경우도 자주 있었다.

유성영화 초기에 가장 성공한 탐정은 얄궂게도 범인을 체포하는 데 전혀 관심이 없는 어느 방탕한 남자였다. 영화 「씬 맨(The Thin Man)」

(1934)에서 닉 찰스(윌리엄 포웰)는 술병에만, 그리고 엄청나게 부자지만 음주에 있어서는 막상막하인 아내 노라에게만 헌신적이었다. 영화는 대히트를 쳤고, 스튜디오는 닉과 노라가 등장하는 5편의 범죄영화를 더 촬영했다. 물론 그 중 어느 것도 첫 영화에 필적하지는 못했다.

갱스터 무비는 완전히 죽지 않고 무수한 B급 영화로 살아남았다. 값싸고 상투적인 B급 영화들은 주류 영화와 함께 미국 관객들의 기대를 모았다. 수준 높은 감독들 역시 때때로 그런 영화들을 만들곤 했다. 윌리엄 프리드킨 감독은 「프렌치 커넥션」(1971)에서 잔인한 딜러와 잔인한 경찰의 결투를 묘사했다. 3부작 대서사시 「대부」(1972, 1974, 1990)에서 프랜시스 포드 코폴라 감독은 마피아 왕조의 드라마를 펼쳤다. 마치 독일 제강업자 크루프나 미국의 사업가 록펠러의 출세와 몰락을 다루는 식으로 말이다.

하지만 대부분의 감독들은 갱스터 무비를 웃음거리로 만드는 편을 더 좋아했다. 「뜨거운 것이 좋아」(1959)에서 빌리 와일더 감독은 두 명의 음악가에게 밸런타인데이 학살사건을 우연히 목격하게 한다. 이후 포복절도할 과정이 진행된다. 존 휴스턴 감독의 「프리지스 아너」(1985) 역시 살인청부업자의 불문율을 우스꽝스럽게 표현한다. 엄격한 그 원칙은 이렇다. "우리가 죽이는 것은 상대방뿐이다."

필름 누아르

존 휴스턴의 첫 영화 「말타의 매」(1941)는 40년대 할리우드에 등장한 새로운 조류, 즉 필름 누아르(주로 암흑가를 무대로 한 1940~50년대의 할리우드 영화를 가리킴 – 옮긴이)의 고전적인 예였다. 불경기, 전쟁, 유럽에서 물밀 듯 들어오는 이민자 등 사회 분위기는 완전히 달라져 있었다. 베를린과 빈 출신 감독들은 독일 표현주의의 음침한 미학을 캘리포니아의 밝은 태양 아래로 가져왔을 뿐 아니라 대쉬엘 해미트와 레이먼드 챈들러 같은 미국 작가들의 냉혹한 세계관 역시 공유했다. 추리소설을 선과 악의 단순한 투쟁으로 제시하기를 거부했던 작가들의 세계관 말이다.

범죄는 도처에서 발생한다. 가장 일어나지 않을 것 같은 곳, 사회의 유력인사들이 포함된 모든 곳에서. 해미트의 소설과 휴스턴의 영화에 등장하는 유일한 살인자는, 탐정 샘 스페이드(험프리 보거트)의 애인이다. 탐정은 그녀를 경찰에 넘기지 않을 수 없다.

이런 영화들 대부분에서 여성이 결코 죄없는 희생양이 아니라 겉보기와는 딴판으로 교활한 존재로 그려지는 데는 그럴 만한 이유가 있다. 필름 누아르가 성적 전형성을 깨부수는 데 중점을 두었기 때문이다. 빌리 와일더 감독의 「이중배상」(1943)에서 애인의 남편을 죽인 보험 외판원은 자신이 걱정 없이 황혼기를 함께 보내고 싶었던 여인이 사실은 범죄적 에너지가 자신을 훨씬 능가하는 사람이라는 사실을 깨닫는다.

오토 프레밍거 감독의 「로라」(1944)에서 로라 역시 결국은 피살자가 아니라 용의자로 밝혀진다. 사건을 추적하는 수사관이 로라의 매력에 취해 소위 네크로필리아(시체 애호증)의 경향을 보여주는 동안, 죽은 줄 알았던 여인이 살아나면서 사건은 미궁 속으로 빠져든다.

『빅 슬립』의 시체들이 어떻게 죽음에 이르렀는지, 1946년 챈들러의 이 소설을 영화화한 하워드 혹스 감독은 전혀 이해하지 못했다. 분명한 것은 약물중독에 빠진 카르멘이 은밀히 일을 진행했고 동생 비비안은 그녀를 덮어주려 한다는 것뿐이다. 마지막에 카르멘은 시설에 입원하고, 완고한 염탐꾼 필립 말로는 비비안과 팔짱을 끼게 된다. 이 두 역할을 연기한 험프리 보거트와 로렌 바콜은 실제로도 비공식적인 연인이 되었다.

프랭크 카프라 감독의 공포코미디 「비소와 낡은 레이스」(1944)에서 연쇄살인을 저지른 사람도 여성이다. 물론 행방불명되었다가 갑자기 귀환을 신고한 그녀의 조카 역시 대단한 사냥꾼임이 폭로된다.

히치콕, 사디스트이자 여성혐오자

범죄영화의 가장 뛰어난 장인은 알프레드 히치콕이다. 그는 전쟁 전 최적기에 고향 영국을 떠나 할리우드의 이민자 대열에 합류했다. 「39계단」(1935), 「이창」(1954), 「북북서로 진로를 돌려라」(1959) 등 최고의 영화에서 히치콕은 긴장과 유머의 칵테일을 조합해 냈다. 히치콕의 작품들은 오늘날의 관객들에게도 여전히 매력적이다.

이 연출의 거장에게 할리우드가 단 한 번의 오스카상만을 선사했다는 점만 보아도, 할리우드가 스릴러 장르를 얼마나 저급하게 여기고 있는지를 알 수 있다. 히치콕이 받은 유일한 오스카상은, 흔히 죽음이 가까워졌다는 전조로 여겨지는, 악명높은 '평생공로상'이었다. 상을 받고 나서 히치콕이 남긴 인사말은 할리우드 역사상 가장 짧은 것이었다. 그는 "땡큐"라고 말하고 극장을 나갔다. 반 년 후에 그는 세상을 떠났다.

클로드 샤브롤과 프랑수아 트뤼포 같은 프랑스 비평가들은 히치콕을 누벨바그(1950년대 후반 프랑스에서 젊은 영화인을 중심으로 일어난 영화운동으로, 기존의 영화 작법을 타파하고 즉흥 연출, 장면의 비약적 전개, 대담한 묘사 따위의 수법을 시도했다 – 옮긴이)의 지도자로 칭하고 자신들의 지향점, 즉 작가(auteur)라고 선언했다. 트뤼포와 히치콕 사이에 오고간 유명한 대화는 영화 역사상 지적 역량과 완벽주의가 무엇인가를 보여준 최초의 증거자료이다(트뤼포는 1962년 히치콕과 50시간 동안 인터뷰한 내용을 정리하고 보완해 『히치콕과의 대화』를 펴냈다 – 옮긴이).

자신의 영화에 대사 없는 단역으로 출연하는 것을 본 사람이라면 모두 알고 있겠지만, 이 작고 뚱뚱한 남자는 자신의 일에서는 철저하게 완벽을 추구했다. 두 사람의 대화는 보통 사람들이 잘 모르는 히치콕의 또다른 모습을 어렴풋이나마 알게 해주었다. 즉 범접하기 어려운 금발의 여인과 범인에게 쫓기는 젊은 아마추어 탐정이, 결혼을 약속하기 전에 어쩔 수 없이 거쳐야 하는 사디즘적 상황 같은 것 말이다. 히치콕의 여성혐오증에 관해서는 수많은 문헌이 존재한다. 반면 클로드 샤브롤은 가톨릭 신앙을 히치콕 영화의 가장 심오한 추진력으로 보았다.

사실 적지 않은 히치콕 영화가 실존 인물을 모델로 삼았지만, 이 사실은 별로 중요하게 다루어지지 않아왔다. 「의혹의 그림자」(1943)에서 좋은 삼촌이지만 나중에 '명랑한 과부들을 죽인 살인범'으로 밝혀지는 찰스 오클리는 1928년 위니펙에서 교수형을 당한 연쇄살인범 얼 넬슨의 특징을 지니고 있다. 「로프」(1948)는 동성애자이며 니체주의자인 젊은이 나탄 레오폴드와 리처드 로에브 사건을 변주한 것이다. 이 두 젊은이들은 기독교-유태교의 노예도덕의 사슬로부터 해방되었음을 증명하기 위해 열네살 소년을 죽였다.

「사이코」의 정신병자 살인자 노먼 베이츠는 도굴범이자 부녀자 살인범인 에드워드 게인과 똑같은 맥락의 인물이다. 에드워드 게인은 축제를 맞이해서 자기 집과 자기 몸까지 시체 토막들로 장식한 정신병자였다. 게인은 1958년 정신병자 전용 교도소에 수감되어 1984년에 죽었다. 「프렌지」(1972)는 릴링턴 광장 10번지에서 일어난 부녀자

캐리 그랜트가 아내에게
가져다주는 우유 속에는
무엇이 들었을까?
(히치콕의 「서스피션」에서)

살인사건에 대한 주석으로 이해할 수 있다. 이 사건에서 처음에는 티모시 에반스가, 다음에는 존 크리스티가 처형되었다. 에반스는 사후에 무죄가 인정되었다(308쪽). 히치콕에게도 살인범은 단 한 명이다.

물론 범죄영화를 만든 영국 출신 영화감독이 히치콕 한 명만은 아니었다. 1949년 대작 두 편이 동시에 극장에 걸렸다. 캐롤 리드 감독의 「제3의 남자」와 로버트 헤이머 감독의 「친절한 마음과 왕관」이었다.

「제3의 남자」의 감독과 그 시나리오 작가 그레이엄 그린, 그리고 완벽한 연기를 펼친 배우들은 전쟁 후 완전히 파괴되어 점령지대로 분리된 빈의 잊을 수 없는 모습을 그려냈다. 순진한 어느 미국인은 암거래, 사기, 살인이 난무하는 이 세상에서 선과 악이 서로 구분할 수 없을 정도로 가까이 존재하고 있음을 알게 된다. 영화가 세계적으로 성공한 데는 특히 안톤 카라스의 음악이 크게 기여했다. 그의 손에 의해 빈 지하 맥줏집에 울리는 치터(독일, 오스트리아의 민속 현악기 – 옮긴이) 연주는 「스펠바운드」에서 테레민이 들려준 낑낑거리는 소리보다 더 강한 긴박감을 창출했다.

「친절한 마음과 왕관」은 영국 계급사회를 조롱한다. 주인공은 신분에 어울리지 않는 결혼을 통해 태어난 야심 많은 젊은이다. 그는 자신이 공작 작위를 당연히 받아야 한다고 생각하고, 유산 상속에 걸림돌이 되는 8명의 대스코인 집안 사람들을 살해한다. 주인공에게 살해당하는 8명 모두를 알렉 기네스가 혼자 연기한 것으로도 유명하다. 시나리오까지 썼던 감독이 계급사회를 어떻게 보았는가는, 이 영화에서 유일하게 교양 있는 인간이 대량살인범이라는 점에서도 읽을 수 있다. 그가 죽이는 대(大)귀족 희생자들은 모조리 비열한 속물들이다.

사랑도 죄가 될 수 있는가

영국과 미국 범죄영화에서는 돈과 권력에 대한 야욕이 살인에 이르는 주요 동기다. 반면 프랑스의 경우는 사랑이 문제다. 장 르누아르 감독의 「랑주 씨의 범죄」(1935)의 주인공 아메데 랑주는 라이벌을 총으로 쏘고 애인 발랑탱과 함께 벨기에 국경으로 도망간다. 그곳 어느 호텔에서 발랑탱은 손님들에게 자신의 이야기를 들려주는데, 손님들은 피살자가 비열한 자본가였다는 사실을 알자 신고하기를 그만둔다. 죽은 사람에게 연대감을 가질 필요가 없다고 생각한 것이다. 사랑의 커플은 구원받는다.

마르셀 카르네 감독의 「안개 속의 항구」(1938)에서 탈영병 장(장 가뱅)의 경우는 다르다. 그는 르아브르 항구에서 자신을 안전한 외국으로 보내줄 배를 수배한다. 그런 다음 목로주점에 간 그는 넬리(미셸 모르강)라는 여인을 알게 되고 그녀와 함께 사랑의 밤을 보낸다. 장은 우여곡절 끝에 넬리의 후견인을 벽돌로 쳐서 죽이고 얼마 후에 자신도 질투심에 가득 찬 연적에게 총을 맞는다. 넬리의 품 안에서 죽어가는 동안, 멀리에서 출항하는 뱃고동 소리가 울려퍼진다.

장 르누아르는 『인간 야수』(1938)를, 마르셀 카르네는 『테레즈 라캥』(1953)을 영화화하기도 했다. 두 작품 모두 쾌락과 살인이 등장하는 에밀 졸라의 소설이 원작이다.

누벨바그의 열혈청년들은 아버지 세대의 안일한 극장과 더 이상 관계하고 싶지 않았다. 그러나 에로스와 타나토스, 사랑과 죽음을 연결시킴으로써 그들은 조국의 전통에 여전히 충실했다. 「사형대의 엘리

베이터」(1957)에서 루이 말 감독은, 완벽하지만 곧 뜻하지 않은 결과로 치닫는 살인사건을 묘사한다. 줄리앙은 애인의 돈 많고 늙은 남편을 제거하지만, 사무실에 전기가 끊어져서 주말 내내 엘리베이터 안에 갇혀 있어야 한다. 이것은 그가 철저하게 준비했던 계획을 완전히 망쳐버리는 결과를 가져온다.

장 뤽 고다르 감독의 「네 멋대로 해라」(1959)는 고전적인 미국 갱스터 무비의 변주곡이다. 차이가 있다면 주인공(장 폴 벨몽도)이 경찰을 총으로 쏜 후 도망가는 대신 미국인 여대생(진 세버그)과 함께 태연히 애정행각을 벌인다는 점이다. 이 여대생은 결국 그를 배신한다.

독일 영화계에서는 「M」과 같은 걸작이 다시 나오지 못했다. 주목할 만한 독일 영화의 성과들은 대개 실제 사건과 연관되어 있었다. 에리히 엥겔 감독의 「블룸 사건」(1948)은 1926년 마그데부르크 법원의 명성에 큰 흠집을 낸 어느 스캔들을 다룬다.

한 회사의 장부 담당자 헬링이 실종되자 사장 루돌프 하스가 혐의를 받는다. 경찰과 예심판사는 하스가 세금횡령 사실을 감추기 위해 헬링을 죽인 것이라고 생각했다. 혐의를 둘 만한 증거가 전혀 없었지만 유태인이었기 때문에 하스는 바로 체포되었다. 베를린 경찰국의 어느 수사관이 전과자인 진범을 잡고 그의 집 지하실에서 시체까지 발견하자, 예심판사는 이번에는 하스가 범죄를 사주한 것이라고 주장했다. 그러나 결국은 하스를 석방할 수밖에 없었다. 죄없이 체포된 것과 반유태주의 언론 캠페인에 심한 상처를 받은 하스 부부는 자살을 선택한다.

「악마가 찾아오는 밤이면」(1957) 역시 정신박약 연쇄살인범 브루노 뤼트케의 사건에서 일종의 정치적 고발을 담아 만들어낸 작품이다. 감독이 할리우드에서 돌아온 이민자 로베르트 지오드마크(Robert Siodmak)였다는 점을 염두에 둔다면 놀랄 일도 아니다. 우직하고 선량해 보이는 뤼트케는 80건의 살인을 자백했지만 재판도 없이 몰래 제거되었다. 나치 사법부는 연쇄살인범이 독일 땅을 몇 년 동안이나 활개치고 돌아다녔다는 사실을 감추고 싶었기 때문이다. 영화 속에서 증인들은 뤼트케의 자백이 경찰의 압력에 의한 것이었음을 주장한다. 조사가 이어지고, 결국 뤼트케가 완전히 무죄는 아니지만 적어도 독일 범죄 역사상 가장 부지런한 연쇄살인범은 아니라는 사실이 밝혀진다.

금발 여인을 조심하라

거의 같은 시대, 영화의 왕관을 빼앗아올 수 있는 최고의 매체는 TV라는 점이 분명해졌다. 최초의 범죄물 시리즈는 아직 원시적이었다. 적은 예산으로 좁은 스튜디오에서 생방송으로 촬영한, 단순한 스토리의 드라마였다. 처음으로 성공한 TV물은 「드라그넷(Dragnet)」이었다. 언제나 변함없이 침착한 경사 조 프라이데이 — 작가이자 제작자 잭 웹이 연기했다 — 는 큰 인기를 끌어 이 시리즈는 10년 가까이 (1952~59) 계속되었다. 1982년 웹이 사망했을 때 LA 경찰국은 조기(弔旗)를 걸었고, TV 속의 수사관이 가졌던 714번은 더 이상 사용하지 못하게 되었다.

「페리 메이슨」 역시 적지 않은 인기를 끌었다. 얼 스탠리 가드너의 소설들을 브라운관으로 옮긴 시리즈였다. 9년 동안(1957~66) 재기 넘치는 형사변호사(레이먼드 버)는 자기 고객들을 검사의 손아귀에서 벗어나게 해주었고, 그 옆에서 비서 벨라 스트리트가 충실하게 그를 보좌했다. 벨라는 갈색 머리에 따뜻한 마음씨를 가졌고 조건 없이 상관에게 헌신했다. 반면에 용의자인 팜프 파탈들은 모두 금발이었다.

「드라그넷」은 B급 영화들을 단기간에 시장에서 몰아낸 수많은 TV 시리즈의 표본이 되었다. TV 시리즈에도 확고한 규칙이 있었다. 주인공은 비사교적인 사람으로 미혼남이거나, 결혼을 했다 해도 사생활은 비밀이다. 주인공의 조수는 와트슨 박사처럼 실수를 하거나 성급한 결론을 내린다. 헝클어진 실뭉치를 풀어내는 사람은 주인공이다. 살인범은 절대 외부 인물이어서는 안되며 피살자와 관계가 있어야 한다.

이 규칙들은 이제 더 도식화했다. 수사팀의 전형적인 행동은 시리즈의 '컨셉트'라는 바이블로 확정되곤 한다. 글로 남기지만 않았을 뿐이다. 수사팀을 비롯한 단골손님들을 제외하면 등장인물도 9명을 넘어서는 안된다. 평균 5명이다. 결말 부분이 시작되면 항상 같은 멜로디가 나온다. 「드라그넷」은 이렇게 시작한다. "이곳은 도시다. 캘리포니아 주 로스앤젤레스. 나는 항상 경찰수첩을 가지고 다닌다." 마지막은 이렇다. "여러분이 지금까지 본 이야기는 실화이다. 다만 무고한 사람들을 보호하기 위해 가명을 사용했다."

모든 미국 TV 방송은 제작비를 충당하기 위해 스폰서가 상품을 선전할 수 있도록 9분에서 13분 정도 중단한다. 작가는 연극에서 막이 끝나는 것처럼 처음부터 대책을 마련해야 한다. 가능하다면, 특별히 긴장감 넘치는 순간 소위 '클리프 행어'(손에 땀을 쥐게 하는 순간)에

드라마가 중단되도록 말이다. 스폰서를 고려한다면 방송은 전 가족이 시청하기에 적합해야 한다. 물론 항상 지켜지지는 않는 규칙이다.

한편 형사변호사는 소수에 불과했다. 페리 메이슨의 후임자는 단 한 명, 호레이스 럼폴뿐이었다. 영국의 변호사이자 작가인 존 모티머의 피조물이다. 미국인 동료와 마찬가지로 증인 소환을 즐기며 시가를 피우는, 「베일리의 럼폴 변호사」(1978~92)의 주인공은 수많은 무고한 사람들을 과도하게 열성적인 사법기관으로부터 지켜준다. 최고의 적 벌링엄 판사가 재판장일 경우에도 예외는 없다.

브라운관의 강력계 형사들

시청자들이 메이슨과 럼폴을 경탄의 눈으로 바라본 데서도 알 수 있듯, 결백한 사람에게 무죄선고를 내리는 것보다는 범인을 체포하는 것이 더 멋진 일이다. 관할 경찰서는 범죄 시리즈가 가장 선호하는 배경이었다. 영화배우 레이먼드 버는 메이슨의 변호사 사무소를 떠나 「아이언사이드(Ironside)」(1967~75)의 수사반장으로 나섰다. 이 수사반장은 하반신 불수로 회전의자에 묶여 있지만 불같은 에너지로 범인을 사냥한다.

「형사 콜롬보」(1971~77)에서 피터 포크 역시 겉모습과는 다르다. 빗질하지 않은 머리에 구겨진 레인코트를 입은, 반쯤 정신이 나간 것 같은 어수룩한 남자. 그러나 그의 가면 뒤에는 메스처럼 날카로운 판단력이 숨어 있다. 용의자가 이제 안전해졌다고 생각하는 순간, 이 우직한 사내가 갑자기 태클을 건다.

최근 시리즈 중에서는 「강력계, 거리의 생활」(1993~99)과 「뉴욕경찰 24시」(1993~2004)가 두드러진다. 이 드라마들은 현실에 근접하려고 노력할 뿐만 아니라 경찰기구의 약점까지 과감하게 보여주었다. 「강력계, 거리의 생활」의 흑백 콤비 프랭크 팬들턴과 팀 배일리스는 명석한 심문을 이끌어감에도 불구하고 살인사건 모두를 해결할 수는 없었다. 뉴욕 관할 경찰서에서 가장 뛰어난 재능을 가진 앤디 사이포비치는 갱의 총에 맞고 쓰러져 고생스럽게 다시 걸음마를 배워야 했다. 나중에는 용감하게 자신의 인종주의적 편견과 알코올중독에 대항해 싸운다. 「뉴욕경찰 24시」는 솔직한 언어묘사 때문에 종종 도덕의 파수꾼과 갈등에 빠졌다. 처음으로 'asshole'이라는 단어가 등장하는 미국 드라마였다.

더 긴 수명을 자랑했던 것은 영국의 범죄 드라마 시리즈 「유력한 용의자」였다. 여성 수사반장 제인 테니슨(헬렌 미렌)은 1992년부터 지금까지 자리를 지켜왔고, 누구도 그녀의 은퇴를 바라지 않는다. 「제시카의 추리극장」(1984~96)은 여주인공을 내세운 또 하나의 성공적인 시리즈로, 추리소설 작가 제시카 플레처(앤젤라 랜스버리)가 범죄자들에게 깊은 관심을 가지고 살인사건을 하나하나 추적해 나가는 내용이다.

반면 사립탐정은 형사변호사와 마찬가지로 드물게 등장했다. 독일 TV 역시 범죄 시리즈의 구심점으로 관할 경찰서를 선택했다. ZDF 방송국이 첫 테이프를 끊었다. 「수사관」(1969~76), 「데릭」(1974~98), 그리고 「노인」(1977~)을 방영하며 금요일을 소위 '범죄물의 날'로 구축했다. 금요일 저녁이면 전 독일 국민의 3분의 1이 브라운관 앞에 앉아 살인범의 정체가 폭로되는 과정을 가슴 졸이며 지켜본다.

대부분의 범죄 시리즈는 오래전부터 아는 사람들과, 항상 똑같은 장소가 등장하기 때문에 시청자들에게 내 집처럼 편안한 느낌을 준다. 진짜 가족보다 더 잘 알고 있는 일종의 대체가족인 셈이다. 우리는 가까이 있는 것처럼 보이지만 안전한 거리 밖에서 진행되는 사랑다툼, 계략과 범죄의 증인이 된다. 또 생각할 여지를 주는, 그러나 꼭 직접 대답할 의무는 없는, 많은 질문들을 마주 하게 된다.

실제 삶에서 살인사건을 겪는다면 엄청난 충격을 받고 흔들릴 것이다. 그러나 브라운관 안에는 언제나 확실한 위안이 있다. 무질서에 빠진 세계가 다음 시간에는 균형을 되찾게 될 것이며, 범인의 정체가 폭로되면 자신은 편안하게 침대로 들어갈 수 있으리라는 위안 말이다.

영화는 TV가 의도적으로 무시하는 살인사건을 다루면서 경쟁력을 발휘한다. 대표적인 케이스가 연쇄살인범이다. 사실 연쇄살인범이라는 개념은 그리 오래된 것이 아니다. 이것은 70년대 FBI의 범죄심리학자들이 그때까지 일상적으로 쓰였던 대량살인범이라는 단어를 대체해 만들어낸 개념이다. 범인의 프로필을 데이터뱅크에 모으는 과정에서, 여러 장소와 여러 시점에 일련의 쾌락살인을 범한 사람들을 연쇄살인범이라고 칭했다. 체계적으로 분석하려는 FBI의 노력은 그럴 만한 이유가 있었다. '동기를 알 수 없는 살인사건'이 당시 눈에 띄게 증가하는 추세였기 때문이다.

오르가즘 뒤에는 얼음송곳

프리츠 랑 감독의 「M」 이후로 연쇄살인범은 극장에서 확실한 자리를 차지했다. 그러나 80년대와 90대처럼 이들이 많이 등장한 적은 없었다. 53명의 여성을 살해한 테드 번디, '요크샤이어 살인마' 피터 서트클리프, '나이트 스토커' 리처드 라미레즈, 100명 이상의 여성을 죽이고 그 중 몇 명은 '생선처럼 저민' 것을 자랑스럽게 생각했던 헨리 리 루카스…… 이들 모두가 영화 속 주인공으로 변신했다.

최고의 성공작은 「양들의 침묵」(1991)이다. 이 영화는 5개 부문에서 오스카상을 받았다. 조나단 뎀의 영화에 등장하는 연쇄살인범은 한 명이 아니었다. 정신에 문제가 있는 정신과 의사 한니발 렉터(앤소니 홉킨스)와 버팔로 빌(테드 레바인), 두 명이었다. 신임 경찰관 클라리스 스털링(조디 포스터)는 한니발 렉터의 (아주 사심이 없지는 않은) 도움을 받아 버팔로 빌의 자취를 알아낸다. 버팔로 빌은 「사이코」에 이미 영감을 주었던 에드워드 게인처럼 피살자의 가죽을 벗겨 옷으로 만들고 심지어는 그것을 입고 다녔다.

섹스는 미국 시청자들을 극장으로 끌어당기는 두 번째 자석이었다. 30년대의 엄격한 제작 코드는 철폐되었고, 느슨해진 윤리에 따라 차별화한 가치 체계가 수립되었다. 제작자들은 새로운 자유를 마음껏 누리기를 주저하지 않았다. 데이비드 린치 감독의 「블루 벨벳」(1986)에서 대학생 제프리는 풀밭에서 잘려진 귀를 발견한다. 이것은 악마적인 마약살인범 데니스 호퍼의 흔적으로 이어질 뿐 아니라 제프리로 하여금 사도마조히즘의 마력에 빠지게 만든다.

「원초적 본능」(1992)에는 적어도 네 명의 팜므 파탈이 등장한다. 그들 모두가 한 남자를 침대에 묶어두고 오르가즘을 느끼면 얼음송곳으로 찔러 죽였다는 혐의를 받는다. 수사를 위해 형사 마이클 더글러스는 유력 용의자 샤론 스톤에 의해 벌거벗긴 채로 침대에 묶이지만 결국은 살아남는다. 논리의 법칙을 완전히 무시한, 머리털이 곤두서는 시나리오의 대가로 조 에스터하스는 300만 달러를 챙길 수 있었다.

더욱 초현실적인 것은 쿠엔틴 타란티노와 코엔 형제의 범죄코미디에 나오는 세계이다. 칸에서 황금종려상을 받은 타란티노의 「펄프 픽션」(1994)은 옛 갱스터 무비의 패러디인 동시에 오마주이다. 직업킬러인 빈센트와 줄은 자신들의 사업에 전념하면서도 때로는 거리를 두고 본다. 개와 돼지가 인간보다 상대적으로 깨끗하다고 말하는 부분이나 발마사지의 도덕적인 의미를 놓고 토론을 벌이는 장면 등이 그러하다. 줄은 희생자들을 죽이기 전에 그들에게 성경에서 인용한 기도를 해주는 것을 즐긴다. 빈센트는 자동차 안의 핏자국과 뇌수의 잔해를 치우라는 명령을 받자 거드름을 피우며 이렇게 말한다. "플리즈(please)라고 말한다면 기분좋을 텐데."

「파고(Fargo)」(1996)의 서두 자막에서 코엔 형제는 "죽은 사람들에 대한 존경으로" 진실 그대로를 말하기로 했다고 선언한다. 따라서 관객은 장인을 협박하기 위해 악당 두 명에게 아내를 유혹하게 하는 자동차 판매원 제리의 영리한 계획이 실패하고 유혈사태가 등장하리라고 예상한다. 영화는 점점 더 길어지는 살인의 사슬과, 시체를 발견하는 사람들의 조야한 사투리 사이의 무소화를 통해 일종의 부조리 코미디를 만들어낸다.

만삭이 다 된 마을 경찰관 마지는 쉬지 않고 범행 현장 이곳저곳을 뒤뚱뒤뚱 돌아다니며 두 살인범 중 한 명을 체포한다. 범인은 다른 범인의 발을 압쇄기에 넣어 처리하려는 중이었다. 모두가 이 영화를 재미있게 보지는 않았다. 적어도 영화 촬영지 노스다코타의 주민들은 그랬다. 그들은 영화가 자신들을 우롱한다고 생각했다.

다행히 그녀의 머리는 일격에 떨어졌다

죄와 속죄

내가 범인이라면 시체를 보여주시오!

20세기의 살인사건

진짜 범죄수사관은 소설 속의 동료들처럼 이해가 더딘 사람은 아니다. 하지만 범죄를 해결하면서 경찰이 매번 정곡을 찌를 수는 없는 법이다. 탁월한 전문가들조차도 실수에서 자유로울 수는 없다.

크리펜 박사를 체포하고 그에 관한 책을 쓰기도 한 월터 듀(Walter Dew) 역시 처음에는 잘못 생각했다. 크리펜이 예민해져서 도망가지 않았다면, 듀는 크리펜 부인의 실종에 관심을 두지 않았을 것이다(92쪽). '언터처블(untouchable)' 알 카포네를 체포한 존경받는 수장 엘리어트 네스 또한 클리블랜드 경찰국장이 된 후에는 피살자의 머리와 생식기를 잘라낸 연쇄살인범 '매드 버처'를 체포하는 데 성공하지 못했다.

성공적인 수사의 첫째 조건은 현장을 확보하고 시체를 정확하게 검사하는 것이다. 살인범은 항상 무엇인가를 남겨두고 항상 무엇인가를 가져간다. 프랑스 법의학자 에드몽 로카르는 이 원칙을 처음으로 주장하고 입증했다.

1912년 그는, 마리 라텔르를 살해한 혐의로 남자친구인 은행원 에밀 구르뱅을 체포했다. 구르뱅은 쉽사리 깨뜨릴 수 없는 알리바이를 가지고 있었다. 그러나 로카르는 죽은 여인의 목에서 손톱자국을 발견했고 구르뱅의 손톱에서 그녀의 얼굴 파우더가 묻은 아주 작은 피부조직을 찾아냈다. 구르뱅은 소환되어 죄를 자백했다.

같은 해 법의학자 빅터 발타자르는 파리에서 개최된 전문가 회의에서 한 사례를 발표했다. '기요틴'이라는 불운한 이름을 가진 한 남자가 여러 방의 총상을 입고 살해된 사건이었다. 용의자 1순위에 오른 후사르라는 남자는 같은 구경의 연발권총을 가지고 있었다. 그러나 경찰은 이 권총을 '범죄 구성 요소'로 보기를 망설였다. 발타자르는 이 권총과 시체를 확대한 사진을 비교해서 85개 이상의 공통점을 입증했다. 후사르는 유죄판결을 받았다.

발타자르는 사람의 지문이 그렇듯, 같은 내구성을 가진 총알도 언젠가는 신원을 확인해 줄 것이라고 확신했다. 그러나 그날이 오기까지는 족히 10년은 기다려야 했다. 게다가 어쩌면 당연하게도 그날은 동쪽이 아니라 서쪽, 즉 미국에 찾아왔다.

이퀄라이저의 땅, 미국

오늘날까지도 미국은 강력범죄 발생률이 다른 모든 선진국을 압도한다. 2003년 미국에서는 1만 6,500명이 살해되었는데, 이는 독일의

20배에 해당하는 숫자이다. 무기는 대부분 총이다. 사무엘 콜트가 연발권총 특허를 받을 때 염두에 둔 것도 바로 그것이다. 콜트가 만든 권총은 동물을 사냥하기 위한 것이 아니라 사랑하는 동료를 죽이기 위한 것이었다. 그것은 모두를 평등하게 만드는 이퀄라이저(equalizer)였다. 무엇보다 죽음에 있어서 모두를 평등하게 만드는 것 말이다. 연발권총의 광고 문구는 이러했다.

> 어떤 사람도 두려워 말라.
> 그가 얼마나 큰 사람이든
> 오직 나만을 믿으라.
> 그러면 내가 평정해 줄 것이다.

네 명의 미국 대통령이 살해되었다. 암살미수도 6건이나 있었다. 베트남 전쟁에서 미국은 4만 6,000명을 잃었다. 반면 같은 기간 '조국 전선'에서 총에 맞아 죽은 사람은 8만 5,000명에 달했다.

그럼에도 불구하고 연방정부나 의회는 무기 소지를 금지할 생각을 하지 않는다. 정치가들 다수는 무기 소지를 헌법에서 보장한 기본권으로 여기고 있고, 200만 명 이상의 회원을 보유한 전미총기협회(National Rifle Association)의 분노를 사지 않으려 몸을 사린다. '총 로비'를 불쾌하게 생각하는 사람은 다음번에 낙선을 각오해야 할 정도이다. 총기류 구입 규제법을 가지고 있는 개별 주들은 있다. 하지만 이 법망을 빠져나가는 일은 그다지 어렵지 않다. 더 느슨한 인접 주에서 싸구려 무기를 밀수입하는 식으로 말이다.

발전도 있었다. 1986년 연방의회는 자동권총 소지 권한을 경찰과 군인에게만 한정했다. 2년 후에는 — 한 정신병자가 캘리포니아 소도시 학교 교정에서 학생 5명을 죽이고 29명을 다치게 한 광란의 살인 사건 이후에 — 자동권총의 수입을 금지했다.

1991년에는 법안을 부결시키기 위해 온갖 로비가 판치는 가운데 의회는 브래디 법안(Brady Bill)을 인준하는 데 성공했다. 무기의 구입과 인도 사이에 5일간의 유예기간을 둠으로써 경찰이 구입자의 인적 사항을 심사할 수 있도록 한 것이다. 이 법안은 1981년 3월 대통령 암살기도 사건에서 중상을 입어 이후로 — 아내 사라와 함께 — 강력한 무기 통제 투쟁의 선봉에 선, 레이건 전 대통령의 대변인 제임스 브래디의 이름을 딴 것이다.

미국 연방정부는 무기 소지 제한만 주저했던 것이 아니라 오랫동안 경찰의 업무 역시 기피해 왔다. 1908년에야 사법부는 조사사무실 제도를 도입했고, 그 3년 후에 비로소 독립 관청이 되었다. 바로 연방수사국(FBI)이다. 그러나 소수의 연방 차원 불법행위를 제외하면 범죄사건 해결은 개별 주의 몫이었다.

병기학에서 가장 큰 진보를 보여준 곳은 뉴욕 주였다. 검찰총장 보좌관 찰스 웨이트는 미국과 유럽을 돌아다니며 체계적으로 휴대용 화기와 탄약을 수집했다. 1923년 그는 탄환 비교를 위해 특수현미경을 개발한 화학자 필립 O. 그라벨과 함께 세계 최초로 뉴욕에 법의학-탄도학 사무소를 설립했다.

1926년 그가 죽자 퇴임 군의관 캘빈 고다르가 후임자가 되었다. 고다르의 감정서는 무정부주의자 사코와 반제티에 대한 재판에서 중요한 역할을 했다. 시카고에서 발생한 밸런타인데이 학살사건의 킬러들 중 한 명 역시 그가 밝혀냈다.

사코와 반제티, 강도살인범인가 순교자인가

1920년 4월 15일 미국 매사추세츠 주 소도시 사우스브레인트리에서 현금 배달부 두 명이 괴한의 총에 맞아 사망했다. 범인은 구두공장의 일 주일치 임금 1만 6,000달러를 빼앗아 달아났다. 경찰은 제보를 받아 이탈리아계 이민자 니콜라 사코(구두 수선공)와 바르톨로메오 반제티(생선 장수)를 체포했다. 두 사람은 무기를 가지고 있었지만 범행은 부인했다.

한편 얼마 전 인접한 마을 브리지워터에서도 심부름꾼 두 명이 뒤에서 습격을 당한 일이 있었다. 목격자들은 반제티가 당시 범인 두 명 중 하나라고 확인했다. 이 사건으로 반제티는 10년에서 15년 금고형을 선고받았다. 사코는 알리바이가 있었다. 범행 시간에 그는 ― 구두공장에서! ― 일하고 있었다.

이 살인사건에 대한 재판은 1921년 5월 31일 매사추세츠 주 데담에서 열렸다. 피고들이 외국 이민자라는 사실, 제1차 세계대전 당시 징병을 기피했다는 점 등이 사람들의 편견과 반감을 샀다. 변호사는 피고들이 무정부주의로 전향한 사람들이었기 때문에 그들이 정치적 마녀사냥의 제물이라고 주장했다.

가장 중요한 기소의 증거는 피살자 한 명을 해부해 추출한 탄알 내 개였다. 사코가 가지고 있던 권총과 똑같은 칼리버 32구경이었다. 그렇다면 탄알 네 발은 사코의 권총에서 발사된 것인가? 이것에 대해서는 전문가들 사이에 의견이 엇갈렸다. 그러나 배심원들에게는 의심의 여지가 없었다. 그들은 사코와 반제티에게 유죄판결을 내렸고 판사는 사형을 선고했다.

재판 결과는 미국뿐만 아니라 유럽에도 큰 충격을 주었다. 여론은 "자본주의적 계급차별 재판"에 항의했다. 재심이 열릴 가능성이 높아 보였기 때문에 법원은 계속해서 심리 날짜를 잡아야 할 필요성을 느꼈다. 줄다리기는 6년 이상을 끌었다. 결국 조사위원회가 발족되어 1927년 6월 퇴임 군의관 캘빈 고다르를 중립적인 전문가로 영입했다. 고다르는 사코의 권총에서 나온 총알을 면으로 싸서 마분지에 발사했

사코와 반제티가 감옥에 갇힌 모습.
이들에 대한 재판은 미국뿐만 아니라 유럽에까지도 큰 충격과 논란을 불러일으켰다.

고, 그라빌의 현미경을 통해 그것을 치명상이 되었던 3호 총알과 비교했다.

1927년 8월 23일 사코와 반제티는 마지막까지 무죄를 고집하면서 전기의자 위에서 죽었다. 1961년 뉴저지 총기실험실은 같은 실험을 반복했고 역시 같은 결과에 도달했다. 사코의 유죄는 일단 입증되었다. 반면 반제티의 경우는 아리송한 부분이 있었다.

세기의 총격사건

고다르의 감정(鑑定)에 모든 사람이 동의한 것은 아니다. 모든 일을 정치적으로 해석하는 사람들은 언제나 이 두 무정부주의자가 사법살인의 제물이 되었음을 토로하곤 한다. 이것은 이탈리아 영화 「사코와 반제티」의 주제이기도 하다. 미국의 포크 가수 조안 바에즈가 부른 주제가는 이렇게 시작한다. "지금 사코와 바르트(바르톨로메오) 당신들은 영원히 여기 내 가슴 속에 있어요."

한편 빌리 와일더 감독은 밸런타인데이 학살사건에서 착안해 멋진 코미디영화 「뜨거운 것이 좋아」를 만들었다. 우연히 범죄를 목격한 음악가 조(토니 커티스)와 제리(잭 레먼)는 폭력조직의 추적을 피하기 위해 여성 오케스트라에 취직한다.

밸런타인데이 학살사건은 어떻게 일어난 것인가. 해마다 이날이 되면 많은 연인들이 서로에게 카드를 보내고 작은 선물을 하곤 한다. 전설적인 마피아 두목 알 카포네가 아일랜드인 적수 '버스' 모란에게 주기로 한 선물은 물론 완전히 다른 종류의 것이었다. 1929년 2월

전설적인 마피아 두목 알 카포네

14일 5명의 신사들(그 중 세 명은 경관 차림이었다)이 아일랜드 갱단 본부인 클라크 가의 어느 창고를 습격했다. 거기 있던 사람들은 일상적인 가택수색이라고 생각하고는 저항 한번 하지 않았다.

150여 발의 총알이 난사되었고 7명이 사망했다. 두목인 모란은 죽지 않았지만 아일랜드 신디케이트는 큰 손해를 입었다. 손해를 입기는 카포네도 마찬가지였다. 이 대학살 사건 이후에 사법기관은 마침내 행동에 들어갔다. '갱단과의 전쟁'을 선포한 것이다. 물론 암흑가 보스에게서 다른 어떤 증거도 얻어낼 수 없었기 때문에 단지 탈세혐의로 11년 금고형을 선고했다.

5명의 범인 중에서 경찰이 체포한 것은 한 명뿐이었다. 1930년 4월 상습범 프레드 버크의 집 장롱에서 무기가 한가득 발견되었다. 고다르는 밸런타인데이에 두 명이 '시카고 피아노'(1분에 수천 발을 발사할 수 있는 자동권총)를 사용했다는 사실을 확인했다. 그러나 버크는 그 사건 때문이 아니라 인접 미시간 주에서 경관을 살해한 혐의로 기소되었고 종신형을 선고받았다.

브라이언 드 팔마 감독은 알 카포네 이야기를 다룬 영화「언터처블(The Untouchables)」을 만들었다. 경찰은 엘리어트 네스(케빈 코스트너)

가 주축이 된 특수팀 '언터처블스'를 만들어 알 카포네와 쫓고 쫓기는 게임을 펼친다. 이 특수팀은 FBI의 모태가 되었고, FBI의 수사관을 가리키는 말로도 쓰인다. 제목인 '언터처블'은 알 카포네가 '돈으로도 매수할 수 없는 사람'이라는 뜻으로 쓰였으며, 알 카포네 역을 연기한 로버트 드니로는 체중을 늘리는 등의 노력으로 변신에 성공했다.

오늘날 총상과 무기의 정체를 밝히는 일은 경찰의 일상적 업무가 되었다. 그럼에도 불구하고 존 F. 케네디 암살사건에서 드러난 것처럼 탄도 문제는 항상 논란의 한복판에 있어왔다. 모든 직업수사관들이, 치명상을 입힌 두 발은 교육받은 명저격수 리 하비 오스월드의 만리커 카르카노 총에서 나온 것이라고 확신했음에도 불구하고, 이에 이의를 제기하는 의견도 만만치 않았다.

대통령과 함께 자동차에 타고 있다가 중상을 입은 텍사스 주지사 존 코넬리는 자신을 쏜 총알이 대통령의 목에 박힌 '마법의 탄환(magic bullet)'과는 다른 것임을 죽는 순간까지 철저히 믿었다. 그러나 대통령을 즉사하게 만든 '두 번째 총알'은 발견되지 않았다. 반대로 실험을 통해 하나의 총알이 두 사람을 관통하는 일이 가능하다는 사실이 입증되었다.

올리버 스톤의 환상적인 영화 「JFK」에서 두 번째 총알을 추적하는 증인은 또다른 놀라운 목격자를 찾아낸다. 경찰이 증인에게 털어놓은 바에 따르면 케네디와 영부인 사이에 커다란 흰색 개가 앉아 있었다고 한다.

린드버그 유괴사건의 미스터리

린드버그 유아 납치 및 살인 사건은 대통령 암살만큼이나 전 미국인을 흥분시켰다. 신격화된 비행사 찰스 린드버그는 1927년 '스피릿 오브 세인트루이스호'를 타고 뉴욕·파리 간 대서양 무착륙 단독비행에 처음으로 성공해 국민적 영웅이 된 사람이다. 그의 20개월짜리 아들이 1932년 3월 1일 뉴저지 호프웰에 있는 주말별장에서 갑자기 사라졌다. 별장 외벽에는 방으로 들어가는 조잡한 사다리 하나가 세워져 있었는데, 범인은 이 사다리를 타고 아기 방으로 올라간 것이다.

방 안에는 5만 달러의 몸값을 요구하는 쪽지가 남아 있었다. 필적 전문가의 의견에 따르면 단어 선택과 철자법의 오류 등을 통해 볼 때 범인은 교육 정도가 낮은 독일인일 가능성이 높았다. 지문은 발견되지 않았다.

린드버그는 돈을 지불할 의사가 있었다. 은퇴 교사인 컨던 박사가 석방을 중개하겠다고 자청했다. 4월 2일 저녁 그는 '존'이라고 스스로를 소개한 한 남자를 브롱스의 공동묘지에서 만나 몸값을 건네주고 아기가 있는 장소를 설명한 편지를 받았다. 그러나 편지에 적힌 엘리자베스 아일랜드 근처의 보트에는 아기가 없었다.

아기는 5월 12일 호프웰 근교에서 이미 심하게 부패된 시체로 발견되었다. 납치된 직후 살해된 것이 분명했다. 린드버그에게 알리지 않은 채 경찰은 지폐의 일련번호를 기록해서 이후로 모든 은행에 배포했다. 첫번째 지폐가 나타난 것은 2년 후였다.

1934년 9월 15일 독일어 악센트를 쓰는 어떤 운전사가 브롱스의 주유소에서 10달러짜리로 계산했다. 주유소 주인은 지폐 위에 자동차 번호를 적어두었다. 은행은 이것이 린드버그가 납치범에게 준 돈임을 알고 경찰에 신고했다.

운전사는 독일에서 이주한 브루노 리하르트 하우프트만이라는 이름의 가구공이었다. 체포될 당시 그는 출처가 같은 20달러짜리 은행권을 소지하고 있었다. 그의 주차장에는 1만 4,000달러가 든 구두 상자가 있었고, 나머지 3만 6,000달러는 사라지고 없었다. 하우프트만은 납치사건과 아무 관계가 없다고 저항했다. 구두 상자는 사업 파트너인 이시도르 피쉬가 맡긴 것으로, 피쉬는 독일로 돌아간 후 죽었다

비행사 린드버그의 아들 유괴사건 후 증거 수색을 하는 경찰. 범인으로 잡힌 가구공 하우프트만에 대해서는 많은 논란이 있다.

고 했다. 피쉬가 그에게 수천 달러를 빚지고 있었기 때문에 자신은 그 돈을 가질 권리가 있다고 생각했다는 것이다. 그러나 문제가 된 것은 돈만이 아니었다. 컨던 박사는 공동묘지에서는 범인의 그림자만 보았지만, 하우프트만의 목소리가 바로 그 범인의 목소리와 같다고 확인했다.

또다른 증인들은 그를 호프웰 근교에서 보았다고 주장했다. 린드버그의 별장 사다리의 디딤판 하나가 하우프트만의 집 다락의 빈 곳에 꼭 들어맞았다. 또 경찰은 하우프트만 집안에서 장롱 안에 메모한 컨던의 전화번호도 찾아냈다.

결정적으로 지역 최고의 필적감정가 오스본 부자가 피고의 필적이 아기 방에 남긴 범인의 것과 같음을 확인했다. 독일에서의 주거침입 전과 때문에 하우프트만은 배심원들에게 더욱 신뢰를 잃었다. 1936년 4월 3일 그는 트렌턴의 어느 주립 형무소 전기의자 위에서 생을 마쳤다. 마지막까지 자백은 없었다.

압도적인 증거에도 불구하고 많은 사람들은 그가 히틀러 등극 후에 미국 언론의 대부분이 주도했던 반독일적 분위기의 제물로 죽었다고 믿었다. 그들은 뉴저지 경찰이 '세기의 범죄'를 무슨 수를 써서라도 밝혀내기 위해서, 그리고 부족한 증거를 직접 만들어내기 위해서 작당한 것이라고 생각했다. 하우프트만의 혐의를 풀 만한 증거를 모두 체계적으로 인멸했다는 것이다. 예를 들면 범행 시간 그의 알리바이를 만들어줄 임금지급표 같은 것 말이다.

또 린드버그의 처가댁 집사가 두 번째 심문을 앞두고 자살했을 때 그 이유를 추적하지도 않았다는 것이다. 필적을 감정한 오스본 부자가 처음에는 매우 유보적인 태도를 취했다는 의견도 있었다. 돈이 하우프트만의 주차장에서 발견된 이후에야 필적의 정체에 관한 갈등이 사라졌다고도 한다.

지성의 광기

필적 대조는 — 특히 쓰는 사람이 위장하려고 노력한다면 — 사실상 매우 주관적인 사안이다. 알퐁스 베르티용이 반유태주의적 히스테리 때문에 보데로 사건에서 드레퓌스 중위에게 죄를 뒤집어씌우고 만인의 웃음거리가 되었다는 사실은 이미 언급한 바 있다. 이것은 필적학 최후의 실수가 아니었다.

전문가들은 기계가 쓴 문서에 관해서는 확고한 원칙이 있다. 14세 소년 바비 프랭크스의 아버지가 1924년 5월 22일 받은 인쇄된 편지가 바로 그런 예였다. 그의 아들은 5월 21일 시카고 어느 변두리에서 납치되었고, 요구받은 1만 달러를 지불하기도 전에 살해당했다.

산(酸)을 뿌려 거의 알아볼 수도 없이 엉망으로 망가진 시체 옆에서 경찰은 안경 하나를 발견했다. 안경 주인은 가족이 알고 지내던 집안 청년인 법학도 나탄 레오폴드로 밝혀졌다. 레오폴드는 새를 관찰하다가 안경을 잃어버린 것 같다고 변명했다. 또 5월 21일 오후에 어디 있었는지를 묻자 대학 동창 리처드 로엡과 더블데이트 중이었다고 대답했다.

그 사이에 『시카고 데일리 뉴스』의 두 기자는 레오폴드의 숙제 노트를 찾아내 인쇄된 편지와 대조했다. 같은 타자기로 친 것이었다. 로엡이 기숙사에서 훔친 언더우드 타자기였다. 타자기는 나중에 저수지에서 발견되었다. 경찰에 의해 궁지에 몰린 레오폴드와 로엡은 어린 바비에게 드라이브를 하자고 꾄 후 목을 조르고 끌로 때려 죽였다고 자백했다.

살인의 이유는 니체의 초인 사상을 실현하고 유태교-기독교 노예 도덕의 압박을 극복했음을 입증하기 위해서였다고 했다(두 청년 모두 부유한 유태인 가정 출신이었다). 미치광이 살인자 라세네르(40쪽)와 대학생 라스콜리니코프의 입에서 이미 들었던 논거이다. 미국에서 가장 유명한 형법변호사 클라렌스 대로우의 이틀에 걸친 변론이 아니었다면 이 두 니체주의자 청년은 사형을 면하지 못했을 것이다. 두 사람은 종신형을 선고받았다. 로엡은 감옥에서 구타당해 죽었고, 레오폴드는 1958년 석방되었다.

이 센세이셔널한 사건은 두 번이나 영화로 제작되었다. 두 번 다 허구 인물로 가공되었다. 알프레드 히치콕의 「로프(Rope)」(1948)는 두 명의 초인이 노끈으로 희생자를 죽이고 시체를 유리잔이 들어 있는 큰 상자 안에 숨겨둔다. 희생자의 아버지가 포함된 파티 손님들은 아무것도 모르고 상자 안에서 유리잔을 꺼내온다. 두 학생의 옛 스승(제임스 스튜어트)만이 그들이 니체를 신봉한다는 사실을 알고 있었기 때문에 악행을 예감하고 살인범을 밝혀낸다.

리처드 플라이셔 감독의 「강박충동(Compulsion)」(1959)은 메이어 레빈의 동명 소설을 토대로 하는데, 이 소설은 재판 문건에 의존해 쓰여진 것이다. 레빈의 소설 주인공들은 『시카고 데일리 뉴스』의 재기 넘치는 두 기자와 웅변술이 뛰어난 변호사(여기서는 조나단 윌크라는 이름으로 오손 웰스가 분했다)였다. 작가 레빈은 레오폴드의 무죄를 강력하게 주장했지만, 이것은 그가 추종했던 사람, 즉 실제 변호사에게 보답을 받지 못했다. 변호사 클라렌스 대로우는 사적인 영역을 침해했다는 이유로 소설작가와 감독을 고소했다. 그러나 재판에서 이기지는 못했다.

이탈리아 법정을 6년 동안 들끓게 한 범죄사건의 원동력도 엄청난 광기 때문이었다. 1997년 5월 9일 로마의 라 사피엔차 대학 재학생 마르타 루소가 붐비는 대학 캠퍼스에서 백주대낮에 누군가의 총에 맞아 죽었다. 경찰은 루소가 총상을 입은 곳이 법학부 건물일 것이라고 추정했다. 하지만 왜? 누가? 암중모색 끝에 경찰은 범행 시각에 6호 강의실에 법철학 세미나의 젊은 강사, 조반니 스카토네와 살바토레 페라로가 있었다는 사실을 알아냈다.

세미나의 주제는 '완전한 살인'이었다. 세미나 도중 스카토네는 살해 동기도 없고 범행 무기도 발견되지 않는 경우 살인을 입증하는 것은 불가능하다는 견해를 피력했다. 무모한 이 주장을 입증하기 위해 살인을 저지른 것일까? 6호 강의실에 있던 사람들은 모두 그럴 리가 없다고 말했다. 하지만 스카토네와 페라로의 진술 역시 모순이 많았다. 대법원이 결국 확정한 판결은 누구도 만족시키지 못하는 일종의 타협이었다. 스카토네는 5년 2개월 금고형을, 페라로는 방조범으로서 4년 2개월형을 선고받았다. 심문을 받기 위해 구류된 기간까지 처벌에 포함되었다. 페라로는 곧바로 감옥에서 나왔고 스카토네는 1년 만에 풀려났다.

283명의 신부를 농락한 못생긴 대머리 사내

하지만 시체가 발견되지 않는다면 어떻게 할까? 앙리 데지르 랑드뤼는 확신했다. 자신이 죽였다고 하는 10명의 여자들 자취를 찾지 못한다면 법정이 어떻게 유죄판결을 내릴 것인가! 그러나 잘못 생각한 것이었다. 그는 사형선고를 받았다. 하지만 배심원들조차 판결 후에 그가 제출한 사면원에 찬성했다. 그들은 자신의 결정을 후회한 것일까?

많은 목격자들은 배심원들이 랑드뤼에게 유죄를 선언한 것은 살인 때문이 아니라 법정에서 오만한 태도를 보였고 진술을 거부했기 때문이라는 인상을 받았다. "나는 그들의 아버지도 후견인도 간호사도 아니오. 더더구나 남편도 아니오. 여자들은 자기가 가고 싶은 곳으로 갈 수 있소. 내가 그들을 죽였다면, 내게 그 시체를 보여주시오!"

1919년 4월 체포될 당시 랑드뤼는 검은 수첩 하나를 버리려다 들켰다. 수첩에는 그가 1914년 이후 신문광고를 통해 알게 된 283명의 신부 이름이 적혀 있었다. 수염이 덥수룩하고 눈이 째진 못생긴 대머리 남자의 광고가 왜 그렇게 큰 호응을 얻었을까? 물론 이유는 있었다. 한편으로는 결혼할 능력이 있는 남자들 대부분을 차출한 세계대전이 문제였고, 다른 한편 그에게는 특이한 능력이 있었다. 증인들 중 한 여성은 이렇게 말했다. "그는 잠들기 전과 한밤중에, 그리고 깨어날 때 금성에 대고 충성을 맹세했습니다."

사랑의 모험을 위해 랑드뤼는 이름을 바꾸어가며 처음에는 베르누이예에, 나중에는 파리 서부의 부촌 강베에 집을 빌렸다. 모험과 모험

사이에는 항상 자신의 법적 부인과 네 아이에게 돌아오곤 했다. 가족은 그의 사업여행에 관해 아무것도 몰랐다.

경찰은 필사적으로 신부들을 찾아다녔다. 랑드뤼가 머물던 집 주차장에서 경찰은 실종된 여성들의 옷가지와 가구 및 개인 서류들을 발견했다. 그들의 은행 예금잔고는 바닥나 있었다. 랑드뤼는 여자들이 자기에게 외국에서 새로운 생활을 시작하고 싶으니 소지물을 팔아달라고 부탁했다고 해명했다. 이웃들은 가끔씩 랑드뤼의 집 굴뚝에서

여성들의 황당무계한 영웅 랑드뤼는 법정에서 이렇게 주장했다.
"내가 그들을 죽였다면, 내게 그 시체를 보여주시오!"

3장 | 다행히 그녀의 머리는 일격에 떨어졌다 233

솟아나오는, 구역질나는 기름타는 냄새 때문에 괴로웠다고 말했다. 강베의 집 지하실에는 철제 난로가 있었다. 난로에 남아 있는 재는 인간의 몸에서 나온 것일 수도, 아닐 수도 있었다.

시체가 발견되지 않았음에도 불구하고 밀레랑 대통령은 사면원을 기각했다. 1922년 2월 25일 랑드뤼는 베르사유 교도소 광장 단두대에서 처형되었다. 교도소 신부가 죽기 전 미사를 드리고 싶은지를 묻자 그는 이렇게 대답했다. "당연히 그렇습니다, 신부님. 하지만 신사분들을 기다리게 해서는 안된다고 생각합니다."

찰리 채플린은 위험에 처한 이 카사노바에게서 블랙코미디 「살인광 시대」(1947)의 영감을 받았다. 하지만 영화 속 피고의 입에서 나온 변론은 미국인들에게 심한 분노를 샀다. 주인공 베르두는 자신이 "하찮은 살인사업가"일 뿐이라고 말한다. 만일 군수업자나 직업군인처럼 사람들을 대량으로 죽였다면, 오래전 백만장자가 되었거나 훈장을 달고 있었으리라는 것이다. 이 영화로 많은 도시에서 시위가 벌어졌고, 분노한 비평가들은 영화가 며칠 후에 막을 내릴 것이라고 경고했다. 1964년에야 미국 극장들은 이 영화를 감히 다시 상영 목록에 넣을 수 있었다.

시체도 없는데 범인이 유죄판결을 받는 것은 드문 사례다. 정상적인 사건의 경우 사법기관은 적어도 시체의 일부가 발견될 때에만 시체에 이름을 붙이고 범행 과정을 추론할 수 있기 때문이다.

치아는 오늘날까지도 시체의 신원을 확인하는 데 핵심적인 역할을 한다. 앞에서 살펴보았던 파크먼 박사와 빈 원형극장 희생자들의 신원 역시 그렇게 알게 되었다(78~79쪽).

한편 치아를 통해 범인을 역추론할 수 있다는 것은 상대적으로 새로운 발견이다. 1971년 캐나다의 연쇄살인범 웨인 보덴은 자신이 교살한 여성의 목과 가슴에 남긴 이빨자국 때문에 덜미가 잡혔다. 미국의 연쇄살인범 테드 번디 역시 ― 50명이 넘을 것으로 추정되는 ― 여성 피살자들 중 한 명의 왼쪽 엉덩이에 이빨자국을 남긴 실수 때문에 1979년 체포되어 마이애미의 법정에 서는 운명에 처했다. 사형선고를 받은 번디는 "나를 죽여도 아이들을 부모에게 돌려보낼 수 없고 그들의 고통을 덜어줄 수도 없다"며 사형의 불필요함을 지적하는가 하면 자신의 범죄는 포르노 산업 탓이라고 주장하기도 했다. 그의 잔인한 행각은 영화「테드 번디」로도 제작되었다.

유전학적 지문

8년 후에 완전히 새로운 증거를 토대로 피고의 죄를 입증한 획기적인 사건이 등장했다. 소위 유전학적 지문이라는 증거였다. DNA의 분자구조가 발견된 이후로 연구가 계속되었고 1953년 드디어 중요한 결실이 나타났다. 유전 정보를 담고 있는 핵산으로부터 유전자 프로필을 도출해 내는 데 성공한 것이다.

유전자 프로필은 손가락 끝의 피부능선과 마찬가지로 인간 개체에게 혼동할 수 없는 특징을 부여했다. 지문에 비해서 DNA 분석은 아주 작은 조각 ― 피부, 머리카락, 침이나 피나 정액 한 방울 ― 만으로도 신원을 확인할 수 있다는 장점이 있다. 이 발견을 처음으로 범죄학에 이용한 사람은 영국 레이체스터 대학 유전연구자 알렉스 제프리스

(Alex Jeffreys)였다.

1983년 11월 영국 레이체스터샤이어 주의 나보로에 살고 있던 15세 소녀 린다 만이 실종되었다. 저녁이 되어도 집에 돌아오지 않던 소녀는 다음날 아침 정신병원 근처에서 시체로 발견되었다. 성폭행을 당하고 목이 졸린 흔적이 있었다.

혈액검사 결과 범인은 A/PGM 1+혈액형을 가진 것으로 추론되었다. 이는 영국 국민들 10퍼센트에 해당하는 혈액형이었다. 상당한 양의 정액이 남은 것으로 보아 젊은 남자임을 추측하게 했다. 이 증거에도 불구하고 범인을 찾는 것은 어려웠다.

그로부터 거의 3년이 지난 1986년 8월, 현장에서 멀지 않은 곳에서 두 번째 시체가 발견되었다. 15세 소녀 돈 애쉬워스가 린다 만과 같은 방법으로 죽어 있었다. 경찰은 이미 첫번째 살인에서 용의자였던 17세의 리처드 버클랜드를 체포했다. 그는 육체적으로는 완벽했지만 정신지체자였다. 엄중한 심문 끝에 그는 두 번째 살인을 인정했지만 첫 번째는 부정했다.

경찰은 두 건의 살인이 같은 범인에 의해 저질러졌다고 확신했기 때문에, 제프리스 교수에게 시체에 남겨진 정액과 버클랜드의 혈액 및 정액을 비교해 달라고 부탁했다. 결과는 기대했던 것과는 달랐다. 제프리스 교수의 답에 의하면, 두 시체의 정액은 실제로 한 명에게서 나온 것이기는 하지만 버클랜드의 것이 아니었다. 버클랜드는 무죄로 석방되었다.

경찰은 타격을 받았지만 다시 새로운 기술을 이용하기로 했다. 그들은 나보로와 그 주변 지역 젊은 남성들에게 자발적으로 피검사를 하게 했다. 1987년 1월부터 9월까지 5,000명 이상이 테스트를 받았다. A/PGM1+ 혈액형 표본들을 내각 법의학 연구소 올더마스턴으로 보내 DNA 분석을 의뢰했다. 그러나 누구의 것도 원하는 프로필에 일치하지 않았다.

그러던 중 한 사람의 경솔한 발언이 경찰에게 결정적 도움을 주었다. 인근 술집에서 어느 제과 견습생이 27세의 콜린 피치포크로부터 자기 대신에 피검사를 받는 조건으로 돈을 받았다고 떠벌린 것이다. 피치포크는 성기노출증 때문에 정신병원에서 외래 진료를 받고 있던 터였다. 그의 유전학적 지문은 범인의 것과 완전히 일치했다. 법정은 그에게 종신형을 선고했다.

자신의 살인을 보도한 잭 운터베거

같은 방식으로 1994년 연쇄살인범 잭 운터베거의 죄상이 밝혀졌다. 미국 군인과 빈 창녀 사이에 태어난 그는 이미 미디어의 총아로 유명세를 누리고 있었다. 20년 전인 1974년 그는 자기 어머니를 닮은 젊은 여성을 그녀의 속옷으로 교살한 적이 있었다. 감방에서 쓴 회고록(『정죄의 불길 — 교도소로의 여행』)은 그를 오스트리아에서 가장 유명한 죄수로 만들었다. 1990년 석방되었을 때 모든 TV 토크쇼들이 이 흥미로운 살인자를 출연시키려 안달할 정도였다. 독일에서는 그에게 문학상을 주기도 했다.

1991년 1월이었다. 비너발트 숲속을 산책하던 사람들이 넘불 속에서 창녀의 시체를 발견했다. 속옷으로 목이 졸려 있었다. 그 해가 지나는 동안 6명의 여성들이 같은 방식으로 살해되었다. 그 사이에 기자가 되어 있던 운터베거는 매번 사건들을 보도했고 심지어는 그라츠의 살인방지대책위원회 위원장에게 수사 상태를 질문하기도 했다. 경찰은 시체 발견 장소 근처에서 그가 작가 낭독회를 개최한 적이 있다는 사실에 주목했다. 하지만 지지자들은 이 "성급하고 근거도 없이 날조된" 혐의에 강하게 항의했다.

1991년 여름 운터베거는 4주간 LA를 여행했다. 거리의 창녀들에 대한 일러스트 자료를 수집하기 위해서였다. 그가 경찰 순찰차와 함께 홍등가를 지났는데, 그 직후 세 명의 창녀가 교살당했다. 그러나 미국 현지에서 기소하기에는 증거가 충분하지 않았다.

1994년 4월 그라츠 지방법원에서 재판이 열렸다. 검사가 들고 나온 가장 강력한 무기는 운터베거의 자동차 트렁크에서 발견된 머리카락 한 올이었다. 베른 법의학연구소는 DNA 분석을 통해 이것이 체코 출신 창녀 블랑카 보코바의 것임을 확인했다. 또다른 희생자의 옷가지에서는 운터베거의 숄에서 나온 보풀이 붙어 있었다. 1994년 6월 29일 지방법원은 9건의 살인에 대해 운터베거의 유죄를 인정하고 성범죄자 전용 교도소에서 종신형을 살 것을 선고했다. 같은 날 그는 감방에서 목을 매고 죽었다.

DNA 분석이 인상적인 성과를 올렸다고 해서 다른 모든 증거수단이 구식이라는 잘못된 결론을 끌어내서는 안된다. 이 사실은 예기치 않은 반전으로 검사를 당혹스럽게 만든 프랑스 루앙에서의 한 살인사건 재판이 잘 보여준다.

2001년 5월 17일에서 18일로 넘어가는 밤, 루셀 부부가 알 수 없는 이유로 살해당했다. 숯이 된 남자의 시체는 연기가 아직 피어나는 헛간 안 잿더미에서 발견되었고, 여자의 시체는 남편 옆에서 깨끗하게 여러 부분으로 토막난 채 누워 있었다. 두 사람 모두 총상이 있었다. 용의자는 이웃 알프레드 프티였다. 그는 경찰관 두 명에 대한 살인미수혐의로 반(半)자유 구금형을 선고받아 복역하던 중 잠시 나와 있는 상태였다. 체포 당시 그의 옷에 묻어 있던 피는 DNA 분석 결과 루셀 부인의 피가 틀림없었다. 부부 살인 혐의로 기소할 만한 충분한 근거였다.

그러나 문제는 알프레드에게 확실한 범행 동기가 없다는 점이었다. 시체가 매우 기술적으로 토막나 있는 점으로 보아 범인은 의사나 도축사일 거라는 추측이 가능했다. 알프레드는 의사도 도축사도 아니었지만, 퇴임 경찰인 그의 아버지가 한때 도축일을 배웠고 필수 도축 도구들을 아직 가지고 있었다. 분명히 의심스럽기는 했지만 그렇다고 경찰이 옛 동료를 심문할 정도는 아니었다.

경찰은, 불타는 헛간 근처에서 '두 명'의 남자를 보았고 그 중 한 명은 눈에 띄게 절뚝거렸다는 목격자의 진술도 뿌리쳤다. 그러나 이 증인은 재판 초기에 지역 신문에 이 사실을 털어놓았고 법원은 그를 소환해 의견을 청취했다. 증인은 헛간 옆에서 본 절름발이 남자가 알프레드의 아버지와 동일 인물이라고 말했다. 검사가 강하게 반대했음에도 불구하고 심리는 중단되었고 또다른 증거 조사가 내려졌다. 2004년 1월 아버지 프티는 노골적인 방식으로 스스로를 판결했다. 목을 매 자살한 것이다.

양들의 침묵

정통한 범죄수사관이라면(소설 속 천재 탐정은 제외하더라도) 종합능력, 지각능력, 직관 등을 어느 정도 갖추고 있다. 하지만 이런 특징을 완벽하게 갖추고 있다고 해서 최신 과학 이론과 지식을 무시할 수는 없다. 범인을 찾고자 하는 사람이 비도크처럼 암흑가 출신일 필요도 없다. 또 캐나다 에드몬턴에서 4명을 살해한 범인을 찾는 데 도움을 준 막시밀리안 랑스너처럼 투시력을 가질 필요도 없다.

오스트리아의 어느 교도소에서 일하는 심령술사가 캐나다 경찰에게 증인 한 명을 소개해 주었다. 증인은 1928년 7월 9일 버논 부어를 목격했다고 주장했다. 그가 범행 시간에 어떻게 예배에서 빠져나왔는지, 어떻게 자신의 어머니와 동생 프레드, 그리고 두 명의 집안 일꾼을 죽였는지, 또 살인에 쓴 무기를 어떻게 숨겼는지를 보았다는 것이다. 결국 버논은 어머니를 살해했다고 자백했다. 어머니가 자신의 결혼을 반대했기 때문이었다. 증인을 없애기 위해 나머지 세 사람도 죽였다고 했다. 랑스너는 인간의 생각을 읽을 수 있는(특히 그 사람이 양심의 가책을 가지고 있을 때) 능력을 사용해서, 범죄수사관들을 애먹인 여러 사건을 해결했다.

정통한 범죄수사관이라고 해서 모두 투시력을 가질 필요는 없다. 하지만 범인의 영혼에 감정이입할 수 있을 만큼 충분한 상상력을 가져야 한다. 조나단 뎀의 「양들의 침묵」에 오스카상이 쏟아져 내린 이후로 사람들은 프로파일러(profiler, 범죄심리 분석관 – 옮긴이)가 무엇인지 잘 알게 되었다.

신임 경찰관 클라리스 스털링(조디 포스터)은 FBI 행동과학부의 지시로 수감 중인 연쇄살인범 한니발 렉터(앤소니 홉킨스)를 인터뷰한다. 지금 활동하고 있는 또다른 살인범을 더 잘 이해하고 체포하기 위해서였다. 행동과학부는 실제로 존재하는 부서이다. 1979년 이후로 그곳에서는 연쇄살인 관련 각종 지식을 데이터뱅크에 저장하는 데 주력하고 있다. 1985년 이후로 이 데이터뱅크는 다른 이름, 강력범죄 예방 프로그램(VICAP)으로 불린다.

'타고난 범죄성'을 유전 기질로 설명하고자 했던 체사레 롬브로소와는 달리 현대 범죄학에서는 연쇄살인범의 프로필을 '수법'으로 이해한다. 희생자, 범행 장소, 살인 무기 등을 선택할 때의 습관 말이다(프로파일링. 범죄 현장에 남은 흔적을 바탕으로 범인의 성격, 직업, 취향 등을 추론하는 과학적인 수사 기법을 말한다 – 옮긴이). 오스트리아 경찰 역시 VICAP이 없었다면 속옷으로 목이 졸려 살해당한 창녀들이 같은 범인(잭 운터베거)의 짓이라는 사실을 알지 못했을 것이다. 반면 미국처럼 개별 주의 경찰이 주도권을 가지고 있고 FBI는 제한적 권한만 있는 큰 나라에서는 중앙 데이터뱅크가 필수적이다.

범인의 수법을 읽을 줄 아는 사람이 강간살인만 밝혀내는 것은 아니다. '유나바머(Unabomber, university and airline bomber)' – 손수 조립한 폭탄편지를 주로 대학과 항공사에 보냈기 때문에 FBI는 그렇게 불렀다 – 역시 범죄 스타일로 인해 정체가 폭로되었다. 1979년부터 1995년까지 16년 동안 폭탄테러가 일어났지만 범인은 완전히 오리무중이었다. 그 동안 범인은 세 명의 수신인을 공중분해시키고 29명에게 중상을 입혔다.

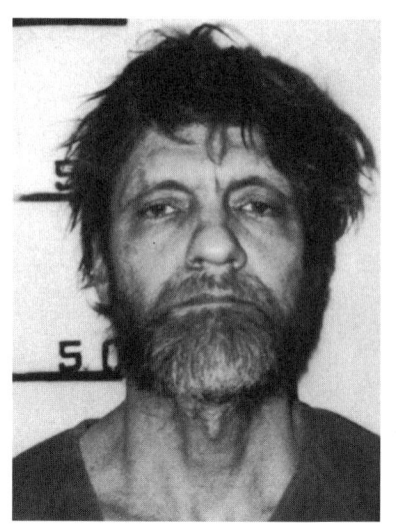

'유나바머' 테오도르 카진스키

1995년 6월 범인은 '산업사회의 미래'에 관한 긴 선언문을 『뉴욕타임스』와 『워싱턴 포스트』에 보내면서 이 글을 공개하면 암살을 중단하겠다고 약속했다. 두 신문사는 이 혼란스러운 날림글을 지면에 실었고, 이를 본 시카고 출신의 데이비드 카진스키는 이 글의 어휘가 동생 테오도르를 연상케 한다고 제보했다. 경찰은 테오도르 카진스키가 사는 몬타나의 원시 오두막을 수색해 폭탄 제조에 관한 자료를 찾아냈다. 테오도르는 하버드대 출신에다 버클리대 수학 교수를 지낸 지식인이었다. 현대 문명이 인류를 파괴하고 있다는 문명 혐오주의자로, 20여 년 간 숲속 오두막에서 은둔생활을 해왔다. 1998년 1월 종신형을 선고받고 현재 복역 중이다.

항상 인용되는 대표적 사례로서 1940년부터 1956년까지 뉴욕을 테러로 물들였던 '매드 바머(Mad Bomber)' 사건이 있다. 경찰에 보낸 도전장에 따르면 그의 의도는 전기회사 콘에디슨사의 "비열한 행위에 복수하는 것"이라고 했다. 다행히도 폭발 당시 죽은 사람은 없었지만 10여 명이 상해를 입었다.

1956년 12월, 경찰은 정신과 의사 제임스 A. 브루셀에게 이 편지를 보내 프로필을 작성해 달라고 부탁했다. 경찰에게 도전장을 보낸 사람의 프로필은 "약 50세의 남자로, 깔끔하게 면도했고 미혼이며 직업을 가지고 있고 아마도 나이든 친척과 함께 살고 있다"는 결과가 나왔다. 영어는 모국어가 아니며 동유럽 국가에서 이주한 사람이라고 했다. "그리고 그를 체포한다면, 그는 더블버튼 양복을 입고 있을 것입니다. 단추를 채우고요."

감정은 언론에 공개되었다. 폭파범이 알려준 또 한 가지 사실이 있었다. 그는 자신이 콘에디슨사에서 작업 도중 사고를 당했지만 배상도 받지 못한 채 해고됐다고 주장했다. 경찰은 인사기록 카드를 검토해서 52세의 폴란드 이민자 조지 메테스키를 찾아냈다. 그는 두 명의 이복누이와 함께 브리지포트에 살고 있었다. 관할 경찰서 직원이 찾아갔을 때 그는 셔츠와 넥타이 그리고 더블버튼 양복을 단추를 채운 채 입고 있었다. 그는 온전한 정신이 아닌 것으로 여겨져 정신병원으로 이송되었다.

프로파일링은 과학인가

브루셀 박사는 성공만 거둔 것은 아니었다. 그에게 뼈아픈 수치를 안겨준 또다른 사건이 있다. 1962년과 1964년 사이에 보스턴에서 11명의 여성을 성폭행한 후 교살한 사건이다. 전문가위원회는 소위 '보스턴 살인마'의 프로필을 이렇게 그렸다.

"범인은 두 명으로, 둘 다 동성애자이고 매우 소심하며 혼자 살고 있는 교사이다. 살인은 방학 중에 저질렀다."

그러나 나중에 살인범으로 확인된 알버트 드살보는 정확하게 정반대였다. 직업은 건축노동자, 결혼해서 두 명의 아이가 있고 성적으로 억압이 없어 자신이 죽인 여성들 외에 적어도 300명의 여성들을 폭행했던 것이다.

그후로 어떻게 되었을까? 프로파일링은 엄밀한 의미의 과학이 아니라 심리학이고 그 때문에 주관적인 것이다. 러시아 감독 콘스탄틴 스타니슬랍스키가 배우들에게 요구한 감정이입과 유사하다. 프로파일링은 객관적 사실을 참을성 있게 수집하는 것을 대신할 수 없다. 따라서 감정이입의 심리학과 객관적 증거수집, 이 양자 간의 종합이야말로 성공적인 범죄수사관을 만들 수 있다.

객관적 사실을 무시하는 주관적 확신보다 더 치명적인 것은 없다. 독일 배우 마리오 아도르프가 「악마가 찾아오는 밤이면」(1957)에서 그토록 생생하고 멋지게 연기했던 브루노 뤼트케가 실제로 독일 범죄 역사상 가장 위대한 연쇄살인범인지 아닌지는 불확실하다. 그가 자백한 53명 살인과 3명 살인미수는 어쩌면 진실이라기보다는 심문 방식의 문제 혹은 헛소리일지도 모른다. 1943년 3월 그를 심문했던 베를린 경찰국 프란츠 경위의 보고서는 불분명하고 모순적인 부분이 가득하다.

'보스턴 살인마' 알버트 드살보.
프로파일링 수사 기법의 실패한 예이다.

영화가 만들어졌을 때 뤼트

케의 여동생 헤르타는 심문 후 오빠의 얼굴에 피멍자국이 있었으며 입술이 퉁퉁 부어 있었다고 말했다. "그들이 나를 이렇게 때려팼어"라고 귓속말로 속삭였다고 한다. "내가 뢰스너를 죽였다고 말하지 않는다면 그들은 나를 총으로 쏘아 죽일 거야." 뤼트케는 총을 맞지 않았다. 그는 재판도 없이 빈의 경찰감옥으로 보내져 1944년 4월 8일 수수께끼처럼, 아마도 의학적 인간실험의 제물로, 죽었다.

한 스푼의 비소, 한 줌의 청산가리

간호와 치료를 맡은 독살범들

독살범에 관해서는 이미 여러 번 언급했다. 유명한 독살사건 몇 가지도 살펴보았다. 그럼에도 불구하고 여기에 독립된 장을 부여하는 것은, 독살의 역사를 관통하는 붉은 실을 더 분명하게 보기 위해서이다. 독살은 범죄학의 영역 중에서 과학이 가장 큰 승리를 거둔 동시에 가장 큰 실패를 겪은 곳이다. 실제로 독살사건은 점점 더 늘어난다. 제물이 늙고 병들었을 경우 자연사의 징후와 유사한 독약을 선택한다면 아무런 불편 없이 성공할 수 있기 때문이다. 이런 경우에는 종종 용의자를 찾는 데 의학 외적 증거들을 사용한다.

맨체스터 교외 소도시 하이드에서 15건의 독살사건 범인으로 2000년 1월 유죄판결을 받은 해럴드 쉬프먼(Harold Shipmam) 박사는 친절한 가정의였다. 그는 아마도 300명 이상의 여성 환자들의 죽음에 관여했지만 환자의 죽음으로 이득을 보지 않았기 때문에 의심을 받지 않았다. 마침내 한 환자의 유언장을 위조해서 자신을 단독 상속자로 만들었을 때에야 피살자의 딸이 눈치채기 시작했다. 그녀는 사건을 추적한 끝에 속임수를 발견했고 유언자가 어떻게 죽음에 이르렀는지 문제를 제기했다.

1723년 나폴리에서 공개처형된 전설적인 여자 토파나는 600명이나 되는 사람을 독살했다고 고백했다. 그녀의 고백은 물론 '고통스러운 심문'과

친절한 주치의 해럴드 쉬프먼 박사

무관하지는 않을 것이다. 그러나 그녀가 셀 수 없을 만큼 많은 주변 사람들을 눈에 띄지 않게 제거하는 데 사용한 '아쿠아 토파나'(비소와 청산을 섞은 독으로, 약효가 서서히 나타남 – 옮긴이)가 전 유럽에서 선풍적으로 팔린 것만은 의심의 여지가 없다.

앞서 살펴보았듯 토파나, 브랑빌리에 후작부인, 가정부 안나 츠반치거, 브레멘의 미망인 게셰 고트프리트, 그랑디에 성의 마리 라파쥐는 모두 여성이었다. 독살에서 여성 범죄자가 차지하는 비중은 폭력 범죄의 경우와 비교할 수 없이 높다. 이것은 한편으로 여성의 힘이 더 약하다는 점, 다른 한편으로는 사회적 전통과 밀접한 관계가 있다. 무기 소지는 남성의 일이고, 간호와 치료는 여성의 일이다. 그리고 의료와 독살은 단지 '양적인 차이'가 있을 뿐이다. 그리스 단어 '파르마콘(pharmakon)'은 약과 독, 둘 다를 의미했다.

「트리스탄과 이졸데」에서 시녀 브랑게네는 이졸데에게 "어머니의

기술을 모르십니까?"라고 말하며 여행용 상비약 상자를 가리킨다. 그녀의 영약(靈藥)에는 죽음의 음료와 사랑의 음료가 포함되어 있다. 바로 이 죽음의 음료로 이졸데는 트리스탄을 독살하고자 했지만, 그들의 충실한 시녀가 사랑의 음료와 바꿔치기한다.

네로 황제를 도운 독살 공범

마녀와 독살녀의 조상은 에우리피데스의 비극 주인공 '메데이아'이다. 그녀는 남편 이아손에게 버림받고 연적 글라우케와 글라우케의 아버지 크레온까지 독이 든 결혼선물로 죽일 뿐 아니라 자신의 아이들까지도 잔인하게 제거한다. 원래 '아르고나우테스' 전설에서 메데이아의 일곱 아들과 일곱 딸을 살해한 것은 코린트인들이었다. 코린트 왕의 죽음에 대한 복수로 메데이아의 자식들을 죽인 것이다. 나중에 그들은 에우리피데스를 15은(銀) 달란트로 매수해서 골치아픈 불명예를 삭제하고 죄를 메데이아에게 떠넘겼다고 한다. 이것이 사실이라면 매수는 성공한 것이다. 후대에 이 소재를 가공한 족히 200명은 되는 사람들이 모두 에우리피데스의 극을 바탕으로 했기 때문이다.

예컨대 마리아 칼라스가 최고의 연기를 펼친 루이지 케루비니의 오페라가 그렇다. 마찬가지로 메데이아의 비극을 저술한 세네카에게는 실제 모델이 눈앞에 있었다. 네로 황제와 그 어머니 아그리피나의 독살 조력자였던 로쿠스타가 그렇다. 황제가 은사한 토지를 횡령한 혐의로 체포된 로쿠스타는, 아그리피나의 남편 클라우디우스와 네로의 가장 위험한 경쟁자 브리타니쿠스를 제거하는 데 사용될 독을 공급했다. 그 답례로 그녀는 사면을 받고 많은 돈을 받았다. 훗날 네로는 도망갈 때 그녀가 건네준 독약 일부를 가지고 갔지만 차마 스스로에게 사용할 용기는 없었다. 네로의 후임 갈바 황제가 그녀를 처형했다.

로마에서 독살을 알고 있는 사람은 미친 황제들뿐만이 아니었다. 독살이 얼마나 빈번하게 일어났는지는, 기원전 81년 제정된 법률만 봐

케루비니의 오페라에서 독살녀 메데이아 역할을 맡아 최고의 연기를 펼친 마리아 칼라스

도 알 수 있다. '살인과 독살에 관한 법령'을 보면 의도적인 살인, 범죄 목적의 무기 소지, 그리고 독극물의 생산과 판매 및 소유를 금지하며 이를 어길 경우 사형에 처했다고 나와 있다.

당시 사람들이 알고 있던 것은 독미나리, 아편, 사리풀 등 식물의 독뿐이었다. 무기질 독은 문헌에서 거의 언급되지 않는다. 부유한 권력자들은 시식(試食)을 명해 식탁에서의 불쾌한 놀람을 방지했다. 처음에는 사형수에게 시험했던 해독제도 수요가 아주 많았다. 해독제 중에서는 만드라고라가 특히 인기였다. 이 식물을 부와 행운을 약속하는 마법의 약이라고 생각해 부적처럼 가지고 다니는 사람도 있었다.

지금까지 완전하게 보존된 유일한 라틴어 소설, 루치우스 아풀레이

3장 | 다행히 그녀의 머리는 일격에 떨어졌다 249

우스의 『황금 당나귀』에는 의미 있는 일화가 실려 있다.

한 홀아비가 젊은 여자와 결혼했는데, 이 여자는 곧 전처의 아들에게 추파를 던진다. 아들이 거절하자 계모는 노예에게 그를 독살하라고 시킨다. 그런데 정작 독약을 마신 사람은 아들의 남동생이다. 계모는 아들에게 살인죄를 뒤집어씌운다. 그러나 아들은 의사의 증언을 듣고 혐의를 벗을 수 있으리라고 예감한다. 노예가 찾아와서 강력한 약제를 달라고 요구했음을 의사가 증언했기 때문이다.

의사는 노예의 말에 미심쩍은 부분이 있다고 생각해 그에게 독약 대신 만드라고라 삶은 물을 주었다고 한다. 만드라고라를 섭취하면 마치 죽은 것처럼 보이지만 사실은 깊이 잠든 상태가 된다. 법정은 동생의 관을 가져오게 했다. 아버지가 뚜껑을 열어보자 아이는 살아 있었다. 노예는 십자가형을 받았고 사악한 계모는 추방되었다.

며칠 후 교황은 죽어 있었다

무향무취의 백색 비소 가루는 아랍의 의사이자 연금술사 자비르 이븐 하이얀이 '마녀의 부엌'(괴테의 『파우스트』에 나오는 연금술 실험실 – 옮긴이)에서 처음으로 처방전에 기록했다. 그러나 이 가루가 로쿠스타의 즙보다 더 많은 인간을 죽일 수 있다는 사실에 관심을 갖는 사람들이 생겨난 것은 8세기에 이르러서였다. 당시 칸타렐라라고 불렸던 이 가루는, 타락한 교황으로 악명높은 알렉산드르 6세와 그의 아들 체사레 보르자가 인사정책을 펴는 데 유용하게 쓰였다.

알렉산드르 6세의 임기 마지막 몇 년 동안 로마에 회자되는 말이 있었다. "돈 많은 추기경은 위험하다." 적어도 세 명의 추기경이 — 실제로는 더 많을 것이다 — 칸타렐라를 먹고 죽었다(체사레의 여동생 루크레치아 역시 살인에 가담했다는 설도 있지만 이는 사실로 확인되지 않았다).

이 독은 알렉산드르와 체사레에게도 불행을 가져다주었다. 1503년 8월 5일 그들은 추기경 아드리아노 다 코르네토의 정원에서 저녁식사를 했다. 8월 11일 추기경에게 고열이 왔고, 열이 3일간 지속된 후에 죽었다. 그런데 다음날 알렉산드르와 체사레도 고열증상을 보였다. 8월 18일 아버지는 죽었고 아들은 살아남았다. 의사들은 말라리아라는 진단을 내렸지만 믿는 사람은 없었다.

기록에 남은 증상은 현재 독물학자들이 '비소-홍반'이라 부르는 것과 동일한 증상이었다고 한다. 동시대 독일인의 기록에 따르면 "와인이 든 병 두 개를 대접했는데 하나에는 독이 들어 있었고 다른 하나에는 없었다." 한 하인이 병을 혼동해서 체사레에게도 독이 든 와인을 따라주었다고 한다.

위대한 인문주의자 피에트로 벰보(Pietro Bembo)는 만족스럽게 이렇게 말했다. "그래서 사람들은 불멸의 신들이 얼마나 신성한 의지와 무한한 정의를 보여주는지를 알았다. 신들은, 그렇게 많은 제후들과 그렇게 많은 신하들의 재산을 빼앗기 위해 독살도 서슴지 않은 이 두 인물에게 결국 벌을 내리셨다. 손님에게 대접하기로 작정한 독약에 의해 스스로 죽음에 처하게 하신 것이다."

브랑빌리에 후작부인(20쪽)의 베를린판은, 마찬가지로 상류층 여성인 추밀고문관 부인 우르시누스였다. 1803년 3월 5일 체포되었을 때 그녀는 친구들과 카드놀이를 하던 중이었다. 고발한 사람은 하인 벤야민 클라인이었다. 클라인의 고발 내용은 이러했다.

언젠가 그의 몸이 좋지 않았을 때 여주인이 고기 수프를 가져다주었는데, 그것을 먹고 상태가 더 악화되었다. 어느 날에는 쌀요리를 가져온 적이 있었다. 그가 감사하지만 안 먹겠다고 거절하자, 그녀는 음식을 쓰레기통에 버렸다. 의심이 든 그는 거실을 둘러보던 중 장롱 안에서 흰색 가루가 든 종이봉지를 발견했다. 봉지에는 '비소'라고 쓰여 있었다. 추밀고문관 부인은 마지막으로 말린 자두를 먹으라고 했다. 그는 역시 받았지만 먹지 않고 약사에게 가져갔다. 자두에도 비소가 들어 있었다.

이제 사람들은 ─ 매우 늙고 병들었던 ─ 추밀고문관이 3년 전에 급사했고 몇 달 후에는 부인의 숙모가 유산을 남기고 죽었음을 기억해 냈다. 두 경우 모두 부인은 갑작스럽게 자리에 누운 사람들을 얼마나 헌신적으로 돌보았던가. 그때마다 그녀는 꼭 비소를 구입했다. 자기 집에도, 숙모의 집에도 보이지 않는 쥐를 잡겠다면서.

두 사람의 시체가 발굴되었지만 전문가들은 비소의 흔적을 발견할 수 없었다. 법정은 우르시누스 부인에게 남편 살해에 관해서는 무죄를 판결하고, 숙모 살해에 관해서는 유죄를, 그리고 하인 살인미수에 관해서 역시 유죄를 판결하면서 '종신 성채 금고형'을 선고했다. 글라츠에 있는 성채였다.

그녀는 30년 후에 석방되었지만 계속해서 글라츠에 살다가 1836년 그곳에서 사망했다. 하인에 대한 살인미수의 동기는 밝혀지지 않았다. 소문에 의하면 하인과 관계를 가졌고, 따라서 그가 여주인의 비밀을 너무 많이 알고 있었기 때문이었다고 한다. 문서상으로는 아무것도 남아 있지 않다.

전문가들 중 한 명인 화학자 발렌틴 로제(Valentin Rose)는 성과 없이 끝난 검시에도 포기하지 않았다. 3년 후에 그는 시체에서 독약의 잔여 성분을 검출하는 방법을 개발했다. 이 방법은 1810년 독살범 안나 츠반치거 사건(54쪽)에서 실제로 사용되었다.

불만에 찬 아내들

미국 여성 플로렌스 메이브릭은 두 배나 나이가 많은 영국 리버풀의 포목 상인 제임스 메이브릭과 결혼했다. 메이브릭 씨는 자신의 아내가 친구 브리얼리와 간통하고 있음을 알게 되자 그녀를 매질하고 유언장을 변경했다. 부부가 이 장면을 연출한 지 한 달 후에 그의 건강상태는 급속도로 나빠졌다. 1889년 5월 남편은 사망했다.

보모는 메이브릭 부인이 세숫대야에서 파리 퇴치용 끈끈이종이를 녹이고 있는 모습을 목격했었다. 모든 사람들이 알고 있듯, 거기에는 비소가 들어 있었다. 시체에서는 비소 외에도 스트리크닌, 청산, 모르핀이 검출되었다. 변호사는 죽어가는 사람을 앞에 두고 겁을 먹은 그녀가 약간은 과격한 방법으로 회복을 기도했다고 변명했다. 또 끈끈이종이에서 얻은 비소를 화장 목적으로 사용했다고도 말했다. 실제로 당시 여성들은 비소를 원기 보강이나 미용 도구로 사용하곤 했다.

그러나 이 미망인의 간통은 배심원들에게 매우 나쁜 인상을 주었고 그녀는 유죄판결을 받았다. 플로렌스 메이브릭은 사형을 선고받았지만 나중에 종신형으로 감형되었다. 1904년 석방된 그녀는 미국으로 돌아가서 『내 15년간의 잃어버린 세월』이라는 책을 썼다. 마리 라파쥐(50쪽)의 경우처럼, 아름다운 플로렌스 메이브릭에게도 그녀가 무죄라고 펀드는 사람들이 없지는 않았다. 그들은 애인과 결혼하기 위해 남편을 독살할 필요가 어디 있느냐고 반문했다. 어차피 매질을 당한 상황에서는 이혼을 요구할 정당한 이유가 있었다는 것이다. 덧붙여 메이브릭 씨 역시 혼외정사를 즐기고 있었고, 심지어는 사생아도 여러 명 있었다고 한다.

제임스 조이스 작품 『율리시스』의 그 유명한 마지막 장면에서 몰리 블룸은, 판결의 정당성을 의심하지는 않지만 불만에 찬 메이브릭 부인에게 동정을 표한다. 빅토리아 여왕은 완전히 달랐다. 여왕은 이 간통녀를 지독하게 썩어빠진 인물로 생각했고, 예상보다 일찍 석방된 것을 못마땅하게 생각했다. 영국 형사재판에서 논란의 여지가 많았던 이 판결로 인해 1907년 제2심급인 형사공소원(Court of Criminal Appeal)이 설립되었다.

플로렌스 메이브릭, 마리 라파쥐, 그리고 우르시누스는 사랑하지 않는 남자들과 결혼했다. 반대로 브랑빌리에 후작부인과 게셰 고트프리트(55쪽)는 유산을 노렸다. 나중에 줄리어스 헤이의 희곡 「소유」(1945)의 소재가 된 헝가리의 한 재판에서도 이 두 가지 동기는 중요한 역할을 했다.

1929년 헝가리의 시골마을 나지레브에서는 이상하게도 남자들만 죽는 사고가 계속 일어났다. 의심을 품은 사람들이 50구의 시체를 검시해 보았다. 그 중 46구에서 비소가 발견되었다. 마을의 산파 주잔나 파제카스가 과부들에게 무료로 흰색 가루를 공급했음이 밝혀졌다. 체포당할 위기에 처한 산파는 자신을 직접 처형함으로써 세속의 재판을 피했다. 고객들 중 26명이 기소되었고 8명이 사형선고를 받았고 나머지는 금고형을 받았다.

강직한 공산주의자 줄리어스 헤이는 농부 아내들의 물욕에 조명을 집중하고 연쇄살인을 자본주의가 낳은 당연한 결과로 보았다. 믿음의 동료인 베르톨트 브레히트(독일 시인이자 극작가 - 옮긴이)조차 불쾌하게 생각한, 편협한 해석이었다. 브레히트는 이렇게 말했다. "마르크시스트라면 어디선가 몇몇 여자들이 결혼과 살인을 통해 농장을 손에 넣는다는 사실보다는 모든 농장이 어떻게 경영되는지에 더 큰 관심을 가져야 한다."

한편 자본주의 국가 미국에서는 노처녀 두 명이 저지른 미친 범죄행위가 유명세를 떨쳤다. 그들의 행각은 브로드웨이 관객들을 매료시켰고 전쟁터를 잊게 해주었다. 조셉 케셀링의 공포코미디 「비소와 낡은 레이스」(1941)에서 애비 브루스터와 마사 브루스터는 독이 든 라일락와인으로 독신 남성들을 죽이면서 고독을 해소한다. 마사 브루스터는 벼락이라도 맞은 듯 놀라는 조카 오티머에게 이렇게 말한다.

"1갤런의 와인에는 비소 한 티스푼을 넣고 스트리크닌 1.5테이블스푼을 더하지. 거기다 청산가리를 한 줌 추가하면 된단다."

같은 시대 이 연극을 영화화한 프랭크 카프라 감독은 자신의 영화가 극장에 걸리기까지 4년을 — 브로드웨이 연극이 그만큼 오래 상연되었다 — 기다려야 했다.

남편의 복수

물론 비소를 이용해서 원하지 않는 사람들을 저세상에 보내는 것이 여성들만의 독점은 아니었다. 도서미스터리의 고전으로 알려진 프랜시스 아일스의 추리소설 『살의』는 실제 사건을 모델로 삼았다.

1921년 2월 캐서린 메리 암스트롱이 사망했을 때, 사인(死因)은 자연적 심장발작으로 내려졌다. 바로 전해에 그녀는 신경치료 시설에서 살았고 1월이 되어서야 집으로 돌아왔다. 변호사로 일하는 남편 허버트 로우즈 암스트롱이 대량의 비소를 구입했다는 사실에는 아무도 주목하지 않았다. 정원에서 식재료를 직접 키우던 터라, 잡초 문제를 해결하기 위해 비소가 필요했다는 것을 모두 알고 있었기 때문이다. 위풍당당한 암스트롱 부인이 허약한 남편의 기를 꺾는 장면이 많았지만, 그때마다 그는 놀랍도록 침착하게 참아내곤 했다. 아내에게 당한 수모를 런던에서 풀었다는 사실은, 그래서 성병까지 걸렸다는 사실은 재판이 열린 후에야 알려졌다.

암스트롱이 동료 변호사 오스월드 노먼 마틴과 싸우지만 않았더라도 이 재판은 열리지 않았을 것이다. 싸운 직후 마틴은 모르는 사람으로부터 초콜릿 봉봉 한 상자를 받았다. 그 자신은 먹지 않았지만 집안 손님 하나가 그것을 먹었고, 곧 매우 심각한 상태가 되었다. 1921년 10월 암스트롱은 함께 차를 마시자며 마틴을 초대했고, 화해를 청하면서 케이크 한 조각을 대접했다.

그런데 집에 돌아온 마틴은 경련과 구토증상을 보이며 심한 설사를 했다. 마틴을 진찰한 의사는(그는 암스트롱 부인도 진료했다) 뭔가 의심

적어 실험실에 소변검사를 의뢰했다. 소변에서는 비소가 검출되었다. 경찰은 즉각 수사를 시작했다. 수사를 안전하게 진행하기 위해 마틴에게 암스트롱과 계속해서 정상적인 관계를 유지하라고 부탁했다. 마틴에게는 마치 곡예처럼 온 신경을 소모시키는 일이었다. 암스트롱은 긴장을 늦추지 않고 계속해서 마틴을 공식적으로 초대했고, 마틴은 불행을 피하기 위해 아무 일도 없는 척하며 온갖 변명을 늘어놓아야 했다.

12월 31일 암스트롱은 체포되었다. 그의 가방과 책상에서는 비소가 발견되었고 암스트롱 부인의 시체에서도 마찬가지였다. 암스트롱은 능란하게 자신을 변호했다. 자기 아내의 죽음은 자살이며, 자신이 가지고 있는 독약은 정원을 돌보는 데 쓰는 원재료라는 것이다. 그러나 집안 하인들의 주장은 달랐다. 오히려 암스트롱 부인은 죽음에 대한 공포가 있었다고 말했다. 암스트롱은 왜 독약을 여러 장소에 나누어 보관했는지도 설명하지 못했다. 그는 사형선고를 받았고 다음해 5월 처형되었다.

가운 입은 유산 상속자

일반적으로 살인을 계획할 때 독약을 사용하는 사람은 변호사가 아니라 의사들이다. 전문 지식과 모든 종류의 독약을 다루는 능력 때문에 독약의 흔적을 씻어내는 것이 더욱 손쉽기 때문이다. 1822년과 1823년 에드메 카스탱 박사는 두 명의 발레리노 형제를 저세상에 가도록 재촉했다. 그러나 8년 동안 모르핀을 진통제로 사용해 왔기 때문에 효력에 논란의 여지가 있었고 증거도 찾을 수 없었다(47쪽). 150년 후 헤럴드 쉬프먼 박사가 여자 환자들을 같은 독으로 해치웠을 때에는, 약의 효력은 이미 잘 알려졌고 몸에서 증거를 찾아내는 것도 전혀 어렵지 않았다. 수년 동안 범행이 발각되지 않았던 것은 행동이 은밀했고 '선량한 의사'라는 사람들의 신뢰가 있었기 때문이다.

붉은 디기탈리스 식물에서 추출한 강심제는 18세기부터 약한 심장을 자극하는 데 사용되어 왔다. 그러나 용량을 초과할 경우는 치명적이다. 1863년 11월 줄리 드 포가 갑작스럽게 죽었을 때, 아무도 별다른 의심을 하지 않았다. 이 젊은 과부는 오랫동안 병석에 누워 있었고 바로 전에도 의식을 잃은 채 계단에서 굴러떨어진 적이 있었기 때문이다. 담당 의사 들라 폼머레는 사인(死因)으로 콜레라를 확진했다.

3일 후 파리 경찰국 쉬레테에 익명의 편지가 도착했다. 들라 폼머레 박사의 재정 상황을 살펴보라고 충고하는 내용이었다. 실제로 놀라운 사실이 드러났다. 수입에 비해서 사치스럽게 살고 있던 이 의사는 줄리 드 포의 단독 상속자였다. 줄리는 생전에 55만 프랑이나 되는 생명보험을 들어놓았고, 보험회사는 의사에게 보험금을 지불했다.

그 직후, 죽은 여성의 동생 리터 부인이 쉬레테에 나타나서 줄리가 예전에 계단에서 추락한 것은 거짓이고 사실은 나무토막이 든 자루를 계단 아래로 던진 것이라고 진술했다. 모두 생전 줄리의 입에서 직접 나온 말이라는 것이다. 폼머레 박사는 줄리의 주치의일 뿐 아니라 애인이기도 했고, 두 사람은 자금 부족을 해결하기 위해 계획적으로 중병을 위장했다고 한다. 보험회사로부터 돈을 받아내기 위해서였다.

파리 의학교 학장 앙브루아즈 타르디외가 시체를 부검했지만 아무 증거도 찾지 못했다. 유일한 증거는 환자가 의사에게 조심성 없이 전달한 편지였다. 자신의 심장을 강하게 하기 위해 "의사가 아닌, 아는 사람"의 충고에 따라 디기탈리스를 복용하고 있다는 내용의 편지였다. 이것은 보험회사를 속이기 위한 계획의 일부였을까? 아니면 시체에서 독약이 검출되지 않으리라고 믿고 있던 폼머레가 혹시 있을 반대의 경우에 대비해 미리 준비한 것일까?

같은 시기에 그는 3그램의 디기탈리스를 구입했다. 그가 담당하는 환자 수를 생각해 보았을 때 터무니없이 많은 양이었다. 타르디외 학장은 여기에 수수께끼 해결의 열쇠가 있음을 확신했다. 약학자들에게 문의한 결과, 심장약의 효력을 알기 위해서라면 개구리가 최고의 실험동물이라고 추천했다. 타르디외는 개구리 몇 마리에게 디기탈리스를 주사했고, 다른 몇 마리에게는 침실 바닥에서 긁어낸, 죽어가는 줄리가 토한 위 내용물을 주사했다. 개구리들은 모두 같은 증상을 보이며 죽어갔다.

마리 라파쥐를 변호하기도 했던 라쇼 변호사가 당시로서는 아주 특이한 이 증거를 무효로 만들기 위해 모든 수단을 다 써보았지만 폼머레는 유죄판결을 받았고 1864년 6월 로케트 교도소 앞 광장에서 참수되었다.

병적인 취향으로 알려진 시인 오귀스트 빌리에 드 릴라당이 이 장면을 놓칠 리 없었다. 20년 후에 그는 『피가로』지에 섬뜩한 농담 하나를 실었다. 폼머레는 처형당하기 전 동료 의사 벨포와 일종의 과학 실험을 하기로 약속했다고 한다. 실험 내용은 "사형수의 머리가 살녀 땅에 떨어진 후 윙크를 몇 번 할 수 있는가"였다. 폼머레는 세 번까지

할 수 있다고 장담했지만 실제로 자신이 참수되었을 때 단 한 번만 윙크에 성공했다고 한다.

성인군자 같은 내 아들을

적어도 10명 이상을 독살했던 윌리엄 팔머 박사의 계획에서도 생명보험은 결정적인 역할을 했다. 1853년 초 그는 아내 애니의 이름으로 1만 3,000파운드짜리 보험을 들었다. 그리고 9월에 아내가 죽었다. 고령의 두 동료 의사는 사인을 '영국 콜레라'로 진단했다. 계산이 매끄럽게 떨어지고 난 후 그는 다시 주정뱅이 형 월터의 이름으로 8만 2,000파운드의 보험을 들었다. 월터는 죽었지만 하인은 팔머가 형의 술잔에 무엇인가를 넣는 모습을 목격했고 보험회사는 보험금 지불을 거절했다. 그후 하인 역시 중병에 걸렸지만 죽지는 않았다.

팔머의 마지막 희생자는 함께 경마를 즐기던 친구 존 파슨스 쿡이었다. 1855년 11월, 쿡은 무시무시한 경련을 일으키며 죽었다. 팔머는 쿡의 서명이 있는 4,000파운드가 넘는 차용증을 제시했다. 맨눈으로 보기에도 분명히 알 수 있는 서투른 위조였다.

팔머는 체포되었지만 패배를 인정할 수 없었다. 그는 검시에 참관하겠다고 주장했고, 몰래 쿡의 위를 훔치려고 시도했다. 이것이 실패하자, 검시를 위해 런던으로 위를 배달할 운전사에게 배달되지 않게 해준다면 보답을 하겠다고 제안했다. 검시관까지도 매수하려고 했다. 결국 영국 법의학의 창시자 알프레드 스웨인 테일러는 스트리크닌(마전의 씨에 함유되어 있는 알칼로이드 성분으로, 신경자극제로 쓰이지만 맹독물질이어서 정량을 조금이라도 초과하면 신경이 마비되고 질식해서 죽음에 이른다 – 옮긴이) 중독으로 진단을 내렸지만 독은 쿡의 위에서도 애니와 월터의 시체에서도 검출할 수 없었다. 그러나 배심원들이 보기에는 증거가 충분했다. 그들은 팔머에게 사형선고를 내렸다. 1856년 6월, 그는 끝까지 범행을 부인하면서 교수형에 처해졌다.

모두가 그의 죄를 믿은 것은 아니다. 팔머가 처형된 후 그의 어머니는 "그들이 성인군자 같은 내 아들 빌리를 목매달았다"고 외쳤다. 이 문장은 로버트 그레이브스(Robert Graves)의 소설 제목이기도 하다. 아마도 그렇게 진지한 의도는 아니었겠지만, 연쇄살인범의 혐의를 씻어주려는 의도에서 기획된 소설임이 분명하다.

플로렌스 메이브릭(253쪽)처럼 팔머 역시 사법의 역사를 만들었다. 그의 고향인 스태포드샤이어 루겔리 주민들의 분노 때문에 재판의 공정성이 무너질 위험에 처하자, 의회는 '팔머 조항'을 제정했다. 이것은 지방에서 열리는 재판들을 런던의 중앙형사재판소로 옮기는 것을 허락하는 내용이었다.

토머스 닐 크림 박사는 마찬가지로 스트리크닌을 사용했지만 이익을 얻으려는 목적에서가 아니라 단순한 즐거움 때문에 살인을 저지른 사람이다. 성적으로 만족하지 못하는 내성적인 성격에다, 여성들에게 때로는 남성에게 이상한 편지를 즐겨 썼다. 1891년 런던으로 이주했을 때 그는 이미 시카고에서 10년을 복역한 경력이 있었다. 간질환자 다니엘 스토트에게 독을 주사한 그의 범죄는 그 자신이 검사에게 쓴 편지 때문에 밝혀졌다. 그는 저방선을 잘못 시행한 약사에게 죄를 물었다. 그러나 피살자의 아내이자 그의 애인인 스토트 부인은 반대 증언을 했다. 그가 약에 흰색 가루를 섞었다는 것이다.

런던에 온 그는 창녀들에게 스트리크닌으로 가득 채운 알약을 억지로 먹였다. 그들 중 4명이 끔찍한 고통에 몸부림치며 죽었다. 마침 정체가 폭로되지 않은 '살인마 잭'이 날뛰고 있던 터라 홍등가의 충격은 더 컸다. 이번에도 직접 쓴 편지가 자신의 무덤을 팠다. 한 의사에게 쓴 편지가 문제였다. 당신 아들이 창녀들을 살해한 사실을 알고 있으니 내 입을 다물게 하려면 1,500파운드를 내놓으라는 내용이었다. 그리고 나서 크림 박사는 살인범을 잡는 사람에게 30만 파운드라는 이해하기 힘든 보상금을 약속했다. 그가 준 알약을 먹지 않고 버린 어느 창녀의 제보로 경찰의 주목을 받자, 그는 변호사 사무실에 변호를 의뢰했다.

크림 박사는 1892년 6월 체포되었다. 우선은 협박미수 때문이었다. 그러나 곧 실크해트를 쓴 사팔뜨기 눈의 남자를 알아보는 여자들이 속속 등장했다(그는 대머리에 사팔뜨기였다). 성매매 대가로 돈뿐만 아니라 의료품을 지불하겠다고 제안했던 바로 그 남자 말이다. 그의 집에서는 스트리크닌이 섞인 액체가 들어 있는 7개의 병이 발견되었다. 배심원들이 유죄를 판결하는 데는 12분밖에 걸리지 않았다.

선정적 언론은 그가 "나는 잭이다(I am Jack the……)"라는 최후의 진술을 했다고 보도했다. 사실이 아니었다. 원래 소문이란 진실과 전혀 상관없는 법이다. 배를 갈라 사람을 죽이는 살인마 잭이 빈민가 이스트엔드를 공포로 몰아넣을 즈음 크림 박사는 미국 교도소에 갇혀 있었다.

초현실주의자들의 뮤즈

약국의 창살 안으로 들어갈 방법이 없는 보통 사람들은 잡초나 해충을 구제한다는 이유로 화학약품을 구했다. 1861년 쥐약으로 개발되어 시장에 진출한 탈륨이 발견된 이후로 전 유럽에서는 금속염류를 사용한 살인사건이 빈번하게 발생했다.

확실성이 떨어지는 또다른 방법은 수면제를 이용하는 것이었다. 18세의 비올레트 노지에르는 1933년 부모가 마실 커피에 수면제 베로날을 섞었다. 철도원인 아버지는 죽었고 어머니는 의식을 잃었다. 딸은 가스를 틀어놓고 집을 떠났다. 그러나 어머니는 죽지 않았고 경찰은 의혹을 품게 되었다. 비올레트가 어머니가 있는 성 앙투안 병원을 방문했을 때 경찰이 그녀를 체포했고 그녀는 죄를 자백했다.

왜 그녀는 부모를 죽이고 싶었을까? 그녀는 소시민적 생활에서 벗어나고 싶었고, 라틴 구역에서 대학생들과 밤을 보내는 것이 더 좋았다. 강도짓과 매춘으로 필요한 푼돈을 벌면서 매독에 걸렸다. 재판 중에 그녀는 아버지가 열두살 때부터 자신을 성폭행했으며 어머니는 그 사실을 알면서도 입을 다물었다고 주장했다.

어느 정도 꾸며낸 이야기였지만, 초현실주의자들은 그녀를 사랑했다. 같은 해 앙드레 브르통, 르네 샤르, 폴 엘뤼아르의 시와 살바도르 달리, 막스 에른스트, 르네 마그리트의 삽화가 실린 옹호서가 등장했다. 자유를 갈구하는 프롤레타리아 소녀에게 열광적인 지지와 환호를 보내는 것이었다.

브르통은 아버지가 딸에게 비올레트(Violette)라는 이름을 주어 훗날 폭행(viol)할 것을 미리 고지했다고 주장했다. 달리는 독일에서의 정치적 변화를 넌지시 암시하고자 그녀의 이름을 '나지에르(Naziere)'라 쓰고, 목발에 의지한 지나치게 긴 코(nez)를 그렸다. 50년이 흘러도 이 존속살인범은 잊혀지지 않았다. 클로드 샤브롤 감독은 그녀에게 자신의 영화 「비올레트 노지에르」를 헌정했다. 비올레트 역을 맡은 이자벨 위페르는 실제 비올레트가 그랬듯, 의중을 알 수 없는 모습을 훌륭하게 연기한다.

예술가들 사이에서의 갈채에도 불구하고 비올레트 노지에르는 사형선고를 받았다. 알베르 르브렁 프랑스 대통령은 종신형으로 감형해 주었다. 1946년 석방된 그녀는 루앙의 어느 여관 주인과 결혼했지만 몇 년 살지 못하고 암으로 죽었다.

역시 부모의 목숨을 노렸던 영국의 독살범도 영화에서 계속 살아남았다. 「젊은 독살범 핸드북(The Youn Poisner's Handbook)」(1995)이라는 영화는 그레이엄 영의 이야기를 다룬다. 어렸을 때부터 독극물을 취급하는 실험실에 드나들었던 그는 열네살 때인 1962년 계모를 독살했다. 아버지와 여동생은 살아남았다. 영은 정신병자 죄수들을 수용하는 기관으로 보내졌고 1971년 완치되어 퇴원했다.

이후에는 영국 허트포드샤이어의 보빙던에 있는 렌즈 연마공장에 창고노동자로 취업했다. 같은 해 동료 몇 명이 심하게 아프더니 그 중 두 사람이 죽었다. 의사는 바이러스성 전염병으로 추정했다. 걱정이 된 회사는 독물학자를 불러왔다. 젊은 창고노동자 그레이엄 영은 회사에서 탈륨을 다루고 있음을 환기시키면서 독물학자의 주의를 돌렸다. 그러나 오히려 평범하지 않은 전문지식 때문에 의심을 샀고, 사람들은 스코틀랜드 야드에 사실을 알렸다.

경찰은 영의 과거를 알고 가택수사를 벌여 일기를 찾아냈다. 일기는 치명적인 인간 사냥이 매우 꼼꼼하게 기록된 독살일지였다. 이 쾌락살인범은 휴식시간에 돌아가면서 차를 준비한다는 점에 착안해 자신의 차례가 되면 차에 독을 넣었던 것이다.

법정에서 그는 조금도 후회하는 빛을 보이지 않았다. 오히려 천재적인 대량살인범으로서 마담 터소의 밀랍인형 전시관(마담 터소는 스위스의 밀랍인형 세공사로, 런던에 있는 터소 밀랍인형관의 창립자이다 – 옮긴이)에 들어가고 싶다는 소망을 피력하기까지 했다. 그는 종신형을 선고받고 1990년 심장발작으로 죽었다.

영이 연쇄살인을 계획한 것은 애거서 크리스티의 추리소설을 읽고 나서였다(작가로서는 매우 괴로운 일이었을 것이다). 애거서 크리스티의 『창백한 말(The Pale Horse)』에는 탈륨 독살의 징후가 매우 전문적으로 묘사되어 있다. 가장 확실한 징후는 약 2주 후에 나타나는 탈모현상이라고 한다. 그럼에도 불구하고 진단이 잘못 내려지는 경우도 드물지 않다. 몇몇 대가들의 명성을 심각하게 훼손시킨 뮌스터의 한 살인재판이 바로 그런 경우였다.

탈륨은 어디에나 있다

1957년 4월 1일 모포 안에 싸여 끈으로 묶인 남자의 상체가 독일 뮌스터의 아아(Aa)호수에서 발견되었다. 하체는 같은 날 아아깅에 띠올랐다. 머리는 찾을 수 없었다. 모포를 묶고 있던 끈을 통해 죽은 사람이 44세의 페인트공 헤르만 로어바흐임이 확인되었다.

미망인 마리아 로어바흐는 남편이 잔혹하게 살해되었다는 소식을 듣고도 별다른 반응을 보이지 않았다. 경찰은 곧 그녀가 전과자이며 뮌스터에 거주하는 영국인 하사관과 내연의 관계라는 사실을 알게 되었다.

영국 군인과 결혼했던 그녀의 친구 엘프리데 마스터스는 이렇게 진술했다. "마리아는 일 년 전부터 남편을 독살하고 싶다는 말을 자주 했어요." 이웃들은 집 안에서 둔탁한 것이 쓰러지는 소리를 들었다고 증언했다. 부엌에 남은 피의 흔적에 대해 추궁하자 미망인은 남편이 코피를 심하게 흘린 것이라고 변명했다. 4월 13일 그녀는 체포되었다.

4월 16일 아아강 지류에서 피살자의 다리가 발견되었다. 법의학 연구소는 이 다리가 물속에 있었던 기간은 기껏해야 48시간이라는 견해를 피력했다. 그렇다면 마리아 로어바흐의 알리바이가 성립할 수 있었다. 검사는 몇 주 전에 유사한 시체가 발견되었을 때처럼 혼란에 빠졌다. 그 당시 동성애자인 헤르만 로어바흐의 한 남자친구가 머리가 잘린 채로 도르트문트 엠스 운하에서 낚싯대에 걸렸던 것이다.

1958년 3월 13일 많은 인파가 몰려든 법정에서 재판이 시작되었다. 바이에른 지방경찰국 실험실장 발터 슈페히트 교수는 피살자의 머리가 피고의 부엌 아궁이에서 불태워졌다고 설명했다. 아궁이에 탈륨의 흔적이 있었고 로어바흐가 죽기 전에 (아내가 없을 때에만 나타나는) 지속적인 설사증상을 토로했다는 증언이 있었기 때문이다. 슈페히트 교수는 만성적인 탈륨중독이라고 추론했다. 검사에게 사건은 명백했다. 마리아 로어바흐는 남편에게 독을 먹인 후, 가능하다면 제3자의 도움을 받아, 부엌에서 토막냈음이 분명했다. 4월 18일 그녀는 종신형을 선고받았다. 재심 청구는 기각되었다.

1959년 9월 오래된 철둑 뒤 폭탄 구덩이에서 동네 아이들이 로어바흐의 머리를 발견했다. 머리에는 탈륨의 흔적이 전혀 없었다. 그 사이에 변호사는 12개 기관차의 검댕이와 심지어는 슈페히트 교수의 부엌 아궁이에서 나온 검댕이를 몰래 가져와 분석을 의뢰했다. 그 모두에서 탈륨이 검출되었다. 그렇다면 기소의 근거가 완전히 무너지는 것이다.

1961년 5월 3일 재심이 시작되었다. 17명의 전문가들이 등장해서 모두 상이한 의견을 피력했다. 뤼트링엔하우스 형무소 직원은 맹세컨대 마리아 로어바흐가 자신에게 이렇게 말했다고 주장했다. "저는 죄가 없어요. 하지만 범인이 누군지는 알고 있어요. 머리는 불타버린 것이 아니라 폭탄 구덩이 안에 있어요." 미심쩍은 상황에도 불구하고 1961년 6월 30일 그녀는 증거 부족으로 석방되었다.

부부 간의 독살 드라마는 그보다 몇 년 전 보름스에서 실제로 펼쳐졌다. 3명이 같은 증상을 보이며 죽었다. 그러나 의사가 의심을 품은 것은 세 번째 경우뿐이었다. 1952년 9월 27일 첫번째 희생자인 타일공 카를 레만이 사망했다. 그는 아내 크리스타와 끊임없이 다투며 살다가 어느 날 갑작스럽게 극심한 통증을 보이며 죽었다. 사인은 위궤양이었다.

10월 14일에는 레만의 아버지가 아침식사 30분 후에 지견거를 타고 가다 갑자기 쓰러져 죽었다. 그 역시 며느리와 사이가 좋지 않았다. 행인이 급히 불러온 의사는 심장발작임을 확신했다. 무엇인가 문제가 있다고 생각한 것은 크리스타의 친구 안니 하만이 1954년 2월 15일 초콜릿 사탕을 먹은 후 경련을 일으키며 죽었을 때였다. 죽기 전 마지막 힘을 다해 그녀는 사탕 일부를 다시 뱉어냈다. 강아지가 달려들어 그것을 먹고는 숨이 멎었다.

독물학자들은 독의 성분을 알아내기 위해 며칠간 씨름했다. 문제가 된 것은 제2차 세계대전 중에 개발된 식물보호제 'E605'로, 살인에 사용되기는 이번이 처음이었다. 레만 부자의 시체를 발굴해 검시한 결과 같은 독의 흔적이 발견되었다. 특징적인 것은 엄지발가락이 경련을 일으키며 검지발가락과 교차되었다는 점이다.

안니 하만의 시체가 매장되고 장례식이 끝나자마자 크리스타 레만은 체포되었다. 처음에 그녀는 범행 일체를 부인했다. 하지만 4일 후에 신부를 불러달라고 하더니 신부 앞에서 고해성사를 했다. 죽이고 싶었던 것은 안니 하만이 아니라 하만의 어머니였다고 한다. 친구의 어머니가 둘 사이를 갈라놓으려 했기 때문이다. 그러나 정작 노부인은 초콜릿 봉봉을 먹지 않고 손자를 위해 아껴두었던 것이다.

다음날 크리스타 레만은 다른 두 건의 살인(남편과 시아버지) 역시 시인했다. 1954년 9월 20일 마인츠 배심재판소는 그녀에게 종신형을 선고했다. 이 범행이 있은 후 한동안 'E605'로 살인과 자살을 저지르는 사건이 줄을 이었다. 많은 희생자를 내고 긴 시간이 흐른 뒤에야 이 유행병은 막을 내렸다.

살인인가, 자살인가

마리아 로어바흐가 유죄판결을 받은 것은 살인 때문이지 독살 때문은 아니었다. 크리스타 레만의 첫 두 건의 살인은 증거를 찾을 수 없었다. 독살사건일 때는 전문가 집단에 대한 경찰과 사법기관의 의존도가 높았지만, 전문가들로부터 별다른 도움을 받지 못할 때도 많았다. 몇몇 악명높은 독살 재판들은 몇 년을 끌기가 일쑤였고 결국 감정인들이 아무것도 찾지 못해 무죄판결로 종결되곤 했다. 일부 재판들은 예심에서 피고의 혐의가 확실했음에도 불구하고 유죄를 입증할 수 없었다.

1876년 젊은 변호사 찰스 브레이보가 3일간의 구토 끝에 런던 근교 밸햄에서 사망했을 때, 의사들은 구토의 원인이 안티몬이라는 독성물질이라고 생각했다. 그러나 안티몬이 어떻게 그의 몸에 들어갔는지, 또 무엇보다 누가 그에게 주었는지는 알아낼 수 없었다.

살인범 역에는 세 명의 후보가 있었다. 첫번째로 브레이보의 아내 플로렌스였다. 그녀는 알코올중독자로 첫 남편 역시 급사한 전력이 있었다. 두번째로는 64세의 제임스 맨바이 걸리라는 유명한 의사가 유력시되었다. 그는 작가 알프레드 테니슨과 토머스 칼라일을 진료했던 의사로 플로렌스 브레이보의 정부였다.

마지막으로 수수께끼로 둘러싸인 가정부 제인 캐넌 콕스가 있었다. 사망 원인을 밝히기 위한 법정 심문에서 그녀는 브레이보가 죽어가면서 자신은 아내의 애정편력 때문에 죽게 되었다는 말을 했다고 진술했다. 그러나 법정은 이 말을 믿지 않았다. 법정은 찰스 브레이보가 고의적으로 살해되기는 했지만, "한두 명의 고발로는 증거가 불충분하다"고 단언했다.

재판은 법원이 아닌 신문과 실화소설에서 개최되었다. 작가 마리 벨록 론디스(Marie Belloc Lowndes)는 『실제로 일어난 일』(1926)에서 가정부가 범인이라고 주장했다. 이는 대부분의 사람들이 확신하는 것과 일치했다. 엘리자베스 젠킨스(Elizabeth Jenkins)는 『걸리 박사 이야기』(1972)에서 사회적으로 파멸한 의사의 관점에서 사건을 서술한다. 플로렌스 브레이보가 죄를 지었지만 고의적인 살인은 아니라는 것이다. 유산을 한 이후로 남편과의 잠자리가 불편했던 그녀는 남편에게 독을 먹여 그의 성욕을 감퇴시키려 했지만, 항상 그랬듯이 술에 취해 용량을 초과하는 실수를 범했다는 추측이었다.

12년간의 재판, 그리고 무죄판결

마리 베스나르 사건은 그렇게 쉽게 해결되지 않았다. 그녀의 재판은 12년을 끌었다. 1949년 7월 21일 프랑스의 소도시 루덩에서 53세의 농촌 아낙 마리 베스나르가 체포되었다. 그녀의 친정어머니와 남편인 레옹 베스나르를 독살한 혐의였다.

마리의 체포는 마을에서 우편물 보관소를 운영하는 여인의 고발에 따른 것이었다. 언젠가 레옹 베스나르가 그녀에게 다가와 자기 부인이 수프에 무엇인가를 넣었다고 속삭인 적이 있었다고 한다. 워낙 작은 마을이었기 때문에 사람들은 그 이유까지도 잘 알고 있었다. 과거 독일군 전쟁포로였던 디에츠라는 사람이 전쟁 후에 프랑스에 머물면서 베스나르의 농장에서 일하고 있었다. 사람들은 마리 베스나르가 서른살이나 어린 하인에게 푹 빠져 아무 방해 없이 그와 함께 살고 싶어했으리라고 확신했다. 300년 전에 같은 곳 루덩에서 우르술라 수도회의 고해신부 우르뱅 그랑디에가 마녀재판을 받고 처형당한 적이 있었다. 수도원에서 '신들린 행위'를 한 죄였다. 그래서 '그랑디에'와 '브랑빌리에'(후작부인)의 각운을 살린 풍자시가 널리 회자되기도 했었다.

예심판사는 가만히 앉아 웃고 있을 수는 없었다. 레옹 베스나르와 그 장모의 시체를 검시하게 했다. 두 시체 모두에서 비소가 검출되었

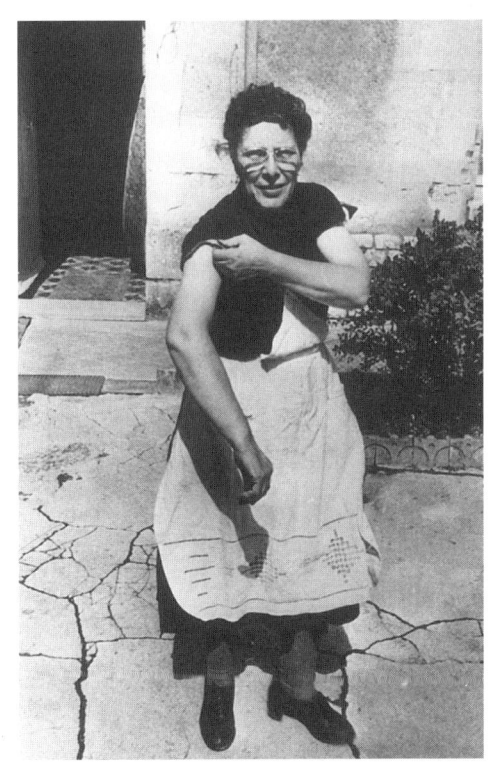

53세의 농촌 아낙 마리 베스나르. 친정어머니와 남편을 독살한 혐의를 받았으나 증거 불충분으로 무죄방면되었다.

다. 베스나르 가에서 벌어진 갑작스러운 사망사건에 관한 소문이 끊이지 않자, 결국은 의심스러운 상황에서 죽은 다른 시체들까지 발굴되었다. 전부 11구였다. 모두가 비소의 흔적이 있었다. 게다가 놀랍게도 이 모든 사망자들의 유산 상속자는 마리 혹은 마리의 남편이었다.

1952년 2월 20일 푸아티에 법원에서 재판이 개최되었을 때 피고를 곱게 보는 사람은 아무도 없었다. 그녀의 근엄한 상복과 경멸하는 듯한 미소는 냉정한 독살녀의 전형 같았다. 재판이 시작되자마자 그녀가 죽은 친척들 중 한 명의 연금을 자기 것으로 하면서 위조된 서명으로 영수증을 만들었다는 사실이 입증되었다. 반면에 그녀가 비소를 구입해서 가지고 있다는 증거는 없었다. 하인 디에츠 역시 처음에는 체포되었지만 피고와 관계를 가진 것을 부인했기 때문에 다시 석방되었다. 서류가 유보되기도 전에 그는 독일로 귀국했다. 아무래도 진실성이 의심되는 부분이었다.

재판이 결국 무죄판결로 끝난 것은, 명석하고도 값싼 연극적 효과를 꺼리지 않은 마리 베스나르의 변호사 고트라 덕분이었다. 그는 법의학자들이 범한 크고 작은 실수를 입증하는 데 성공했다. 무엇보다 그는 과학자들에게 아직 불확실성이 지배하던 영역을 강조하는 데 성공했다. 즉 시체에서 검출된 독이 공동묘지 땅의 미생물을 통해 들어온 것일 수도 있다는 점을 지적한 것이다.

1954년 전문가로 구성된 두 개의 팀이 이런 논거가 개연성은 없지만 그렇다고 불가능하지는 않다고 결론짓자, 피고는 120만 프랑의 보석금을 내고 석방되었다. 노벨화학상 수상자 프레드릭 졸리오 퀴리가 속한 세 번째 팀이 어둠 속에 한 줄기 빛을 던지기 위해 7년을 소모했지만 결국 성공하지 못했다. 어느 전문가는 이렇게 인정했다. "지하와 시체 안에서 비소가 어떤 식으로 잔존하는지에 관해서라면, 우리는 미지의 세계에 서 있는 것과 같다."

1961년 12월 12일 마리 베스나르는 증거 불충분으로 무죄방면되었다. 회고록에서 그녀는 자신을 비방했던 시민들과 그 비방을 그대로 믿었던 관리들을 매우 무자비하게 힐난했다. 그녀는 1980년 사망한 후 자신의 친척들을 해부했던 사람들, 즉 법의학자들에게 자신의 몸을 맡겼다.

완벽한 범죄

마리 베스나르가 아직 판결을 기다리고 있을 때 영국 리즈의 배심 재판소에서는 인슐린에 관한 살인사건 재판이 열렸다. 인슐린은 혈당을 떨어뜨리는 호르몬으로, 당뇨병 환자의 경우 인슐린이 충분히 생성되지 않아 인공적으로 주입받아야 한다. 반대로 건강한 사람에게 인슐린을 주입하면 나쁜 결과를 낳는다. 발한, 오한, 맥박 증가 등이 나타나고, 혈당치가 곧바로 상승하지 않는다면 소위 저혈당성 혼수상태에 빠져 의식을 잃고 경련을 일으키며 심한 경우에는 뇌손상과 사망에 이를 수도 있다.

1957년 5월 3일 자정 직전 영국 브래드퍼드에서 간호사 케네스 발로가 이웃집 문을 두드리며 긴급하게 의사를 불러달라고 청했다. 아내가 의식을 잃고 욕조 안에 누워 있는데 그녀를 살려보려고 노력했지만 소용이 없다는 것이었다. 곧바로 달려온 의사는 서른살의 엘리자베스 발로의 사망을 확인했다.

　동공이 완전히 확장되어 있었기 때문에 약물복용이 의심되어 경찰에 알렸다. 경관은 부엌에서 아직 채 마르지 않은 주사기 두 개를 발견했다. 발로는 자기 몸에 난 종기를 보여주며 종기를 치료하기 위해 페니실린을 주사했다고 말했다. 충분히 수긍이 가는 이유였다. 그럼에도 불구하고 시체는 인근 해러게이트 시의 실험실로 보내졌고 같은 날 밤 부검을 받았다.

　법의학자들은 발로 부인이 임신 2개월 상태임을 알아냈다. 하지만 갑작스러운 탈진으로 물에 빠졌다는 남편의 주장을 정당화할 만한 징후는 전혀 없었다. 대신에 법의학자들이 발견한 것은 엉덩이와 허벅지 사이의 작은 주사 자국 네 개였다. 따라서 발로의 진술은 거짓이었던 것이다. 하지만 그가 아내에게 주사한 물질은 무엇이었을까? 젖어 있는 주사기에서 검출된 것은, 그가 주장한 대로 단지 페니실린일 뿐이었다.

　3주 후에 경찰은 또다른 사실을 알게 되었다. 엘리자베스가 발로의 두 번째 부인이라는 사실이었다. 첫번째 부인은 지난해 서른셋의 나이로 갑작스럽게 죽었다. 또 한 가지, 그가 근무하는 성 누가 병원에서 두 명의 동료가 발로가 한 말을 기억하고 있었다. 발로는 환자에게 인슐린을 쓰면 완벽한 살인이 가능하다고(인슐린은 피 속에서 흔적 없이 녹기 때문이다) 말한 적이 있다는 것이다.

　의학자들은 주사 자국 주변의 조직에서 추출한 물질을 생쥐에게 주사해 보았다. 다른 생쥐에게는 순수한 인슐린을 투여했다. 두 마리 모두 같은 증상이 나타났다. 불안, 오한, 의식저하, 그리고 결국 혼수상태와 죽음이었다. 확실성을 기하기 위해 같은 실험을 모르모트와 집쥐에게도 반복했다. 결과는 같았다. 발로는 7월 말 체포되었다.

발로는 자기 아내에게 무엇인가 주사했음을 시인했지만 인슐린이 아니라 에르고메트린이라고 말했다. 낙태를 시키기 위해서였다는 것이다. 하지만 그 말이 사실이라면 의학자들이 죽은 여성의 소변에서 에르고메트린을 발견하지 못했을 리가 없다. 또한 에르고메트린은 동공 확장을 유발하지 않는다. 발로의 살인 동기가 끝까지 불명확했음에도 불구하고 배심원들은 유죄판결을 내렸다. 같은 해 승인된 '살인범에 관한 법률(Homicide Act)'에서 사형을 엄격하게 제한했기 때문에 그는 종신형을 선고받았다.

케네스 발로에 대한 재판은 인슐린을 범행에 이용한 사건을 다룬 최초의 재판이었다. 그러나 물론 마지막 재판은 아니었다. 1980년대에 발생한 한 범죄사건은 미국 로드아일랜드 주 뉴포트의 귀족사회가 배경이다. 이 사건은 나중에 영화로 만들어졌는데 마치 시나리오 작가의 손에서 나온 것처럼 환상적으로 보인다. 실제로 이 범죄드라마의 배경인 클래런던 저택은 여배우 그레이스 켈리가 모나코 왕비로 변신하기 전에 찍은 마지막 영화「상류사회」의 촬영 장소였다.

마사('서니'라고 불렸다) 폰 뷜로브는 1980년 12월 21일 혼수상태에 빠져 현재까지도 의식을 회복하지 못하고 있다. 서니는 막대한 부를 상속받았음에도 불구하고 행복한 삶을 살지 못한 가련한 여인이다. 그녀는 수줍음 많고 우울증을 앓고 있었으며 술을 많이 마시고 합법적이든 불법이든 온갖 종류의 약을 복용했다.

첫번째 결혼은 알프레트 폰 아우어스페르크 후작과, 1966년에는 클라우스 폰 뷜로브와 두 번째 결혼을 했다. 클라우스는 시민 태생으로 귀족 친척에게 입양된 덴마크 출신 남자였다. 서니는 첫번째 결혼에서 이미 두 명의 아이 알렉스와 알라가 있었고, 두 번째 결혼에서 태어난 딸의 이름은 코시마 폰 뷜로브였다. 코시마가 태어난 이후로 부부는 각자의 길을 걸었다. 클라우스는 수많은 여성들과 연애를 즐겼고, 서니는 무기력증에 빠졌다.

이미 일 년 전인 1979년 크리스마스에 그녀는 오랫동안 기절한 적이 있었다. 클라우스는 아내의 상태를 심각하게 생각하지 않았다. 가정부의 끈질긴 압박이 있은 후에야 그는 살아 있다기보다는 죽어 있는 듯한 아내를 병원으로 보내 치료를 받게 했다. 그러나 클래런던 저택, 5번가의 아파트, 그리고 1,400만 달러의 유산을 남길 아내의 죽음을 그는 정말 환영하지 않았을까에 대한 의심은 계속 남아 있었다.

가정부는 주인에 대한 주의를 게을리 하지 않았다. 서니의 핸드백 안에서 그녀는 주사기와 함께 '인슐린'이라고 쓰인 작은 병 하나를 발견했다. 서니는 당뇨병 환자가 아니었고 오히려 저혈당이었다. 그녀가 인슐린 주사를 맞으면 어떤 결과가 나올지는 불을 보듯 뻔한 일이다. 알렉스와 알라가 계부를 살인미수로 고발했을 때에야 모든 사실이 밝혀졌다. 수사 결과 서니의 몸에서는 비정상적으로 많은 양의 인슐린이 검출되었다. 주사기에서도 마찬가지로 인슐린이 발견되었다.

클라우스는 수년 동안 애인 사이인 알렉산드라 아일스 때문에도 난처한 입장에 처해 있었다. 알렉산드라는 클라우스에게 이혼하지 않으면 헤어지겠다고 협박했다. 아내가 처음으로 혼수상태에 빠졌을 때 그는 애인에게 전화해서 서니를 죽게 내버려두고 싶었지만 그렇게 할 수 없다고 말했다. 클라우스가 젊었을 때 법률 공부를 마치고 자리를 잡은 변호사 사무실이 인슐린 살인범 케네스 발로를 변호했던 바로 그 사무실이었다는 사실은 재판에서 언급되지 않았다. 변호사의 주장은 서니가 혈당을 떨어뜨리기 위해 직접 인슐린을 주사했다는 것이었지만, 배심원들에게는 아무런 인상도 주지 못했다. 1982년 3월 16일 클라우스는 2건의 살인미수죄로 30년 금고형을 선고받았다. 그러나 100만 달러의 보석금을 내고 석방되었다.

나중에 이 사건에 대한 책을 쓰기도 한 하버드 대학 교수 앨런 M. 더쇼위츠(Alan M. Dershowitz)의 도움으로 클라우스는 로드아일랜드 주 대법원의 판결에 대해 절차법상 오류를 지적하며 무효로 하는 데 성공했다. 재판은 다시 열려야 했다. 두 번째 재판은 더욱 멜로드라마 같았다. 증인들의 진술은 애매모호했다. 어떤 증인은 자살함으로써 심리를 피하기도 했다. 검사 출신의 새로운 변호사는 사인(死因)이 정말 인슐린 쇼크인지 다시 한 번 생각하게 만들었다. 전문가들 역시 알코올과 약물 중독에 따른 불행한 연쇄반응을 배제하지는 않았다.

많은 의문점이 다 해결되지 않았음에도 불구하고 1985년 6월 10일 두 번째 재판은 무죄판결로 끝났다. 모두가 클라우스의 무죄를 확신한 것은 아니었다. 많은 사람들은 브래드퍼드의 가난한 간호사(케네스 발로)보다 돈많은 이 플레이보이가 완벽한 범죄에 한 걸음 더 가까이 갈 수 있었다고 생각했다.

더쇼위츠의 동명 소설을 바탕으로 만든 바벳 슈뢰디의 영화 「행운의 반전(Reversal of Fortune)」은 클라우스가 유죄인지 무죄인지를 단정

짓지 않는다. 클라우스(제레미 아이언스)는 처음부터 끝까지 철저히 수수께끼의 인물이다. 빌리 와일더의 「선셋대로」처럼, 이 영화도 희생자(글렌 클로즈)가 이야기를 끌어간다.

서니가, 비록 포르토사의 고급 침대 커버 위에 잠옷차림으로 누워있기는 하지만, 뉴욕 장로회 의학센터에 비참하게 버려져 있는 반면 클라우스는 5년 동안의 신경전에서 놀랍도록 아무 상처 없이 살아남았다. 어느 인터뷰에서 털어놓은 것처럼, 까다롭기 그지없는 유명 레스토랑에서조차 그는 지금도 여전히 좋은 자리를 차지한다.

미궁에 빠진 재판관들

잡히지 않은 살인범, 의심스러운 무죄판결, 결백한 죄인

　사법의 망을 빠져나가는 것은 독살범만의 특권은 아니다. 다른 살인사건들 역시 종종 미제로 남는다. 미제 건수가 몇 퍼센트인지는 평가가 매우 엇갈린다. 통계학자들은 물론 신고된 범죄와 해결된 범죄만을 문제로 삼는다. 신고되지 않은 범죄, 자살이나 불행 혹은 자연사로 기록된 살인에 관해서는 아무 말이 없다.

　범인과 피해자 사이가 가까울수록 범죄경찰의 사건 해결은 한결 쉬워진다. 반면에 범인과 피해자가 알지 못하는 사이로, 범행을 통해서 처음으로 만났다면 수사관은 더 혼란에 빠진다. 그 때문에 연쇄살인범의 경우 수년 동안 범인의 정체가 밝혀지지 않는 일이 드물지 않다. 창녀 살인의 경우에도 비공개 수치가 높다. 이런 살인들 중 몇몇은 동시대와 후세의 상상력을 자극하기에 충분하다. 무엇보다 에로스와 다나토스, 섹스와 죽음의 유혹적인 결합 때문이다.

LA 경찰국은 건물이 들어서지 않은 토지 위에서 1947년 1월 15일 발견된, 잔인하게 두 토막 난 여성 사체의 신원을 파악하기 위해 많은 시간을 소비해야 했다. 신원 파악의 단서는, 살인자가 시체의 오른쪽 허벅지에 새긴 'BD'라는 이니셜이었다.

'블랙 달리아(Black Dahlia)'는 항상 검은 옷만 입고 다니던 21세의 여배우 엘리자베스 쇼트의 별명이었다. 그녀는 할리우드를 정복하려는 야망에 불타올라 그것에 도움이 되는 사람이라면 누구에게나 몸을 바치던 여자였다. 이 별명이 최선의 길이라고 그녀는 믿었다. 왜냐하면 전해에 「블루 달리아」라는 영화가 나왔기 때문이다. 하지만 레이먼드 챈들러의 시나리오를 바탕으로 한 이 영화가 주는 경고를 그녀는 받아들이지 않았다. 바로 이 영화에서 도덕관념이 전혀 없는 여성이 살해되는 장면이 나오는데 말이다.

어쨌든 엘리자베스 쇼트가 죽은 후 엄청난 수의 공상가들이 경찰에 자수하는 해프닝이 벌어졌다. 진짜 살인범은 잡히지 않았다. 거짓 자백을 하는 사람들의 행렬은 오늘날까지도 계속되고 있다.

항상 검은 옷만 입고 다녀 '블랙 달리아'로 불렸던 21세의 여배우 엘리자베스 쇼트

『블랙 달리아의 원수를

갚아라』(2003)라는 책에서 스티브 하델(Steve Hodel)은 자신의 아버지이기도 한 LA 경찰국의 퇴임 경찰을 (엘리자베스 쇼트가 아니라) 다른 소녀들을 죽인 범인으로 지명한다. 오이디푸스 콤플렉스의 보고서와도 같은 책이다.

제임스 엘로이(James Ellroy)의 소설 『블랙 달리아』(1987)에서 살인은 부패와 야만성의 징후이다. 여기서 작가가 보여주고자 하는 것은 '꿈의 공장' 할리우드의 어두운 면이다. 색소폰 연주자 밥 벨든의 재즈 앨범 제목 역시 '블랙 달리아'이다.

프랑크푸르트 공인 매춘부

소위 '프랑크푸르트 공인 매춘부'라 불렸던 로즈마리 니트리비트의 가벼운 삶과 무거운 죽음에 대한 여론의 역할도 '블랙 달리아' 사건 못지않게 중요했다. 대도시 상류사회와 막역한 사이인 콜걸 로즈마리가 1957년 11월 1일 에센하이머 탑 근처 자택에서 교살당한 채 발견되었다. 이 경우에도 살인범은 무죄석방되었다. 피해자의 남자친구인 대리상(代理商) 하인츠 폴만이 혐의를 받았지만, 법정은 증거부족으로 무죄판결을 내렸다.

일 년도 지나지 않아 롤프 틸레의 영화 「소녀 로즈마리」가 극장에 걸렸다. 독일 경제 기적의 성공에 관한, 잘 만들었다기보다는 좋은 의도로 만든 풍자극이다. 로즈마리는 분에 넘치는 야망을 가진 여자로 나온다. 그녀는 후원자인 대기업 사장 하르트흐에게 친밀한 내화가 녹음된 테이프를 들이밀며 결혼하자고 협박한 후 곧바로 실종된다.

거의 같은 시기에 할리우드는 30년이나 지난 한 사건을 회고했다. 스타 페이스풀이라는 한 여성의 수수께끼 같은 죽음에 관해서였다. 어느 해안경비대원이 1931년 뉴욕 주 롱아일랜드 섬에서 남루한 옷차림을 한 그녀의 시체를 발견했다. 사인은 익사로 확정되었다. 불행한 사고였을까? 자살을 기도한 것일까? 아니면 살해된 것일까?

수수께끼는 풀리지 않았다. 그녀의 계부는 진실이 폭로되는 것을 두려워할 사람이 너무 많기 때문이라고 추측했다. 하지만 스타의 과거 외설스러운 이야기들이 밝혀지면서 신문들은 계속 새로운 억측을 생산해 냈다. 그리니치빌리지에서 부모의 따뜻한 보호 아래 살고 있는 것처럼 보였던 25세의 여성은 겉보기와 실제가 딴판이었다.

그녀는 가리지 않고 남자친구를 만들면서 자신의 에로틱한 모험을 일기에 자세히 기록하고 있었다. 그녀의 애정행각은 이미 10대에 시작되었다. 가족의 친구이기도 한 보스턴 시장에게 유혹당했을 때, 혹은 유혹했을 때부터였다. 죽기 직전에도 그녀는 어느 영국인 선의(船醫)에게 이별의 편지를 썼다. 당시 그녀가 미치도록 사랑하는 남자였다.

베스트셀러 작가 존 오하라(John O'Hara)는 이 사건을 바탕으로 소설 『버터필드 8』(1935)을 썼고, 이 책은 다시금 리즈 테일러에게 아카데미 여우주연상을 안겨준 동명 영화의 모델이 되었다. 나쁜 말 하기 좋아하는 사람들은, 진정한 사랑을 갈구했지만 얻지 못한 비극적 콜걸을 잘 묘사했기 때문이 아니라 상을 받기 바로 전에 기관절제수술을 받았기 때문에 동정표를 얻은 것이라고들 빈정거렸다.

달콤한 인생

또다른 익사자, 가구공의 딸 윌마 몬테시를 둘러싼 언론매체의 서커스는 스타 페이스풀의 경우보다 훨씬 대단했다. 스물한살인 윌마의 시체가 발견된 것은 1953년 4월 11일 이탈리아 로마 남쪽 한적한 강변에서였다. 관청의 조사에 따르면 의심스러운 점은 전혀 없었고, 죽음은 불행한 사고로 조서에 기록되었다.

그러나 일 년 반 후인 1954년 10월 어느 대중 잡지가 이 사건을 다루기 시작하면서 스캔들은 눈덩이처럼 부풀어올라 결국 정부까지 파문에 휩싸일 위기에 처했다. 어렴풋한 추측이기는 했지만, 문제가 된 것은 광란의 주연(酒宴)과 마약밀수, 매춘이었다. 안나 마리아 칼리오라는 이름의 여성이 외무장관 피치오니의 아들에게 윌마 몬테시를 살해한 죄를 공개적으로 물었다. 그녀 자신도 저녁식사를 함께 하면서 독을 먹었고 거의 죽을 뻔했다고 한다.

이후로 그녀는 피렌체 근교의 어느 수도원에 숨어 있었다. 공산주의 언론의 질타가 특히 심했다. 모욕적으로 살해당한 프롤레타리아 여성의 사례는, 기독교적이라고 자처하지만 사실은 근본부터 부패한 이 사회의 징후를 말해주는 것이며 이 경우는 단지 빙산의 일각이라는 것이었다. 외무장관은 자리에서 물러났고 그의 아들과 아들의 친구 두 명은 기소되었다.

윌마 몬테시 재판은 한스 마그누스 엔첸스베르거가 에세이 「정치와 범죄」에서 기술한 것처럼 "셀 수 없이 많은 사람들이 이득을 본 일종의 산업이었다. 이탈리아의 저널리스트들 다수가 4년 동안 이 재판으로 먹고 살았다."

하지만 1957년 초에 열린 실제 재판에서는 기소의 근거가 손쉽게 무너졌다. 외무장관의 아들은 윌마 몬테시를 만난 것을 부인했고, 검사는 이에 반대 증거를 제시하지 못했다. 검사측 주요 중인 안나 마리아 칼리오도 큰 도움이 되지 못했다. 그녀는 여기저기서 많은 말을 들었지만 사실 직접 본 것은 아무것도 없었다. 검사와 언론 그리고 일반 시민들은 자신들이 일종의 과대망상에 속았다는 사실을 그제야 깨달았다. 1957년 5월 28일 세 명의 피고는 결백이 입증되어 무죄판결을 받았다. 그러면서 윌마의 삼촌 주세페를 살인범으로 내세우려던 또다른 사람들의 시도 역시 물거품이 되었다.

페데리코 펠리니의 영화 「달콤한 인생」(1960)에서는 익사한 가구공의 딸을 둘러싼 미디어의 야단법석은 전혀 언급되지 않는다. 그러나 「달콤한 인생」에 대한 감독의 비판을 완전히 이해하기 위해서는 바로 그 매체의 반응을 주지해야 한다. 주인공 마르첼로는 몬테시 사건을 대규모로 부풀리는, 비양심적인 저널리스트이다. 그가 어느 할리우드 스타의 꽁무니를 쫓아다니는 동안, 그의 애인은 자살을 기도한다. 영화의 마지막 장면, 강변에서 발견된 것은 여성의 시체가 아니라 술에 취해 밤을 샌 마르첼로에게 무엇인가를 묻는 듯 큰 눈으로 바라보는 거대한 갈매기다.

매춘부 살인범 토머스 닐 크림 박사는 직접 편지를 보내 경찰의 주목을 받았기 때문에 붙잡혔다(261쪽). 또다른 매춘부 살인범 잭 운터베거는 자신의 살인행각에 대한 르포를 써서 의심을 받았다(237쪽). 화물트럭 운전사 피터 서트클리프는 1975년부터 5년여 동안 영국 요크샤이어에서 만행을 저질렀다. 그는 밤에 홀로 걸어가는 여성들(대부분은 창녀들)을 습격해서 가슴과 하복부를 미친 듯이 난자해 살해했다. 통나무로 질을 찌른 경우도 있었고 머리를 톱으로 자르기도 했다. 열세번째이자 마지막 희생자에게는 눈을 파내는 만행을 저질렀는데, 나중에 체포된 후 말하기를 "그녀가 나를 비난하듯 바라보았기 때문"이라고 한다. 엄청난 인원이 투입된 스코틀랜드 야드는 서트클리프를 포함해서 25만 명이나 되는 남성들을 심문했지만 용의자를 찾지 못했다.

경찰이 길을 제대로 찾은 것은 단순한 행운 때문이었다. 1981년 1월 2일 밤 셰필드에서 서트클리프가 어느 흑인 매춘부를 트럭에 태우려고 유혹하고 있었다. 그녀가 10파운드를 받고 뒷좌석이 아닌 앞좌석에서 일을 처리하자고 고집한 것은 정말 잘한 일이었다. 정기순찰 중인 경찰의 눈에 띄어 덜미가 잡혔는데, 번호판과 차가 일치하지 않은 점에 의심을 품었던 것이다. 그를 관할 경찰서로 이송하는 도중에 그는 화장실이 급하다며 인도에서 잠깐 볼일을 보게 해달라고 청했다.

조사 결과 서트클리프의 가방에서는 빨랫줄이 발견되었고, 흥미롭게도 그가 볼일을 보았던 자리에는 망치와 칼이 놓여 있었다. 두 번째 칼은 경찰서 화장실 물탱크 안에서 발견되었다. 화장실 역시 그가 들어갔다 나온 곳이었다.

서트클리프는 자신이 5년 전부터 수배 중인 '요크샤이어 살인마'임을 자백했다. 나중에는 정신병자 행세도 했다. 사랑을 팔고 사는 이 부패한 세계를 구원하라는 신의 계시가 있었다고 주장하기도 했다.

그러나 법정은 끄덕도 하지 않았다. 서트클리프는 1981년 5월 종신형을 선고받았다. 1997년 3월에는 감방 안에서 동료 죄수가 볼펜으로 그의 왼쪽 눈을 찔러 파내는 사건이 있었다.

살인마 잭은 누구인가

서트클리프나 다른 연쇄살인범과 비교해 보면 살인마 잭은 피라미에 불과하다. 1888년 8월 31일부터 11월 8일까지 런던의 빈민가 화이트채플에서 저지른 단 5건의 살인만이 확실한 그의 작품이었다. 두 건의 또다른 살인 ─ 1888년 8월 7일과 1889년 7월 17일 ─ 역시 그의 작품이라는 의견도 일리가 있다.

이 모든 사건에서 희생자는 매춘부였다. 비교적 적은 수의 '사냥감'에도 불구하고 살인마 잭의 명성은 다른 모든 연쇄살인범을 능가한다. 잭을 연구하는 학자들은 매년 새로운 책을 펴내고 새로운 이론을 만들어내고 있다. 런던에 여행온 사람들은 가이드의 안내를 받아 살인마 잭의 범행 장소를 관광한다. 사이버 공간에서도 팬들은 서로의 의견을 주고받거나 공감한다.

살인마 잭이 이토록 명성을 누리는 이유는 두 가지다. 그는 희생자들을 잔혹하게 심판한 최초의 연쇄살인범은 아니지만 적어도 일러스트를 곁들인 저가 잡지(penny papers)가 발행되는 세계적 도시에서 활동한 최초의 연쇄살인범이었다. 이런 잡지들은 '이스트엔드의 괴물'이 얼마나 많은 돈을 안겨주는지를 잘 알고 있었다.

또 하나, 그는 붙잡히지도 않았다. 아무리 흉악한 범죄자라 해도 막상 체포해 보면 철저하게 평범하고 시민적인 인물인 경우가 많다. 반면에 오늘날까지도 잭을 둘러싼 아우라는 통속 잡지들이 묘사하는 그대로 일종의 악마성을 띠고 있다. 살인마(Ripper)라는 이름도 그가 직접 만든 것이다. 당시 범인이 경찰과 언론에 보낸 수백 통의 우편물 중에 진짜임이 확인된 것은 단 두 통이었다. 이 중 하나에 그는 '살인마 잭(Jack the Ripper)'이라는 서명을 남겼다. 서명이 없는 다른 하나는 피살자의 신장과 함께 화이트채플 시민소방대로 보낸 소포였다.

수많은 모험적 이론들이 잭의 비밀을 캐내기 위해 시도해 왔다. 이

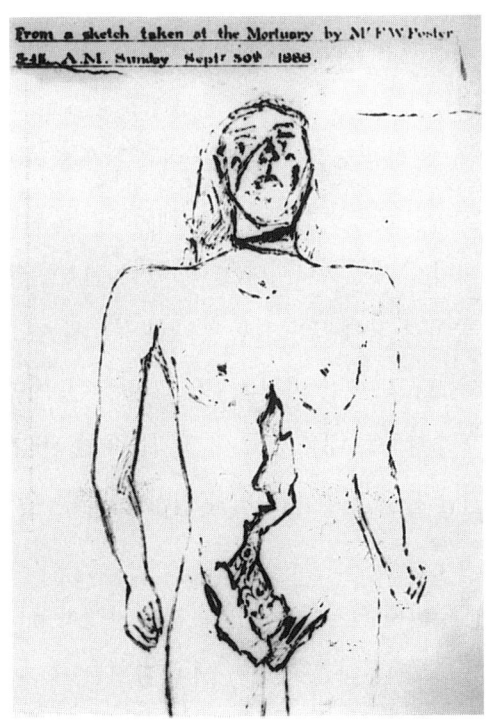

살인마 잭의 두 번째 희생자 캐서린 에도우스. 끝내 수수께끼로 남은 잭은
그후 여러 문학과 예술 작품을 통해 그 명성을 이어갔다.

런 이론들에 따르면 빅토리아 여왕의 장손 앨버트 빅터 왕자, 수상 글래드스톤과 샐리스베리가 대표적인 범인 후보이다. 『이상한 나라의 앨리스』를 쓴 루이스 캐럴은 더 심각하게 혐의를 받기도 했다. 왕자가 범인이라는 이론의 변종 중에는 살인마 잭이 범인 세 명 — 화가 월터 시커트, 여왕의 주치의 윌리엄 걸 경, 그리고 마부 존 네틀리 — 의 공동 이름이라는 설도 있다.

여성들이 살해된 이유는 그들이 국가의 비밀 — 앨버트 빅터 왕자의 비밀결혼 — 을 알고 궁정을 협박하려고 했기 때문이라는 것이다. 지금까지도 많은 사람들이 믿고 있는 설이다. 심지어는 「살인 지령」(1978)이라는 영화에서 연쇄살인을 해결하려고 노력하는 셜록 홈즈도 이 이론에 빠져든다.

독창적이기는 하지만 믿음이 덜 가는 이론은 잭을 리버풀의 포목상 제임스 메이브릭과 연결시키는 것이다. 메이브릭은 독살사건의 희생자로 앞에서 이미 살펴본 사람이다(253쪽). 1889년 5월 정조 없는 그의 아내가 그를 죽이기 전에 그는 간통에 대한 분노를 이스트엔드의 창녀들에게 해소했다고 한다. 이것은 1991년 출판된, 메이브릭이 직접 썼다는 일기가 주장하는 내용이다. 이 일기는, 8년 전 양심 없는 출판인들에게 엄청난 돈을 안긴 히틀러의 일기들보다는 좀더 품위 있는 책이다.

경찰에 보낸 첫번째 편지에서 살인마 잭은 자신이 유태인이라는 의심에 항의했다. 그러나 바로 이것이 잭에 관련된 세 가지 회고록 중 1959년 출판된, 가장 그럴싸한 회고록의 주장이기도 하다. 이 회고록은 스코틀랜드 야드에서 1889년부터 범죄수사국 국장대행으로, 1903

년부터는 국장으로 일했던 멜빌 레슬리 맥노튼 경이 쓴 것이다.

당시 화이트채플 지역은 임대료가 쌌기 때문에, 인종박해로 인해 고향을 떠나 영국으로 도피한 러시아와 폴란드계 유태인들에게 가장 인기 있는 곳이었다. 맥노튼 경이 지적한 인물은 아론 코스민스키라는 폴란드계 유태인이었다. 경찰에 자신이 살인마 잭이라는 편지를 보낸 용의자로 코스민스키가 지목되었지만 진범으로 밝혀지지 않았다. 그는 1890년부터 1919년 죽을 때까지 정신병 때문에 여러 시설을 전전했다. 수용될 당시에 그는 간단한 질문에도 대답을 하지 못하는 미치광이였다.

두 번째 후보는 여러 번의 전과가 있는, 마찬가지로 정신병을 가진 습관성 범죄자 마이클 오스트로그이다. 러시아계 의사인 그는 사건 발생 지점에서 체포되었는데, 왜 그때 그곳에 있었는지에 대한 대답을 하지 못했다. 사기와 절도혐의로 이미 여러 차례 체포된 경력이 있던 그는 용의선상에 오를 때마다 알리바이에 문제가 있었으며 미심쩍은 행동을 했던 것으로 알려져 있다.

그러나 맥노튼 경이 가장 혐의를 둔 사람은 변호사 몬태규 존 드루이트였다. 귀족 가문 출신으로, 당시 상류사회의 스포츠인 크로킷 선수이기도 했던 그는 실제로 심한 변태성욕자로 알려져 있으며 가족에게조차도 용의자로 의심받았다. 경찰의 수사 방법을 꿰뚫고 있어서 사고가 난 다음날에는 사건 현장에서 아주 멀리 떨어진 곳에서 목격되었다. 그의 어머니는 1888년 7월 어느 정신병원에 들어갔고, 그 역시 자신의 이성을 믿지 못하며 1888년 12월 31일 템스강에 몸을 던져 죽었다. 과연 드루이트가 잭이었을까? 물론 알 수 없다.

일부 사람들은 살인마 잭이 피살자와 함께 있는 모습을 목격했다고 주장하는 증인이 사실은 진짜 범인이라고 주장한다. 노동자 조지 허친슨은 이제는 '경전이 된' 다섯 건의 살인사건 현장에 걸어갈 수 있을 정도로 가까운 곳에 살았다. 그는 마지막 범행 현장 부근에서 범인을 보았다고 신고했다. 그가 묘사한 범인은 빈민층 사람들이 흔히 젠틀맨 킬러를 상상할 때의 상투적인 모습과 꼭 같았다. 그러나 이 주장 역시 사실로 입증되지 않았다.

아마추어 탐정뿐만 아니라 작가들도 이 비밀에 가득 찬 살인마를 내버려두지 않았다. 소설들 중에서 가장 큰 성공을 거둔 것은 마리 벨록 론디스의 『하숙인(The Lodger)』(1913)이다. 그녀는 집주인의 관점에서 잭을 묘사했다. 하숙집 여주인은 새로 입주한 낯선 남자가 바로 그 살인자가 아닌지 의혹을 품기 시작한다. 이 책은 세 번이나 영화로 만들어졌는데, 첫 작품은 알프레드 히치콕의 무성영화 「하숙인」(1926)이었다. 아이돌 스타 아이버 노벨로가 주연이었기 때문에 결말이 소설과 달랐다. 살인을 저지른 사람은 기괴한 하숙인이 아니라 다른 사람이었다.

독일의 극작가인 프랑크 베데킨트(Frank Wedekind)의 드라마 『판도라의 상자』(1902)는 쾌락을 선사하는 거리의 여자 룰루와 그녀의 레즈비언 친구 게슈비츠 백작부인을 잭이 살해하는 것으로 끝난다. 이 희곡 역시 무성영화로 제작되었고 스캔들에 시달렸다.

프랑스판 영화는 과격하게 각색한 것으로 유명하다. 게슈비츠 백작부인은 청소년 시절의 친구로 바뀌고 살인사건은 완전히 편집되었다. 베데킨트의 희곡을 둘러싸고도 일 년 동안이나 검열의 칼날이 서

슬 퍼렇게 세워져 있었고, 마지막 세 번째 재판에서야 비로소 작가는 승리를 거두었다.

잭은 오페라로도 그 명성을 이어갔다. 알반 베르크의 오페라 「룰루」에서 바리톤이 연기하는 편집장 쇤 박사는 여주인공에게 총을 맞아 죽지만 다시 살인마 잭으로 부활한다. 매우 감각적인 장면이다. 1960년 '로열 아카데미 오브 뮤직'에 의해 초연된 오페라 「하숙인」에서는 바리톤(필리스 테이츠)이 잭의 역할을 맡았다. 바리톤은 대개 충실한 친구, 질투가 심한 라이벌, 그리고 음험한 계략을 꾸미는 남자의 음역이다.

도끼남자와 조디악

붙잡히지 않은 미국 연쇄살인범들 중에서 가장 유명한 사례는 뉴올리언스의 '도끼남자(Axeman)'와 1968~69년 샌프란시스코 주변에서 활동한 '조디악(Zodiac)'이다.

도끼남자는 1918년 5월부터 1919년 10월까지 밤마다 가정집에 침입해 자고 있는 사람을 도끼로 찍어 죽였다. 살인마 잭 사건에서 그랬듯 경찰과 언론은 수많은 편지를 받았고, 그 대부분은 장난 아니면 자기과시였다. 연쇄살인에 대한 뉴올리언스 주민의 반응은 공포와 블랙유머가 섞인 것이었다. 축제 기간에는 도끼남자로 분장하고 파티를 즐기는 가장무도회가 열렸고, 도끼남자가 등장하는 유행가가 히트를 쳤다. 1920년 12월 LA에서는 마지막 희생자의 미망인 시뇨리 페피토네가, 화려한 전과를 자랑하는 뉴올리언스 출신 조셉 멈프레에게 총을 쏘았다. 그녀의 주장대로 조셉 멈프레가 그녀의 남편을 죽인 도끼남자였을까? 아무도 알 수 없다.

반면 조디악은 주로 젊은 커플을 대상으로 범행을 저질렀다. 그 역시 많은 편지를 썼는데, 도끼남자의 경우와는 반대로 대부분 진짜 편지로 여겨졌다. 그는 원 안에 십자가를 그린 도형을 서명으로 남겼다. KKK단(1866년에 설립된, 백인우월주의를 내세우는 미국의 극우 비밀결사 – 옮긴이)의 로고였다. 5명을 총으로 쏘거나 칼로 찔러 죽이고 2명에게 중상을 입힌 한 습격 현장에서 그는 KKK단 회원의 두건을 썼다고 한다.

그의 편지들은 오늘날까지도 많은 아마추어 탐정을 열광시키고 있다. 편지의 몇몇 단락이 알 수 없는 암호로 이루어져 있기 때문이다. FBI와 CIA의 전문가들이 여전히 암호 해독에 골머리를 썩고 있을 때 살리나스 출신의 한 교사가 암호의 벽을 깨뜨리는 데 성공했다. 살인범 조디악이 고지한 소식은 기분좋은 것이 아니었다.

> 나는 사람 죽이는 것을 좋아한다. 왜냐하면 큰 즐거움을 가져다주기 때문이다. 숲에서 사냥을 하는 것보다도 훨씬 즐겁다. 모든 동물들 중에서 가장 위험한 동물이 인간이기 때문이다. 살인은 내게 가장 자극적인 체험이다. 심지어 젊은 여자와 섹스를 하는 것보다도. 하지만 무엇보다 좋은 것은 내세의 낙원에서 모든 희생자들이 내 노예가 될 것이라는 점이다.

경찰의 무능함을 조롱한 또다른 편지에는 마지막 희생자인 택시운전사의 피 묻은 속옷이 첨부되었다. 마침내 그는 텔레비전 토크쇼에 나와서 스타 변호사 멜빈 벨리와 토론하겠다고 선언했다. 벨리는 거부하지 않았다. 곧 토크쇼 일정이 잡혔다. 드디어 범인에게서 전화가 걸려왔다. 자신을 조디악이라고 소개한 이 남자는, 살인은 두통을 해소할 수 있는 유일한 수단이기 때문에 유감스럽게도 살인을 그만둘 수 없다고 말했다.

살인범의 목소리를 이전에 들어보았던 증인들은 이 남자가 진범이 아님을 확신했다. 마침내 전화를 건 남자의 신원이 밝혀졌는데 어느 정신병원에 수감된 환자였다. 두 달이 지나서야 진짜 조디악이 연락을 취했다. 이번에도 피 묻은 속옷을 동봉한 편지를 벨리 변호사에게 보냈는데, 더 이상 승리와 조롱의 외침은 없었다. 그는 다음과 같은 말로 편지를 끝맺었다.

"제발 나를 도와주세요. 나 자신을 제어할 수가 없습니다."

유명세를 얻으려는 욕망은 많은 살인범들을 파멸의 길로 이끌었다. 조디악은 행운의 케이스였다. 경찰이 소동에 휘말려 실마리를 잃고 종국에는 팩트(fact)와 픽션(fiction)을 구별할 줄 모르게 되었기 때문이다. 미국에서는 드물지 않게 일어나는 일이다.

그러나 팩트의 제국에서 실패를 겪은 경찰은 픽션의 제국에서는 성과를 거둔다. 돈 시겔의 영화 「더티 해리」(1971)에서 형사 해리 칼라한(클린트 이스트우드)은 '전갈'이라고 불리는 연쇄살인범을 쫓는다. 불법적인 수단을 포함한 모든 수를 다 써서 말이다. 또 이 영화는 캘리포니아가 유행을 선도해 온 히피문화와 관대한 60년대를 청산하고자 했다. 살인범은 버클에 평화의 상징을 표시한 여성석인 남성 히피다. 해리 형사는 리버럴한 사법제도에 인간을 맡기기 전에 이런 족속들을 완전히 박멸해야 한다는 확신으로 그를 쏘아 죽인다. 하지만 영화의 마지막에는 자신의 구약성서적 수사 방법이 더 이상 통용되는 세상이 아님을 인정하고 경찰 배지를 물속에 던져버린다.

감독과 여배우

픽션의 제국에 팩트가 등장하는 것은 '픽션 제국의 수도' 할리우드에서는 결코 환영받지 못할 일이었다. 경찰이 신고를 받고 영화감독 윌리엄 데스먼드 테일러의 방갈로에 출동했을 때 현장은 이미 전문가의 손길로 말끔히 손질되어 있었다. 초창기 영화업계에서 가장 유명한 감독들 중 한 사람인 테일러는 1922년 2월 1일 총에 맞아 죽었다. 분명히 그를 잘 알고 직접 초대를 받은 사람에 의해서였다.

가십 언론들은 일제히 질투의 드라마를 상상했다. 죽은 감독의 총애를 누렸던 두 명의 젊은 여배우, 메이벨 노먼드와 메리 마일스 민터가 가장 먼저 용의선상에 올랐다. 언론이 증거로 든 것은 경찰이 테일러의 침실에서 확보한 러브레터와 'MMM'이라는 이니셜이 새겨진 잠옷이었다. 체포할 만한 증거는 아니었지만 두 여성의 경력은 끝장난 것이나 다름없었다.

몇 년 후에 소재를 찾고 있던 영화감독 킹 비더가 이 오래된 스캔들을 떠올렸다. 그는 자료를 연구하고 생존 증인들을 인터뷰해서 결론을 이끌어냈다. 테일러의 살인범은 'MMM'의 어머니 샬롯 셸비라는 것이다. 그녀는 불안정하고 폭력적인 여성으로 자신의 딸을 완전히 소유하고 싶어했다. 하지만 그렇다면 테일러에 대해 전혀 걱정할 필요가 없었을 것이다. 감독은 동성애자였으니까. 혹시 사업상 손해가 되는 이 사실(테일러가 동성애자라는 사실)을 감추기 위해 누군가 거물급의 인물이 뒤에서 조종한 것은 아닐까? 비더는 결국 위험을 무릅쓰지 않기로 결정했다.

비더가 죽은 후에야 전기작가 시드니 커크패트릭이 미출간 자료를 뒤져 『살인범 출연(A Cast of Killers)』(1986)이라는 제목의 책을 출판했다. 이 책의 주장이 아무 모순이 없었던 것은 아니다. 유명한 출판인 로베르 지루는 직접 타자기 앞에 앉아 쓴 『죽음의 증서(A Deed of Death)』(1990)에서 반박을 펼친다. 지루의 논거를 믿는다면, 테일러는 할리우드에서 약물중독을 추방하려고 노력했기 때문에 마약 상인들에 의해 죽었다는 게 맞다.

비더는 샬롯 셸비가 검사들을 매수했기 때문에 기소는커녕 심문조차 제대로 받지 않았다고 확신했다. 다음에 나오는 리지 보든과 마그리트 슈타인하일의 경우에는, 기소는 물론 유죄판결을 받을 가능성이 높았음에도 불구하고 무죄석방되었다. 미스 보든의 방패막이 되어주었던 것은 모든 증거를 무력화시키는 그녀의 성실한 기독교 신앙이었다. 마담 슈타인하일에게는 신앙심 따위는 전혀 없었다. 그러나 배심원들은 그녀 역시 악녀는 아니라고 생각했다. 앞의 경우에는 미국의 법정이, 뒤의 경우에는 프랑스 법정이 판결을 내렸다.

하늘이 판결한 여인

1892년 8월 4일 매사추세츠 주 폴리버에 있는 은행가 보든의 저택,

낮잠을 자고 있던 하녀는 날카로운 비명소리에 깜짝 놀라 자리에서 일어났다. "브리짓, 빨리 아래로 내려와! 누가 아버지를 죽였어!" 비명을 지른 것은 보든이 첫번째 아내와의 사이에서 얻은 32세의 미혼 딸 리지 보든이었다. 리지는 머리가 깨진 상태로 소파 위에 누워 있었다. 살인범이 여러 차례 망치로 내려친 듯 희생자의 얼굴은 여기저기 찢겨 있었다.

경찰과 함께 도착한 주치의는 범행 시간이 기껏해야 30분 전이라고 판단했다. 보든 부인이 어디 있었는지 묻자 리지는, 계모는 오전에 병원에 가기 위해 외출했다고 답했다. "하지만 어머니 역시 죽었을 거예요"라고 마치 비밀을 말하듯 덧붙였다. "어머니가 집 안으로 들어온 소리를 들은 것 같아요. 아버지에게는 적이 있었던 것이 분명해요. 항상 가족 모두가 아팠으니까요. 제 생각에는 우유에 독이 들어 있었던 것 같아요."

하녀가 위로 올라가 보든 부인을 찾았다. 부인은 손님방에서 마찬가지로 잔인하게 살해당해 있었다. 의사가 검사해 보더니 한 시간 반쯤 전, 혹은 그 이전에 죽었다고 말했다. 경찰은 우선 리지의 말에 따라 가족에게 앙심을 품은 사람이 있는지를 조사하기 시작했다. 하지만 바로 의구심이 들었다. 낯선 사람이 어떻게 집으로 들어올 수 있었을까? 부부가 동시에 살해되지 않았다면, 그는 첫번째 일을 마친 후에 적어도 한 시간 동안이나 가장을 기다리기 위해 몸을 숨기고 있어야 했다. 그리고 아무도 집에서 낯선 사람이 나가는 것을 보지 못했다. 게다가 피로 범벅이 된 옷을 입고 있었을 텐데 말이다. 리지 말고는 보든 부인이 병원에 갔다는 사실을 아는 사람도 없었다.

한편 리지가 8월 2일(부모가 식사 후에 고통을 호소했던 날이다) 쥐를 죽이겠다며 청산가리를 구입했다고 어느 약사가 신고했다. 리지가 계모와 사이가 좋지 않았다는 것은 비밀도 아니었다. 그녀와 그녀의 언니 엠마 — 사건 당일 외국의 친구 집에 있었다 — 가 아버지로부터 용돈을 많이 받지는 못했지만 상당한 유산을 상속할 권리가 있다는 사실 역시 모두가 알고 있었다.

살인사건 일 주일 후인 8월 11일 리지 보든은 체포되었다. 그녀는 일 주일을 헛되이 보내지는 않았다. 그녀가 옷 하나를 불로 태우는 것을 목격한 사람이 있었다. 그녀는 침착하게 얼룩이 묻어 더러워졌기 때문이라고 설명했다. 집 안 지하실에서는 방금 씻은 듯, 아기엉덩이처럼 깨끗한, 작은 도끼가 발견되었다.

재판은 1893년 6월 1일 뉴베드포드에서 시작되어 2주간 계속되었다. 놀랍게도 배심원들이 피고의 '무죄'를 선언하는 데는 채 한 시간도 걸리지 않았다. 모든 압도적인 증거를 배심원들은 어떻게 무시할 수 있었을까? 미스 보든은 일요학교의 교사이자 기독교 절제협회의 회원으로, 직접 그린 접시를 팔아 자선바자를 후원하고 있었다. 그녀가 심리를 받을 때에는 목사들이 옆을 지켰다. 그들은 미스 보든을 "살아 있는 품행의 증거"라고 칭송했다. 재판부는 이렇게 말했다고 한다. "하늘의 재판관이 판결을 내렸다면, 지상의 재판관은 그에 대해 트집을 잡아서는 안된다."

미국인들은 재판 후에도 반세기를 더 살았던 리지 보든을 잊지 않았다. 규칙적인 간격을 두고 이 애매모호한 무죄판결에 대한 새로운 책이 출간되었다. 살인마 잭을 『하숙인』으로 각색했던 마리 벨록 론디스가 이어서 이 존속살인범을 주인공으로 하는 소설을 썼다. 론디스는 『리지 보든 — 추측을 통해 본 사건』(1939)에서 리지 보든이 범행을 결심한 것은 자신이 사랑하는 남자를 부모가 경멸했기 때문이라고 추측했다.

더러는 범인이 리지가 아니라 언니 엠마 혹은 하녀 브리짓이라고 주장하는 독창적인 천재들도 있었다. 그러나 대부분의 미국인들 생각은 확고하다. 아이들 사이에 널리 불리던 4행시가 있었다.

> 리지 보든이 도끼를 들었네.
> 어머니를 마흔 번이나 내리찍었지.
> 자기가 무슨 짓을 했는지 알았을 때에는
> 벌써 아버지를 마흔한 번 내리찍은 후였지.

공화국의 퐁파두르

한편 화가 아돌프 슈타인하일은 파리의 빌라에서 재갈이 물린 채 노끈으로 교살당했다. 장모인 마담 자피 역시 똑같은 모습으로 죽어 있었다. 그러나 나중에 경찰의가 확인한 바에 따르면, 마담 자피의 사인은 목에 느슨하게 걸려 있던 노끈 때문이 아니라 그녀가 삼켜버린 의치 때문이었다.

1908년 5월 31일 이른 아침 — 성령강림절 일요일이었다 — 다락방에 있던 하인 레미가 아래로 내려오다가 이 시체들을 발견했다. 화가의 아내 마그리트는 침대에 묶여 마찬가지로 입에 재갈을 물고 있었다. 그러나 그녀는 살아 있었다.

사람들이 풀어주자 마그리트는 변장한 괴한 세 명과 붉은 머리의 여자 하나가 자정 무렵 침입해서 보석을 강탈해 갔다고 말했다. 다행히 목숨을 부지할 수 있었던 것은 자신이 우연히 아이들의 방에서 밤을 보냈기 때문이었다고 말했다. 침입자들은 분명히 자신을 자신의 딸이라고 착각해서 해치지 않았으리라는 것이다.

슈타인하일은 유명한 풍속화가 메소니에의 조카였지만, 아무리 열심히 그림을 그려도 마그리트의 헤픈 씀씀이를 감당하기에는 역부족이었다. 그래서 그녀는 자기 밥벌이는 자기가 하기로 결심했다. 딱 10년 전에 그녀는 어느 외설스러운 스캔들의 한가운데에 있었다. 대통령 펠릭스 포레가 아주 곤란한 상황에서(성관계 도중) 그녀의 팔에 안겨 죽었다는 내용이었다.

1905년부터 마그리트는 가명으로 인근 뫼동 지역에 별장을 빌려 '공화국의 퐁파두르'(퐁파두르 부인은 루이 15세의 애첩으로, 방대한 국비를 탕진하여 후일 프랑스 혁명의 한 원인이 되기도 했다 — 옮긴이)와의 밀회에 대가를 지불할 능력이 있는 부유한 신사들을 접객해 왔다. 소풍에서 돌아온 후에는 언제나 "릴리 아주머니가 또 수표를 보내왔다"고 말하곤 했다. 남편은 아무런 의심 없이 아내의 말을 믿었다.

어느 날 아르당에 성을 가지고 있는 부유한 홀아비 드 보데렐이라는 남자가 나타났다. 맥(남자친구들은 그녀를 이렇게 불렀다)이 그가 청혼을 한다 해도 거절하지는 않겠다고 은근히 결혼을 암시하자, 보데렐은 자신의 아이들에게 이혼한 계모를 맞이하라고 요구할 수는 없다고 거절했다. 그녀는 남편을 다른 방법으로 없애라는 신호로 그의 말을 이해한 것일까?

사건을 담당한 예심판사는 ― 그 역시 아름다운 마그리트의 매력에 대가를 지불하던 터였다 ― 그녀의 말을 의심할 근거를 찾지 못했다. 여론이나 언론은 달랐다. 어느 전문가가 마담 슈타인하일이 범인일 가능성은 전무하다는 견해를 밝혔지만, 결국 그녀는 체포되어 약 일 년 동안 심리를 거친 후에 법정에 서게 되었다.

그녀의 행동은 결백을 입증하는 것과는 거리가 있었다. 처음에 그녀는 하인 레미에게 죄를 뒤집어씌웠지만 자신이 결정적인 증거를,

재판정에 들어가는 마그리트 슈타인하일.
'공화국의 퐁파두르'라 불리며 부유한 신사들을 접객했다.

즉 도둑맞았다는 진주알 하나를 레미의 지갑에 몰래 집어넣었음을 인정해야 했다. 피고가 거래하는 보석상의 진술 때문이었다. 그녀는 범행 당일 밤 보석 몇 가지를 가져와서 사람들이 알아볼 수 없도록 새롭게 세팅해 줄 것을 부탁했다고 한다. 특히 두 피살자가 잠자리로 가기 전에 마그리트로부터 독한 그로크주를 잔뜩 대접받았다는 사실이 밝혀졌다.

그럼에도 불구하고 그녀는 1909년 11월 14일 무죄판결을 받았다. 파리 사교계는 물론 그녀를 용서할 수 없었다. 그녀의 딸도 어머니를 다시 보고 싶어하지 않았다. 마그리트는 영국으로 건너가서 그곳 대지주와 결혼했다. 1954년 86세 때 레이디 브룩 애빙거라는 이름으로 땅에 묻혔다.

다시 질문을 해보자. 어떻게 배심원들은 그토록 압도적인 유죄의 증거를 무시할 수 있었을까? 이유는 아마도 두 가지였을 것이다. 첫째는 피고가 여자라는 점과 사회적 지위가 그것이다. 독살이라면 여성들이 충분히 할 만한 것이다. 하지만 이번 경우처럼 흉악한 범행은 도저히 여성의 손으로 저질렀다고는 믿기 어렵다. 마그리트 슈타인하일은 사람들의 이런 편견을 이용할 줄 알았다. 뿐만 아니라 각종 눈물작전과 신경전을 이용해서 자신의 진짜 모습을 위장할 줄 알았다.

둘째로 배심원들 다수는 에밀 졸라와 조르주 클레망소가 드나들었던 집안의 부인이, 지역의 대부분의 타자기에 이름이 새겨져 있는 저 자피 집안의 딸이 그런 범행을 저지를 수 있으리라고는 결코 상상할 수 없었다. 죽어가는 공화국 대통령이 애인에게 맡겼다는 비밀문서들도 화젯거리였다. 오늘날까지도 일부 사람들은 슈타인하일 빌라 살인

사건의 배경에 일종의 정치적 음모가 숨어 있다는 가정에서 벗어나지 못하고 있다.

O. J. 심슨의 장갑

정치적 측면에서 본다면, 미국인뿐만 아니라 전세계 사람들을 몇 달 동안 브라운관 앞에 묶어두었던 한 형사재판도 무시할 수 없을 만큼 중요한 사건이다. O. J. 심슨 사건은 CNN에 의해 낱낱이 중계되었고, 재판의 진행 과정을 지켜본 전세계는 매순간 숨을 죽였다. 만약 O. J. 심슨이 백인이었다면, 그는 (흑인이 우세한) LA에서 유죄판결을 받았을 것이다. 그러나 법정은 그와 연대감을 느꼈고, 증거를 무시한 채 그를 무죄석방했다.

그보다 3년 전에는 '백인들만으로 구성된' 사법부가, LA 교외에서 흑인 오토바이 운전수를 잔인하게 죽인 네 명의 경찰관에게 무죄를 선고한 일이 있었다. 그 결과로 거리에서 무력시위와 약탈이 있었고, 흑인들은 LA 경찰국에 극도의 불신감을 갖게 되었다. 바로 이 LA 경찰의 손에 심슨의 수사가 맡겨져 있었다.

'쥬스'라는 애칭으로 불리는 이 유명한 풋볼 스타는 1994년 6월 12일 전처 니콜과 니콜의 남자친구 로널드 골드먼을 칼로 찔러 죽인 혐의로 체포되었다. 그들의 목을 갈랐던 칼은 발견되지 않았고, 심슨은 범행을 부인했다. 물론 기소된 후 처음으로 보였던 반응은 어쩌면 자백 같기도 했다. 지역의 모든 TV 방송국 카메라가 헬리콥터에서 내려다본 그는 정처없이 이리저리 서성거렸고 자살하겠다고 협박하기도

했다.

그 밖에도 의심스러운 점은 많았다. 그의 어린 시절 친구이자 현장에서 범행 무기를 치웠다는 혐의를 받은 로버트 카다시안은 말도 없이 변호인석에 자리를 잡는 바람에 캘리포니아 형법에 따라 증인으로 채택되지 않는 해프닝이 벌어졌다. 심슨의 폭력성과 광적인 질투심도 만천하가 알고 있었다. 니콜은 죽기 몇 달 전에 심지어 경찰에 전화해서 이혼한 전남편의 협박으로부터 자신을 보호해 달라고 요청하기도 했다.

검찰측의 승리 카드는 DNA 분석이었다. 피살자의 피와 함께 심슨의 피가 검출된 것이다. 또 심슨의 침실에서 아내의 것이 확실한 피 묻은 양말을 확보했다. 그러나 배심원들은 거기에 구애받지 않았다. 변호사 조니 코크란(흑인)이 수사과장 마크 퍼먼(백인)을 인종주의자로 모략하는 데 성공한 후로, 배심원들은 유죄의 증거들을 모조리 경찰의 과대포장으로 간주했다. 마크 퍼먼은 맹세컨대 '깜둥이(Nigger)'라는 단어를 입에 올리지 않았다고 강변했지만, 카세트테이프에 녹음된 것은 달랐다.

재판의 클라이맥스는 피고가 현장에서 발견된 피 묻은 장갑을 손에 끼었을 때였다. 그에게는 너무 작은 장갑이었다. 장갑을 끼기 전에 코크란 변호사는 배심원들에게 이렇게 훈계했다. "장갑이 맞지 않는다면 여러분은 무죄를 선고해야 합니다!" 피가 말라 장갑이 줄어들었을 가능성은 염두에 두지 않은 말이다.

심슨은 무죄판결에 기뻐할 수 없었다. 피살자의 가족이 제기한 민사소송에서 3,350만 달러의 보상금을 지불하라는 선고를 받았기 때문이다. 엄청난 보상금 때문에 그는 결국 파산했다. 그가 광고했던 '헤르츠 렌트 어 카'를 비롯한 다른 기업들은 더 이상 그를 모델로 쓰지 않았다. 잘생긴 운동선수만 회원으로 받았던 고급 클럽들도 일제히 그를 제명했다. 미국인들의 압도적 다수는 1995년 10월 3일의 무죄판결이 기념비적인 오판임을 확신하고 있다.

심슨은 매력적이고 성공한 백만장자지만 흑인이다. 이 점에서 그의 재판은 예외적 경우에 속한다. 일반적으로 미국 형사재판에서 오판이 입증된 경우를 살펴보면 대부분 흑인에게 불리한 판결이었다. 사형판결 또는 종신형판결을 받은 사람들 중 150명 이상이 DNA 검사

재판정에 선 O. J. 심슨. "내 장갑이 아닙니다."

로 결백을 증명한 후에야 자유의 몸이 될 수 있었다. 이때 피고는 거의 흑인이었다.

댈러스 출신 랜덜 데일 아담스는 DNA 검사가 아니라 영화감독 에롤 모리스와 그의 다큐멘터리 영화 「씬 블루 라인」(1988) 덕택에 무죄석방되었다. 감독은 이 영화에서, 사형선고를 받았지만 형식적 실수 하나 때문에 아직 집행받지 않은 아담스가 사실은 12년 전부터 죄없이 감옥에 갇혀 있음을 입증했다. 기소의 이유였던 경관 살인은 그가 아니라 검찰측 증인(백인)이 저지른 일이었다.

유태인 레오 프랑크의 경우에는 영화가 너무 늦게 제작되었다. 영화가 그에게 해준 것은 사후복권뿐이었다. 과거 볼테르가 『관용론』을 통해 개신교도 장 칼라의 무죄복권을 위해 애썼던 것처럼 말이다. 당시 장 칼라는 가톨릭교도들에 의해 이미 거열형을 받은 후였다(34쪽).

1913년 애틀랜타 주 어느 연필공장 공장장 레오 프랑크는 공장 직원인 미성년자 메리 페이건을 성폭행하고 살인했다는 혐의를 받았다. 이 경우에도 검찰측 증인인 공장 관리인 짐 컨리(흑인)가 아마도 범인이었을 것이다. 그러나 법정은 토착 흑인보다는 뉴욕에서 이주한 유태인이 덜 미더웠기 때문에 피고에게 사형을 선고했다. 주지사가 형벌을 종신형으로 감해주자 감옥에서는 소동이 일어나고 동료 죄수들이 프랑크를 폭행하는 사건이 있었다.

브르타뉴의 드레퓌스

물론 형사재판의 모든 실책이 인종주의나 종교적인 편견 때문만은 아니다. 인간은 누구나 실수를 한다. 판사나 배심원이라도 예외는 아니다. 여기에서는 각각 프랑스와 영국에서 일어난 두 가지 사건을 돌아보겠다. 비록 50년 전의 일이지만 아직도 여파가 남아 있는, 중요한 사건들이다.

기욤 세즈넥은 프랑스 서부 브르타뉴 주 모를레의 제재소 주인이었다. 그 외에도 불법 사업체를 운영하고 있었는데, 공동 경영자들 중 피에르 케메네르라는 이름의 기업가도 있었다. 케메네르는 제1차 세계대전 중 미국인들이 프랑스에 남기고 떠난 자동차를 모아 불법 거래를 해왔다. 세즈넥은 중개인 역할을 했다.

1923년 5월 23일 두 남자는 찰리라는 이름의 상인을 만나기 위해 세즈넥의 차를 타고 파리로 갔다. 이틀 후에 세즈넥은 혼자 돌아왔다. 케메네르의 여동생이 세즈넥을 만나 오빠에 대해 물었다. 그는 캐딜락이 계속 고장나는 바람에 케메네르가 우당 아니면 드뢰에서 — 정확히 기억나지 않는다고 말했다 — 기차를 탔고 그후로는 보지 못했다고 대답했다.

6월 10일 실종자 신고를 했고 3일 후 여동생은 전보를 받았다. "난 르아브르에 있다. 모든 일이 잘 되어간다. 케메네르." 경찰 조사 결과 서명이 위조된 사실이 밝혀졌다. 르아브르 역의 어느 보관함에서 경찰은 케메네르의 트렁크와 그 안에 들어 있는 매매계약서를 찾아냈다. 이 계약서는 바다가 보이는 멋진 경치를 자랑하는 케메네르의 집을 말도 안되는 가격으로 세즈넥에게 넘긴다는 내용이었다. 세즈넥은 살인혐의로 체포되었다.

심문은 파리 경찰국의 젊고 명예욕에 불타는 피에르 보니 경위의 손에 넘겨졌다. 그는 세 번이나 세즈넥의 제재소와 집을 수색했다. 매매계약서를 작성할 때 사용한 타자기를 찾기 위해서였다. 하지만 매번 찾지 못했다. 네번째로 세즈넥의 집을 덮쳤을 때 비로소 타자기를 발견했다. 그 다음에는 세즈넥에게 타자기를 판매한 상인을 샅샅이 수색했다. 행운인가, 집요함의 대가인가? 아니면 짜고 치는 고스톱일까? 몇몇 신문들이 주장한 바가 바로 그것이었다. 유능한 경위가 타자기 발견에 모종의 기여를 했을지 모른다는 것이다. 어쩌면 경위가 직접 계약서를 위조했을 수도 있지 않은가?

캥페르에서 재판이 열렸고 피고에게 유리한 증인이 한 명 등장했다. 버스운전사 프랑수아 르 에르는 케메네르가 사라진 지 3일 후에 그를 파리에서 만났다고 증언했다. 검사는 신빙성 없는 헛소리라고 단정했다. 아마추어 탐정으로 활동하는 한 은퇴 판사는 재판이 끝난 후 5명의 선원을 찾아냈다. 5월 27일 저녁 케메네르 소유의 토지 바로 앞에서 보트의 닻을 올린 사람들이었다. 그들은 자정 무렵 두 발의 총성을 들었다고 진술했다. 하지만 그들의 진술은 경찰 문서에서 사라졌다.

1924년 11월 3일 세즈넥은 종신 강제노역형을 선고받았다. 그러나 프랑스령 기아나의 유명한 유형지 카옌으로 그를 이송하는 데는 2년이 걸렸다. 이것은 어쩌면 사법부가 자신들의 판단을 완전히 확신할 수 없었다는 증거일지도 모른다.

23년 만인 1947년에 세즈넥은 사면을 받아 고향으로 돌아왔다. 과거 피고측 증인이었던 버스운전사는 그 사이에 세즈넥의 딸과 결혼해서 장인을 맞이했다. 하지만 결혼생활은 행복하지 못했다. 세즈넥의 딸 잔은 남편에게 매를 맞는 일이 잦았다. 1948년 10월 유난히 격렬한 부부싸움이 벌어졌고, 난투 끝에 잔이 남편에게 총을 쏘았다. 세즈넥은 다시 한 번 캥페르 법원에서 열리는 살인사건 재판에 참석해야 했다. 이번에는 피고의 아버지 자격이었다. 그러나 이번 재판은 방청객들의 열렬한 환호 속에서 무죄석방으로 끝났다.

'브르타뉴의 드레퓌스'에 대해서는 아직까지도 그의 무죄를 주장하는 새로운 책들이 쏟아져 나오고 있다. 1954년 세즈넥이 죽은 후에 잔은 아버지의 사후복권이라는 도의상 의무를 넘겨받았다. 법원에 진정서를 낸 것은 세즈넥의 손자였다. 그러나 법정은 재심을 받아들일 경우, 차라리 잊는 편이 나을 프랑스 경찰 역사의 한 장이 영원히 기억될지도 모른다는 점이 두려웠다. 오래된 상처를 헤집어내는 것은 허락할 수 없었다.

유능한 보니 경위는 나중에 악명높은 경력을 쌓았다. 독일 점령 치하에서 그는 게슈타포에게 더러운 일거리를 받는 사람들 중 한 명이었다. 1944년 10월 즉결처분으로 총살당하기 전에 그는 세즈넥 사건이 올바로 진행되지 않았음을 암시적으로 표현했다고 한다.

한 지붕, 두 살인범

반면에 티모시 에반스 사건에서는 영국 법원이 자신들의 문제점을 인정했다. 1949년 11월 웨일즈 지방 머서티드빌 관할 경찰서 직원들은 갑자기 뛰어들어온 25세의 화물트럭 운전사의 고백에 놀라지 않을 수 없었다. "내가 아내를 죽였습니다."

에반스는 문맹인데다 정신지체아 같은 인상을 풍겼기 때문에 경찰은 처음에 그의 말을 믿지 않았다. 그러나 일단 의무규정이 있었기 때문에 신고에 따라 런던에 있는 에반스의 집으로 갔다. 세탁장에는 아내 베릴 에반스의 시체뿐 아니라 둘째 딸 제랄딘의 시체까지 널브러져 있었다. 에반스가 두 사람을 살해한 동기로 든 것은 아내의 낭비벽이었다. 계속 빚이 늘어가는 것을 더 이상 참을 수 없었다는 것이다.

그러다 갑자기 그는 자백을 철회하고 임신한 아내가 낙태시술을 받다가 죽었다고 주장했다. 낙태를 한 사람은 아래층에 사는 레지널드 존 크리스티였다고 했다. 증인으로 소환된 크리스티는 에반스 부인의 죽음과 아무 상관이 없다며 항변했다. 에반스 부인은 목이 졸려 있었기 때문에 크리스티의 진술에는 의심의 여지가 전혀 없었다. 소송 절약의 이유로 에반스는 자기 아이를 살해한 혐의로만 기소되었다. 아이 살인에 대해서만 사형선고를 받았고, 1950년 3월 펜턴빌 교도소에서 교수형에 처해졌다.

3년 후인 1953년 크리스티는 아파트에서 퇴거했다. 새로운 임차인은 자메이카에서 온 남자였는데, 벽에 못을 박으려 하다가 벽지 안에 장이 있다는 것을 알아차렸다. 벽지를 뜯어 장을 열어본 그는 소스라치게 놀랐다. 여자 시체가 갑자기 앞으로 굴러떨어졌기 때문이다. 그는 즉시 경찰에 신고했다. 경찰은 장 안에서 두 구의 여자 시체를 추가로 발견했다. 네 번째 시체는 바닥 아래서 찾아냈다. 정원을 파헤쳐 보자 두 개의 여성 해골이 나타났다. 허벅지뼈 하나는 정원 울타리를 지지하는 데 사용되고 있었다.

영국의 모든 가십 잡지가 이 사건을 일제히 대서특필했다. 크리스티는 3월 31일 템스 강변에서 체포되었다. 그는 저항을 거의 포기한 듯 곧바로 살인을 시인했다. 죽은 여성들 중 세 명은 창녀였고, 네번째는 직장 동료, 다섯번째는 오스트리아 이민 여성, 여섯번째가 크리스티 자신의 아내였다. 아내를 살해한 동기는 불분명했다. 나머지 여성들은 자기 집으로 유혹해서 가스로 기절하게 한 후 목을 졸라 죽였다. 베릴 에반스도 자신이 교살했다고 자백했다. 단지 어린 제랄딘을 죽인 것은 부인했다. 1953년 7월 15일 그는 에반스가 처형되었던 바로 그 교도소 광장에서 교수형을 당했다.

800만 명이 살고 있는 대도시 런던에서 두 명의 살인범이 한 지붕

릴링턴 광장의 살인범 존 크리스티. 벽에다 여자들 시체를 묻어두었다가 나중에 발견되어 붙잡혔다.

아래 살고 있다는 것이 가능한 일일까? 재판장 존 스콧 헨더슨은 실제로 가능하다고 간주했다. 크리스티가 처형되기 이틀 전에 내무장관에게 제출한 감정서에서 그는 이렇게 결론지었다.

"에반스 부인과 제랄딘 에반스의 죽음과 관련된 모든 증거자료를 검토한 바, 에반스가 두 건의 범죄를 저질렀다는 점에 어떤 의심도 있을 수 없다고 확신합니다. 에반스 부인을 살해했다는 크리스티의 진술은 확실하지 않을 뿐만 아니라 완전히 거짓입니다."

모두가 헨더슨의 확신에 동의한 것은 아니었다. 『릴링턴 광장 10번지』(1961)를 쓴 루도비치 케네디는 지능이 모자란 에반스를, 저지르지도 않은 살인사건의 범인이라고 스스로 믿게끔 경찰이 계속 다그친 것은 아닌지 의심한다.

판결에 대한 의심의 목소리가 워낙 컸기 때문에 정부는 두 번째 감정서를 요구할 수밖에 없었다. 이번에는 판사 다니엘 브라빈이 완전히 다른 결론을 내렸다. 그가 1966년 10월, 정부에 제출한 보고서는 지나간 살인사건을 다시 신문 머리기사로 올릴 만큼 충분히 놀라운 것이었다. 브라빈이 단언한 바에 따르면 에반스는 처형의 근거였던 범죄, 즉 유아 살해를 저질렀을 가능성이 거의 없다는 것이다. 반면 기소의 이유로 제시하지 않았던 자기 아내 살해만은 그의 작품이라고 주장했다.

내무장관 로이 젠킨스는 이 감정서에서 나올 수 있는 유일한 결론을 끌어냈다. 에반스는 무죄가 인정되어 사후복권되었다. 그러나 이 사건이 완전히 끝난 것은 아니었다. 『릴링턴 광장의 두 살인범』(1994)에서 존 에도우스는 역사의 수레바퀴를 다시 반대로 돌렸다. 그는 경찰을 옹호하며 두 살인 모두 에반스의 짓이라고 주장했다.

물론 이 모호한 수수께끼를 영화감독들이 내버려둘 리 없었다. 리처드 플라이셔의 영화 「릴링턴 광장 10번지」(1970)는 루도비치 케네디가 쓴 책을 충실하게 영화화한 것이다. 알프레드 히치콕은 테마를 자유롭게 각색해 「프렌지」(1972)를 제작했다.

에반스가 유죄인지 무죄인지의 문제는 입법자들에게도 영향을 미쳤다. 1957년 제정된 살인범에 관한 법은 사형을 강력하게 제한했다. 1964년 이후로는 대영제국에서 어떤 사형도 집행되지 않았고, 1969년에는 사형제도가 완전히 철폐되었다.

너의 죄를 아느냐

살인범은 어떻게 처벌받는가, 혹은 왜 처벌받지 않는가

살인은 모든 국가에서 가장 엄중한 벌을 받는다. 대개는 장기간의 금고형을, 몇몇 경우에는 사형을 선고받기도 한다. 살인자에 대한 사형은 세상에서 가장 당연한 이치처럼 보이지만 사실은 그렇지 않다. 고대와 중세에는 피살자 가족의 규칙을 따라 살인범을 처리했다. 살인범이 높은 계층의 사람이면 추방이나 벌금 같은 더 나은 판결을 기대할 수 있었다. 종교, 윤리, 혹은 통치자 개인의 반대에 부딪히면 더 무거운 벌을 내리기도 했다.

성서에 기록된 최초의 살인자 카인 역시 사형선고를 받는 대신 나라에서 쫓겨나 유랑생활을 해야 했다. 훗날, 영원한 유태인 아하스페르(Ahasver, 예수에게 물 한모금 주지 않아 영원히 떠돌아야 하는 형벌을 받았다는 전설의 인물로, 17세기 이후 유대인의 별명이 되었다 - 옮긴이)와 떠돌아다니는 네덜란드인 헨드릭 반 데어 데켄(Hendrik van der Decken,

항해사들의 경고를 묵살하고 폭풍우치는 희망봉을 돌아가려다 실종된다 - 옮긴이) 선장도 마찬가지였다. 카인의 낙인이라는 특별한 표지는 심지어 살해당하지 않도록 보호해 주는 역할을 하기도 했다.

심리분석가 테오도르 라이크(Theodor Reik)는 할례를 카인의 낙인으로 해석했다. 아주 독창적인 주장이었지만, 이 때문에 그는 유태교 동료들에게 따돌림을 받았다. 카인이 어떤 종말을 맞이했는지 성서는 말하지 않는다. 그러나 성서는 카인의 자손을 소개하고 그들이 문명의 발전에 어떤 기여를 했는지 언급하고 있다. 카인은 도시 건설자, 농부, 음악가, 그리고 '모든 종류의 광석과 철 제련의 대가'의 조상이다.

이런 행운의 결말은 서기 2세기에 그노시스 학파로 하여금 형제 살인에 구원사적 의미를 부여하도록 고무시켰다. 카인학파가 보기에 카인은 타락한 천사 루시퍼(Lucifer) — 라틴어로 '빛을 가져오는 자'를 뜻한다 — 와 신의 불을 훔쳐서 인간에게 선사한 프로메테우스의 정신적 형제였다.

바이런의 극시 『카인』(1821)에서 루시퍼는 매우 독특한 인물로 등장한다. 루시퍼는 카인이 '전능한 독재자'인 신의 명령에 맹목적으로 복종하지 않고 자신의 이성대로 행동한다는 점을 부각시킨다. 카인은 인식이 죄라는 생각을 갖지 않는다. 형제를 죽인 것은 질투심 때문이 아니라 아벨의 교조적인 비굴함과 야만적인 피의 제물을 혐오했기 때문이다.

아무리 계몽된 국가 영국이라 해도, 이것은 불경한 이야기로 여겨지지 않을 수 없었다. 바이런과 출판인 머레이는 신을 모독했다는 이유로 기소당할 위기에 처했다. 바이런은 주인공의 견해가 반드시 작가의 견해는 아니라고 변명함으로써 불쾌한 사건을 피할 수 있었다.

당한 대로 돌려준다

카인처럼 특별한 경우를 제외하면, 구약성서의 입장은 "당한 대로 돌려주라"는 것이다. "인간의 피를 흘리게 한 사람은 인간에 의해 피를 흘릴 것이다."(창세기 9장 6절), "눈에는 눈, 이에는 이"(출애굽기 21장 24절)는 모든 문화권에 적용되는 '피의 복수' 원칙이다. 복수는 가장 가까운 남성 가족(친척)의 책임이다. 어떤 방식으로 행하든 상관없다. 다른 중범죄 ― 간통, 동성애, 혼전 통정 ― 에 대한 벌은 대개 돌로 쳐서 죽이는 것이다. 이슬람 법 샤리아는 이 형벌을 그대로 계승했다.

동시에 모세 5경에는 끝없는 유혈상잔과 종족 간 전쟁을 막으려는 시도도 들어 있다. 뜻하지 않게 살인을 범한 자는 6개의 '자유도시'들 중 한 곳으로 도망가서 두 집안 간의 협상 결과를 기다릴 수 있었다. 물론 살인에 대한 배상으로 돈을 지불하는 협상은 원칙적으로 금지되었다. 그러나 살인 목적이 합당하든 그렇지 않든 두 명의 증인이 증명하는 경우는 금전적인 조정이 가능하기도 했다.

아테네에서도 살인은 가족의 문제였다. 피살자의 가족은 범인을 고발할 도덕적 의무가 있었다. 자유시민을 고의적으로 죽이는 행위에 대해서는 최고 법원인 아레오파그가 다스렸다. 희생자가 노예 혹은 메토이쿠스(시민권이 없는 이방인)라면, 사건은 더 낮은 등급의 법원인 팔라디온에서 다루어졌다. 재판이 진행되는 중에 피고는 자의적으로 망명을 감행할 수 있었다. 물론 피고가 아테네로 다시 돌아올 수는 없지만 그것으로 재판은 종결되었다. 다시 말해 범인이 외국에서 새로운 삶을 시작할 가능성은 충분히 있었다.

파렴치한 범죄에 대한 일반적인 처형 형태는 '아포팀파니스모스'라는 일종의 십자가형이었다. 죄수를 나무에 묶어놓고 오랫동안 방치해 목말라 죽게 만드는 것이었다. 재판관이 사형수를 아끼는 경우라면 십자가형 대신 독미나리즙을 마시게 했다. 소크라테스의 경우가 그러했다.

로마, 십자가형에서 자결까지

고대 로마에서도 비슷한 계급적 사법이 행해졌지만, 형벌의 종류는 더 다양했다. 하층계급과 노예 출신 사형수는 일반적으로 십자가형에 처해졌다. 카이사르 시대에는 검투사 경기와 동물몰이에서 항상 공급물이 달렸기 때문에 사형수들은 '짐승의 밥'이라는 형벌에 처해지는 경우가 많았다. 왕좌에 오른 철학자 마르쿠스 아우렐리우스는 사형수를 검투사 공급자에게 판매한다는 영리한 생각을 해냈다. 최초의 기독교인 황제 콘스탄티노스는 이 두 형벌을 폐지했다. 그 대신에 광산에서의 강제노역이 등장했다. 상류층 시민들은 검에 찔려 죽는 벌을 받았다.

시리아의 총독 술피시우스 퀴리니우스는 누가복음에 언급된 인구조사를 실시한 인물로, 자신에게 독살을 기도했다는 이유로 아내 에밀리아 레피다를 고발했다. 그녀는 유죄판결을 받아 추방되었다.

집정관 플라우티우스 실바누스가 아내를 창문 밖으로 밀어뜨렸다는 이유로 장인에 의해 고발되었을 때, 황제 티베리우스는 피살자의 침실을 친히 방문해서 싸움의 흔적을 확인한 후 살인자에게 자결을 명령했다.

로마에서 국가 기관이 추적하는 유일한 유혈 범죄는 친부 살해였다. 이에 관한 처벌은 부대자루에 넣어 익사시키는 것이었다. 살아 있는 동물 — 개, 수탉, 뱀, 때로는 원숭이 — 과 함께 죄인을 자루에 넣어 티베르 강에 던졌다. 죄인이 마지막까지 어떻게 사투를 벌일지 상상해 보라.

게르만 민족에게도 살인범에 대한 조치는 원칙적으로 사적인 사안이었다. 아직 초보적인 단계에 머무는 사법에 호소하는 대신 피살자의 혈족은 범인의 혈족에게 싸움을 선포했다. 앞서 말한 피의 복수와 다른 점은 확실한 규칙을 엄수한다는 것이었다.

극적인 것을 좋아하는 사람은 상대의 발밑에 결투의 장갑을 던졌다. 더 조용한 것을 좋아하는 사람은 도전장을 보냈다. 특정한 장소(예를 들어 교회나 공동묘지)에서는, 그리고 당국이 내린 평화유지 기간에는 결투가 금지되었다. 그 밖에 교회는 한 주에 3일 동안 — 월요일에서 수요일까지 — 으로 결투를 제한했다. 싸움은 양쪽이 앞으로는 복수를 그만두겠다는 장엄한 서약을 함으로써 끝났다.

결투의 대안은 배상금 지불이었다. 지불해야 할 정량은 피살자의 가치에 따라 게르만 각 종족법 안에 매우 정확하게 규정되어 있었다. 쾰른 주변 지역에 통용되던 라인프랑크의 리부아리아 법전에 따르면 주교가 살해되었을 경우 900실링을 배상해야 했고, 사제의 경우는

600실링, 프랑크인은 200실링, 알레만, 바이에른, 프리젠, 작센 인의 경우는 160실링이었다. 로마인과 아직 세례 받지 않은 아이를 죽였을 때는 100실링의 배상금을 내야 했다.

돈 대신 현물로 지불하는 것도 가능했다. 이에 대해서도 매우 엄격한 규정이 있었다. 건강한 암말은 3실링, 상태가 좋은 투구는 6실링, 칼집을 포함한 칼은 7실링, 건강한 암소와 깃털을 간 매는 각각 12실링의 가치가 있었다.

모살범은 거열형, 고살범은 참수형

12세기와 13세기의 독일 황제들은 형벌을 독점하기 위해 안간힘을 썼다. 그러나 1495년 영구란트평화령이 체결되고 나서야 비로소 봉건영주들의 결투법이 없어졌다. 이제 자구권은 독일제국에서 추방될 위기에 처했고, 재판을 통해 처벌 가능한 행위를 더 분명하게 규정하려는 노력이 시작되었다.

1225년경 제정된, 작센 지역에 통용된 관습법 중 하나인 '작센슈피겔'은 비밀리에 죽이는 것만을 살인으로 간주했다. 1532년 제국의회에 의해 인준된 카를 5세의 카롤리나법전은 계획적이고 의도적인 모살범에게는 거열형을 내리고, 돌발적인 분노로 범행을 저지른 고살범은 검으로 죽였다. 오늘날까지 형법을 지배하는 구분이 이때부터 시작된 것이다.

오늘날 영국, 프랑스, 독일 등 유럽 대부분의 국가에서는 모살(謀殺)과 고살(故殺)을 구분한다. 고살과 달리 모살은 저급한 동기를 갖고,

음험하고 잔혹하며, 공익을 해칠 위험이 있는 도구를 사용하고, 범죄 행위의 준비나 은폐를 위해 상대를 죽이는 것을 의미한다. 반면 50개 개별 주에서 각각 다른 형법이 통용되는 미국에서는 상황이 일목요연하지는 않다. '1급 살인(first degree murder)'이라는 표현은 1794년 펜실베이니아에서 처음으로 사용되었다.

거열형을 선고받은 죄인은 우선 바닥에 누워 팔과 다리를 쫙 벌린 채 묶이고, 형리는 죄인의 사지와 척추를 무거운 마차바퀴로 짓밟았다. 몇 번을 밟을 것인지는 판결에서 정확하게 정했다. 그런 후에 마차바퀴를 치우고 죄수를 맹금의 밥으로 버려두었다. 절차가 다 끝난 후에도 죄수가 살아 있는 경우가 많았다. 따라서 형리가 바퀴를 처음에 목 위로 움직여서 단숨에 목숨을 끊어버리는 것은 '자비로운 일격'으로 여겨졌다. 특히 독일에서 널리 유행한 이 형벌은 프랑스에도 전파되었다. 프랑스에서는 형리가 거열형을 끝내기 전에 범인을 철막대기로 내리치곤 했다. 18세기 후반까지도 사형수를 이렇게 야만적인 방식으로 죽인 사례가 남아 있었다.

독일 외 지역에서 살인범에 대한 통상적인 형벌은 교수형이었다. 귀족들은 교수형을 받는 일이 드물었다. 그들은 검으로 참수형을 받았다. 몰리에르의 희극 『푸르소냑 씨』의 거만한 주인공은 어느 모사꾼이 하는 말(형사재판을 곧 받을 것이라는)을 듣고 도망친다. 그는 도망친 이유를 이렇게 설명한다. "죽음에 대한 공포 때문이 아니라 고귀한 사람에게는 목을 매다는 것이 최고로 불쾌한 일이기 때문이다. 그것은 내 계급의 명예를 모욕하는 일이나."

여자의 참수를 허락하라

여성을 교수형에 처하는 것도 드문 일은 아니었다. 유아를 살해한 여성은 산 채로 땅 속에 묻거나 말뚝을 박아 죽이거나 익사시켰다. 1580년경 뉘른베르크의 형리 프란츠 슈미트는 앞으로는 여성도 참수할 수 있게 허락해 달라고 시 참사회에 청원했다. 참사회는 이를 허락했지만 "저능한 계집들의 목이 땅에 떨어지면 구경꾼들이 곧바로 밟아 으깨버릴지도 모른다"고 경고했다.

참사회의 이 경고는 부당한 것이 아니었다. 그럼에도 불구하고 뉘른베르크의 관습은 나라 전체로 퍼졌다. 그레트헨(괴테의 『파우스트』에서 파우스트와 사랑에 빠진 이후로 어머니와 아이를 죽인 여자 – 옮긴이)의 시조격인 프랑크푸르트의 한 여종업원은 자기 아이를 가위로 찔러 죽인 후에 검으로 처형되었다. 공식적인 보고문에는 기쁜 듯이 기록되어 있다. "성직자분들의 끊임없는 갈채 속에서 다행히도 여자의 머리는 일격에 떨어졌다."

영국은 최근까지도 교수형을 충실하게 고수했다. 중세부터 시작되어 1969년 마침내 사형제도가 철폐될 때까지 모든 집행은 "죽을 때까지 목을 매다는 것"이었다. 애인을 총으로 쏘아 죽인 나이트클럽 호스티스 루스 엘리스가 1955년 마지막으로 교수형을 받은 여성이다. 처형에 대한 여론의 비판이 거셌기 때문에, 450명을 황천길로 보낸 형리 알버트 피에르포인트는 은퇴를 요청하기도 했다.

헨리 8세는 독살범을 펄펄 끓는 물에 던지는 법안을 의회에서 통과시켰다. 그러나 이 형벌은 후대 왕에 의해 다시 폐지되었다. 화형장에

선 것은 이단자, 마녀, 방화범들이었다. 친구의 남편을 살해하는 데 도움을 주었던 파리의 독살범 카트린 부아쟁 역시 마녀로 몰려 화형 당했다. 스페인 종교재판소는 예배 후 화형을 장엄한 의식으로 연출했다. 마지막 종교재판 처형은 1815년 멕시코에서 거행되었다. 스페인 문화권의 또다른 특징은 17세기 이후로 교형틀을 사용했다는 점이다.

통치자의 목숨을 노린 경우 복수의 환상이 가장 생생하게 펼쳐졌다. 프랑스의 장교 바르텔레미 드 그랑발은 1692년 — 아마도 루이 14세의 주문으로 — 영국의 윌리엄 3세를 암살했다. 그는 단순한 교수형에 처해진 것이 아니었다. 그가 교수대에 매달려 숨을 헐떡이고 있을 때, 형리는 가슴을 도려내고 심장을 꺼내 얼굴에 던졌다. 그후에 나머지 장기와 성기를 불에 태웠다.

1757년 1월 루이 15세에게 칼로 가벼운 부상을 입힌 하인 로베르 프랑수아 다미엥의 처형을 목격한 사람은 이렇게 묘사했다.

> 처음에 손을 불에 태웠고, 펄펄 끓여 액체가 된 납을 그 상처에 부었다. 그는 끔찍한 비명을 질렀다. 그런 다음 사지를 네 등분으로 찢었다. 여기에 특히 많은 시간이 걸린 이유는 다미엥의 몸이 매우 튼튼했기 때문이다. 힘 좋은 말 네 마리가 팔과 다리를 끌었지만 잘 되지 않아 두 마리를 더 투입해야 했다. 그럼에도 불구하고 사지 찢기에 실패하자, 누군가가 시청으로 가서 관절을 잘라내도 되는지를 물었다. 처음에는 다미엥의 고통을 줄여서는 안된다는 이유로 거부당했지만 나중에는 허락받았다.
> 처음에 대퇴부를 구부러뜨리고 다음에는 어깨를 뺐다. 죄인은 6시 15분쯤에 숨을 거두었다. 신체의 모든 부분은 화형장에서 불태워졌다. 그

레브 광장 주변 집들의 지붕은 굴뚝까지 빽빽하게 사람들로 들어찼다. 어떤 남자와 여자는 지붕에서 떨어져 몇 사람을 더 다치게 만들기도 했다. 군중 중에는 여성들이 눈에 띄게 많았다. 귀족 여성들도 있었다. 그들은 창문 밖을 향한 시선을 거두지 않았다. 이 길고 끔찍한 광경을 더 잘 견뎌낸 것은 여자들이었다.

행운의 마스코트, 교수대 밧줄

사형뿐만 아니라 피의자에게 '괴로운 심문(고문)'을 시행하기도 하는 형리는 국민들에게 모순적인 명성을 얻었다. 형리라는 직업은 불명예스러운 것이었고 형리 자신은 사회의 아웃사이더였다. 이 직업은 대개 대물림되었다. 또한 부수적으로 가죽 벗기는 일도 했기 때문에 수의학적 조언을 원하는 사람들의 문의를 많이 받았다. 18세기에 가장 잘 알려지고 되풀이되어 인용된, 말 질병에 관한 서적은 형리 요하네스 다이겐테쉬의 『말에 관한 유용하고 정확한 수의학서』였다.

그 밖에도 형리의 전문지식과는 아무 상관없는, 형리라는 직업을 둘러싼 일종의 후광도 있었다. 처형된 사람의 피는 간질병을 비롯한 몇몇 병을 치료하는 기적의 물질로 여겨졌다. 대학생 칼 잔트가 1819년 3월 23일 작가 아우구스트 폰 코체부를 찔러 죽인 죄로 참수되었을 때, 군중은 단두대로 몰려가 잔트의 피를 수건으로 닦아냈다.

'마른 손으로' 처형을 집행하는 경우에 인기를 끈 것은 교수대 밧줄이었다. 교수대 밧줄은 두통과 치통, 통풍과 신경통을 치유하는 힘이 있다고 여겨졌다. 어떤 사람들은 이것이 도둑을 막아주고 낙뢰로

프랑스 헝리 루이 데이블러(『돈키호테』 속의 캐리커처)

부터 보호해 준다고 믿었다. 1881년 3월 1일 러시아 황제 알렉산드르 2세를 공중분해시켰던 반역자들은 한 달 후 페테르부르크의 한 광장에서 8만 명이 지켜보는 가운데 교수형을 당했다. 궁정사회의 최고봉에 있는 사람들은 형이 집행된 후 밧줄을 잘라 한 조각씩 달라고 요구했다. 러시아에는 교수대 밧줄이 행운의 마스코트라는 미신이 있었다.

코체부를 살해한 대학생 잔트는 손도끼로 목이 잘렸다. 당시 바덴 지역에 통용되던 처형 방식이었다. 프로이센 라인란트 지역은 프랑스 점령군이 퇴각한 후 배심재판소만이 아니라 프랑스 혁명의 또다른 성과, 즉 기요틴까지 그대로 남겨두었다.

3장 | 다행히 그녀의 머리는 일격에 떨어졌다 323

기요틴을 만든 피아노 제작자

기요틴의 전신은 이미 중세부터 있었다. 영국에서는 스코티쉬 메이든(Scottish maiden), 프랑스에서는 돌루아르(doloire), 독일에서는 딜레(Diele)라고 불렀다. 이것이 기요틴이라는 이름을 얻게 된 것은 파리의 의사 J. I. 기요틴 덕분이다.

의사 기요틴은 1789년 12월 1일 국민의회에서 차후 사형은 참수형으로만 시행하자는 법안을 제출했다. 그것도 신뢰성이 부족한 검을 사용하지 말고 '간단한 기계'를 이용하자는 것이었다. 그는 인도주의적이고 열정적인 목소리로 이렇게 외쳤다. "신사 여러분, 제 기계를 사용하면 힘들지 않게 여러분의 목을 순식간에 떨어뜨릴 수 있습니다. 본인도 알아차리지 못하는 사이에 말입니다!" 회의장은 웃음바다가 되었고 법안은 기각되었다.

2년 후에야 국민의회는 사형제 유지를 결의한 후에 기요틴의 제안을 들춰보았다. 실제로 사용하기 위해 샤를 앙리 상송이라는 형리를 불렀고, 상송은 다시 잘 알고 지내던 독일의 피아노 제작자 토비아스 슈미트를 추천했다. 슈미트가 만든 모델은 1792년 4월 양을 대상으로 처음 시험 가동되었다. 며칠 후 비세트르 병원에 안치된 시체 3구를 가져다가 테스트를 반복했다. 처음으로 기요틴에 목이 잘리는 영예를 안은 사람은 왕실 소유 보석을 훔친 노상강도 자크 펠레티에였다. 그는 1792년 4월 25일 그레브 광장에서 처형되었다.

슈미트는 수도뿐만 아니라 프랑스 전역에 기요틴을 공급해 달라는 제안을 받았다. 그 때문에 그는 큰 부자가 되었지만 나중에 술독에 빠져 결국 알코올중독에 의한 정신착란으로 사망했다. 이후에도 사형집행은 계속 엄청난 인기를 끄는 공개 행사였다. 공포정치 기간 동안 파리의 기요틴은 현재 콩코르드 광장에 자리잡고 있다가, 나중에 페르라세즈 공동묘지 근처 로케트 가로 옮겨졌다. 도로가 포장된 후 이 자리는 더욱 잘 알아볼 수 있게 되었다. 당시 적어도 40킬로그램 무게의 기요틴이 떨어질 때의 충격을 받치기 위해 사용된 5개의 커다란 돌이 아직까지 남아 있다.

과학의 승리, 전기의자

19세기 내내 대부분의 독일 국가들에서는 기요틴을 애용했다. 엘베강 동쪽 구(舊) 프로이센은 손도끼를 고집했다. 다음의 현대적 기구는 미국에서 왔다. 1888년 뉴욕 주의 사형집행법은 그때까지 일반적이었던 교수대를 전기의자로 대체했다. 기요틴의 경우와 마찬가지로 가장 열렬하게 이 새로운 방법을 선전한 사람은 의사였다. 치과의사 알프레드 사우스위크는 고향도시 버팔로에서 어떤 남자가 감전되어 죽는 모습을 우연히 보게 되었다. 전기의자도 실제로 적용하는 문제에서는 난관에 부딪혔다.

발명가 토머스 에디슨은 사법부가 자문을 구했을 때 손사래를 쳤다. 사람을 죽이는 데 전기를 사용한다면, 자신의 특허권을 시장화하는 데 좋지 못한 영향을 미칠 것이라고 생각했기 때문이다. 에디슨은 자신의 경쟁자 조지 웨스팅하우스에게 떠넘겼다. 그는 웨스팅히우스가 생산하는 교류가 자신의 발전소가 생산하는 직류보다 더 위험하다고 주장했다.

1890년 8월 6일, 아내를 죽인 유랑자 윌리엄 프랜시스 켐러가 육중한 떡갈나무 의자에 묶인 채로 1000볼트 전류 세례를 받았다. 처형을 지켜본 사우스위크는 사망을 확인하며 감격에 겨워 말했다. "이것은 과학의 승리다! 오늘부터 우리는 더 높은 문명사회에서 살게 된 것이다!" 그러나 켐러는 죽지 않았다. 그가 아직 경련하고 있는 것을 어느 기자가 알아차렸다. 검사는 구역질을 하며 방에서 뛰쳐나갔고, 사형수는 두 번째 전기충격을 받았다. 이번에는 두 배의 강도였다. 피부 속 혈관이 터져 팔을 타고 피가 흘러내렸고 머리가 팽창하기 시작하더니 결국 불타버렸다. 켐러의 숨이 완전히 멎기까지는 8분이 걸렸다. 웨스팅하우스는 이 잔혹한 집행 과정을 지켜보며 이렇게 내뱉었다. "도끼를 썼으면 훨씬 빨랐을 텐데."

실패로 돌아간 초연에도 불구하고 전기의자는 전 미국에서 사용되었다. 현재 전기의자는 5건 중 4건의 처형에 투입되고 있다. 워싱턴 주는 교수형을 고집하고 있다. 유타 주에서는 사형선고가 사살 명령으로 집행된다. 미시시피 주와 노스캐롤라이나 주는 가스실을 선호한다. 50개주 중 12개 주가 사형제를 폐지했다.

사형제 폐지는 ― 고문의 폐지와 마찬가지로 ― 18세기에 논의가 시작되었고, 결실을 얻기까지는 2세기가 더 필요했다. 예수는 구약성서의 원칙 "눈에는 눈, 이에는 이"에 반대했고 간통한 여자를 돌로 치는 것에도 반대했다. 그렇다고 근대 교회가 사형제를 고집하는 데 걸림돌이 되지는 않았다. 교회는 공동체에 피해를 끼치지 않기 위한 최후의 수단으로 사형제를 존속시켜야 한다고 주장했다. 중세 최고의 신학 권위자 토마스 아퀴나스는 사형을 외과수술에 비유했다. "몸 전체의 건강을 맡고 있는 의사라면 썩은 부위를 잘라내는 것이 의사의 일이다."

유럽의 지성인들 사이에서는 중세의 권위에 의존하는 것이 더 이상 좋은 태도가 아니라는 견해가 자리잡기 시작했다. 이제 중요한 것은 자연의 법칙이었다. 계몽주의의 대가들은 범죄자를 야생동물에 비유했다. 인간의 안전을 위해 야생동물을 죽일 수도 있다는 논리가 생겨났다. "정신나간 놈들은 우리 속에 가둬야 하며 미쳐 날뛰는 개는 죽이고 뱀은 밟아버려야 한다."

프리드리히 대왕의 주치의이자 낭독관인 드 라 메트리가 한 말이

1920년대에 남편 살인범 루스 스나이더가 전기의자에서 처형당하는 모습. 제임스 케인이 그녀의 실화를 바탕으로 『이중배상』을 썼고, 빌리 와일더가 동명의 영화로 만들었다.

다. 야생동물에 속하는 사람이 누구인가에 대한 문제는 물론 논란의 여지가 있었다. 루소는 야생동물의 범위를 넓게 잡았다. 『사회계약론』(1762)에 따르면, "사회의 법을 해치는 모든 악인들"은 죽음으로 죄를 보상해야 한다. 이렇게 얼마든지 확장 가능한 공식은 특히 자코뱅 당원들에게 유용하게 쓰였다. 그들은 테러의 절정기에 모든 정적들을 '국민의 적'으로 몰고 사형선고를 내리기 위해 루소의 공식을 내세웠다.

사형제는 계속되는가

밀라노의 법학자 체사레 베카리아를 움직인 것은 루소의 경솔한 특권주의에 대한 분노였다. 『범죄와 형벌』(1764)에서 베카리아는 사형제의 의미에 회의를 표하며 이를 철폐해야 한다고 주장했다. 사형제도 대신에 종신 강제노역의 무시무시한 효과를 신뢰해야 한다는 것이다. 그의 책은 대단한 관심을 끌었고 곧 모든 유럽 언어로 번역되었다. 볼테르는 베카리아의 주장에 열광적으로 찬성했다. 반면에 칸트는 "억지로 꾸민 인본주의자의 감상"이라고 비판했다.

사형제 폐지를 처음으로 실천한 통치자는 마리아 테레지아 여제의 아들 레오폴트였다. 1786년 그는 토스카나 지역에서 사형제를 폐지했다. 일 년 후 그의 형 요제프 2세가 오스트리아 세습영지에서 역시 사형제를 폐지했다. 레오폴트가 형의 자리를 이었을 때 모차르트는 오페라 「티투스 황제의 자비」로 황제 등극을 찬양했는데, 이 오페라에서 로마의 황제 티투스는 반역자 섹스투스를 처형하지 말라고 지시

한다.

프로이센, 러시아, 그리고 다른 나라에서 사형제도는 형식적으로 계속 유지되었지만, 실제로 집행되지는 않았다. 1788년, 혁명 바로 전해에 프랑스에서는 단 한 건의 사형집행도 없었다. 언제나 그랬듯, 개혁을 거부하는 영국에서만 이 사고의 전환에 아무런 영향을 받지 않았다.

프랑스 혁명이 발발하자 놀란 군주들은 기민하게 사형제도로 돌아갔다. 그러나 앞서의 에피소드가 아무 효과도 없었던 것은 아니다. 19세기가 지나는 동안 중범죄 수가 눈에 띄게 줄었다. 점점 더 많은 사형판결이 금고형으로 바뀌었다. 프랑스 사법부는 카옌을 비롯한 건강에 좋지 않은 지역으로 추방하는 것을 선호했다.

공개처형을 국민적 축제처럼 즐기던 관행은 점차 품위 없는 시대착오적 행태로 여겨졌다. 프로이센은 1851년 사형집행을 교도소 담장 안쪽으로 옮겼다. 영국과 오스트리아-헝가리 제국도 1686년 그 뒤를 이었다. 프랑스만이 국민의 즐거움을 빼앗을 이유가 없다고 판단했다.

독일에서는 1939년 6월 16일 베르사유에서 있었던 깡패 오이겐 바이드만의 사형집행 이후에야 공개처형이 없어졌다. 바이드만 처형 당시 당국이 일몰 시간을 잘못 계산하는 바람에 사진사들은 이 특이한 장관을 기록으로 남길 수 있었다. 원래는 향토의 작은 야간행사로 계획된 이 사형집행은 결국 세계 여러 신문의 머리기사를 장식하기에 이르렀다. 게다가 신출내기 형리 앙리 데푸르노는 세 번째 시도에서야 겨우 피고의 황소 같은 목을 원형 틀 안에 밀어넣는 데 성공했다.

마침내 기요틴이 떨어지자 주변에 빙 둘러 있는 집들 발코니에서 일제히 샴페인 터지는 소리가 들렸다. 며칠 뒤 사법부는 앞으로 공개처형을 중단하겠다고 발표했다.

1848년 혁명은 프랑스와 독일에서 사형제를 완전히 철폐하는 두 번째 시도로 이어졌다. 그러나 혁명이 실패로 끝나기가 무섭게 사형제는 다시 도입되었다. 흥미로운 것은 처음으로 사형제를 영구적으로 폐지한 곳이 미국의 두 주라는 사실이다. 로드아일랜드 주(1852)와 위스콘신 주(1853)였다. 그리스(1863), 루마니아(1864), 포르투갈(1867), 네덜란드(1870) 등 비교적 작은 유럽 국가들이 그 뒤를 따랐다.

1871년 독일제국이 설립될 때 의회의 다수가 사형제에 반대했다. 그러나 비스마르크가 의회의 결정을 무시했기 때문에, 새로운 형법전은 아직 사형제를 고집했다. 물론 사형은 살인과 국가반역죄에만 국한되었다. 독일연방공화국의 기본법에 와서야 드디어 "사형은 폐지한다"는 간결한 조항을 넣는 데 성공했다.

영국은 1969년에, 프랑스는 1981년에 사형제를 폐지했다. 유럽 인권위원회는 사형을 명할 권리를 원래는 승인했었지만 1983년 이를 철회했다. 현재는 전세계 사형집행 10건 중 9건이 단 네 나라에 집중된다. 중국, 사우디아라비아, 미국, 이란이다. 미국의 주들 중 선두주자는 텍사스이다. 한때 열렬하게 노예제도를 옹호했던 남부의 몇몇 주들도 아직 사형을 집행한다.

사형제도 지지자들이 항상 논쟁에 끌어오는 '경각심'이라는 근거는 오래전에 반박되었다. 사형제 철폐가 폭력범죄의 증가로 이어지는 곳은 어디에도 없다. 오히려 그 반대이다. 미국의 폭력범죄는 모든 유럽 국가에 비해 월등히 높다. 반대로 사형은 일단 집행하고 나면 결코 수정할 수 없다는 명백한 단점을 가지고 있다. 미국에서 오심이 내려진 비율이 높은 것을 고려한 ― 전문가들은 7분의 1이라고 추산한다 ― 일리오이 주지사 조지 리안은 과감한 결단을 내렸다. 2003년 1월 정계에서 은퇴할 때 그는 일리오이 주의 교도소에서 사형수 감방을 모두 없앴다. 모든 사형수를 종신수로 바꾼 것이다.

정신병자인지는 배심원이 결정한다

카롤리나법전은 모살과 고살을, 즉 '의도적인 범죄'와 '부주의에 의한 죽임'을 구분했을 뿐 아니라, 청소년과 정신지체자의 죄와, 지능을 완전히 갖춘 성인의 범죄를 다르게 판단할 수 있다고 선언했다. 범인이 '지각을 소유하지 않았다'고 전문가가 판단한다면, 재판관은 처벌 완화를 명할 수 있었다.

그러나 정신에 문제가 있는 사람이 살인을 저지른 경우 완전히 무죄이며 따라서 어떤 벌도 받지 않아야 한다는 것은, 현대 정신병리학의 창시자 필립 피넬(Philippe Pinel)이 처음으로 개진한 생각이다. 비세트르 병원과 훗날 살페트리에 병원에서 원장을 역임한 그는 그때까지 일반적이던 야만적인 진료 방법만 폐지한 것이 아니었다. 정신병은 원칙적으로 치료 가능하다는 그의 인본주의적 이론은 1810년 나폴레옹의 형법전에도 영감을 주었다. 프랑스 형법전은 "죄인이 범행 당시 정신적으로 혼란하거나 불가항력적인 동인에 속박당한 경우" 처벌하지 않는다는 점을 규정했다.

반면 앵글로색슨계의 법은 '맥노튼 규칙(McNaghten Rules)'을 따랐다. 대니얼 맥노튼은 수상 로버트 필 경의 추적을 받는다는 망상에 빠져 수상을 괴롭히기 위해 수상의 비서 에드워드 드루먼드를 총으로 쏘아 죽였다. 그는 '정신이상'으로 무죄판결을 받았다. 여론의 반대 의견이 빗발쳤고, 그에 따라 1843년 ─ 영국의 전통과는 완전히 배치되게 ─ 그런 사건에 적용될 형법 규정이 확립되었다.

이 규정에 따르면 피고는 "범행 당시 정신지체 또는 정신병을 앓고 있어서 자신이 무슨 일을 했는지 알지 못했거나, 혹은 알고 있다 해도 그것이 불법이라는 사실을 알지 못했다는 점이 분명하게 입증될 때" 형벌을 면할 수 있었다. 이 규정이 새롭고 획기적이었던 이유는 무엇보다 마지막 부분 때문이었다. 피고가 선과 악을 구분할 능력이 없음을 재판장이 인정했다면, 재판장은 피고의 책임능력에 관한 최종적인 판결을 정신병리학 전문가가 아니라 배심원들에게 맡긴다는 것이다.

독일도 1871년 제국 형법전에 따라 범인이 자기 행위의 불법성을 통찰하고 이 통찰에 따라 행동할 능력이 부족하다면 무죄판결을 내리게 되었다. 1933년에는 형법 51조에 두 번째 항이 보충되었다. "책임능력이 모자라는 경우" 처벌 역시 줄어든다는 규정이다. 그럼으로써 '정신이상'이라는 의학적 개념이 '책임능력 부족'이라는 법률적 개념으로 대체되었다.

의학자들의 눈에 이런 발전은 당연히 가시와 같았지만 발전 자체는 결코 오류가 없었기 때문에 항의해도 소용없었다. 프랑스 작가 귀스타브 플로베르는 협회를 만들어내야 할 정도로 포비아(공포증)와 마니아(열광증)가 늘어가고 있음을 흥미롭게 언급한 적이 있다. 제1차 세계대전의 격앙된 분위기 속에서 심지어 프랑스 정신병리학계 최고령자인 에두아르 툴루즈는 독일인을 "과대망상과 추적망상이 혼합된 집단적 정신병자들"이라고 말했다.

미국 정신병리학회는 1973년에야 동성애를 정신병 리스트에서 삭제하는 데 성공했다. 미국에서 행해진 많은 조사에 의하면 같은 병력을 가진 같은 피실험자가 의사에 따라 매우 상이한 소견을 받았다는 사실이 입증되었다. 전문가들은 정의와 진단에 관해서만 일치하지 못했던 것이 아니다. 치료 역시 때로는 행운의 몫으로 나타나곤 했다. 베르나르 타베니에 감독의 영화 「재판관과 살인자」(1976)의 소재로도 쓰인 다음의 실제 사건을 살펴보자.

1893년 6월, 24세의 하사관 조셉 바셰르는 자신과 결혼해 주지 않는다는 이유로 젊은 여인을 살해했다. 그후에 그는 두 발의 총을 자기 머리에 쏘았는데, 비록 안면이 마비되고 오른쪽 청력은 상실했지만 죽지 않고 살아남았다. 어느 정신과 의사가 추적망상이라고 진단을 내린 후 바셰르는 무죄석방되었고 치료시설에 들어갔다. 1894년 4월 다른 의사는 그가 완전히 회복되었다고 진단했다. 바셰르는 퇴원했다. 6개월 후 그는 양치기 소녀를 폭행하고 살해했다. 다음 3년 동안 저지른 11건의 살인 중 첫번째였다.

체포된 후 바셰르는 다시 어느 의사 앞에서 "현저한 책임능력 부족"이라는 진단서를 받았다. 그러나 예심판사는 이에 만족하지 않았다. 그는 새로운 감정을 신청했고, 원하던 결과를 얻었다. "바셰르는 비도덕적인 폭력인간이며, 무죄판결을 특권으로 이해한, 피에 굶주린 사디스트이다. 이 시점에서 그는 더 이상 정신병자가 아니다. 그는 미

살인범 조셉 바셰르. 그는 정신병자인가, 연기를 하고 있는 것인가?

친 척 연기하고 있을 뿐이다."

바셰르는 사형선고를 받았고 1898년 12월 31일 기요틴에서 처형되었다. 그의 머리는 툴루즈 박사가 근무하는 빌레쥐프 병원으로 보내졌다. 박사는 두 개의 팀을 만들어 뇌 양쪽을 해부하게 했다. 두 팀은 상반된 소견서를 제출했다. 한 팀은 생화학적으로 전혀 특이성이 발견되지 않았다고 보고했다. 다른 팀은 바셰르가 유전적으로 퇴화한 인간이며 자살충동과 살인충동을 가진, 이해하기 힘든 사디스트라는 풍부한 증거를 발견했다.

흔들리는 판결

전문가들 사이의 판단 불일치를 생각한다면, 사법적 판결이 강하게 흔들리는 것도 놀라운 일은 아니다. 질투심 때문에 애인을 칼로 찔러 죽인 가발 제조자 요한 크리스티안 보이체크는 1824년 8월 27일 라이프치히 광장에서 참수형을 받았다. 범행 3년 후였다. 그 동안 의사들은 피고의 책임능력에 문제가 있음을 주장했다. 의사들의 감정서는 나중에 공개되었고, 그렇게 해서 극작가 게오르크 뷔히너가 사건을 알게 되었고 이를 희곡으로 썼다(180쪽).

반면 젊은 농부 피에르 리비에르는 1835년 어머니, 여동생과 남동생을 잭나이프로 찔러 죽였고, 철학자 미셸 푸코로 하여금 범죄사 연구를 하도록 영감을 주었다. 피에르는 금고형으로 은사를 받았고 자살로 생을 마쳤다.

무면허 변호사이자 목사였던 괴짜 샤를 귀토는 1881년 신의 명령이라는 확신 속에서 미국 대통령 제임스 가필드를 총으로 쏘았다. 그에 대한 재판은 씁쓸한 정신감정 싸움으로 변질되었다. 배심원들은 유럽에서 수입된 변호 이론을 경청하지 않았고 귀토에게 사형판결을 내렸다.

그보다 덜 괴짜라고 할 수 없는 백만장자 해리 켄달 소우는 더 관대한 판결을 받았다. 1906년 6월 25일 그는 뉴욕 건축가 스탠포드 화이트를 메디슨 스퀘어 가든의 지붕 위에서 총으로 쏘았다. 전직 레뷰(홍행을 목적으로 노래, 춤 따위를 곁들인 연극의 한 장르—옮긴이) 공연배우였던 그의 아내는 과거 화이트의 애인이었다. 변호사는 소우가 범행 당시 '데멘티아 아메리카나(dementia Americana)'를 앓고 있었다고 주장했다. 이것은 아내의 결혼 후 정절뿐 아니라 혼전순결까지 기대하는 미국 남성들의 정신병이었다. 실제로 변호사는 고객이 전기의자 위에 앉는 것을 막는 데 성공했다. 소우는 정신병자 교도소에 수감되었고, 캐나다로 도망쳤지만 다시 본국으로 송환되어 1915년에 출소했다.

프리츠 랑 감독의 영화 「M」에서 유아 살해범은 경찰 앞에서 이렇게 외친다. "하지만 난 아무것도 할 수 없어! 난 해야만 해! 원하지는 않아! 해야만 해! 달리 무엇을 할 수 있을까? 내 안에 그 저주받은 것이 없다면, 불꽃이, 고통이 없다면?" 그가 법치국가에서 생각하는 악당은 아니라고 주장한 변호사는 이렇게 변론한다. "병든 인간은 형리에게 넘기지 않습니다. 병든 인간은 의사에게 넘겨야 합니다."

이 고귀한 원칙이 실제로 모든 경우에 지켜지지는 않았다. 「M」의 주인공 한스 베케르트의 실존 모델인 프리츠 하르만과 페터 퀴르텐은 처형되었다. 피살자의 피를 마시고 살을 먹었던 부녀자 살인범 빈센테 베르체니는 1873년 종신형을 선고받았다. 나라에서 가장 권위 있는 범죄학자 체사레 롬브로소가 그를 정신병원에 수감하라고 권유했음에도 불구하고.

미국의 통계에 따르면 연쇄살인범은 3.6퍼센트만이 정신이상을 이유로 무죄판결을 받고 의사에게 인도된다. 아동 살인범 앨버트 피쉬 역시 전기의자에서 생을 마쳤다. 그의 망상은 — 종교적 광기로부터 시체 성애에 이르기까지 — 미국 사법부가 그때까지 한 번도 경험해 보지 못한 경악스러운 것이었다. 그럼에도 불구하고 검찰 전문가들은 눈썹 하나 까딱하지 않고 피고의 식분증(食糞症)을 정상이라 판단했다. "매우 정상적이다. 이런 행동을 하는 사람은 정신병자가 아니다. 완전히 정상이다."

피쉬는 또한 지독한 마조히스트로 대량의 바늘을 삼켜왔기 때문에, 싱싱 교도소에서 전류충격을 주었을 때 처음에는 합선이 되고 말았다. 두 번째 시도에서야 원하는 결과를 얻을 수 있었다.

바스티유인가, 샤랑통인가

물론 반대의 사례도 있다. 14세의 소년 에드먼드 에밀 켐퍼는 1962년 조부모를 총으로 쏘아 살해했다. 그는 정신병 죄수들을 위한 특수교도소에 수감되어 7년 후에 어머니를 후견인으로 하여 석방되었다.

10년 후인 1972년 그는 캘리포니아 고속도로에서 히치하이킹을 하던 두 여자를 차에 태워 그들을 칼로 찔러 죽였고 시체를 몰래 집으로 가져와 토막낸 후 사진을 찍었다. 그런 후에 시체 토막들을 산타크루즈의 산에 묻었다. 9월에는 여학생 한 명을 교살한 후 시체의 처녀성을 빼앗고 해부를 위해 집으로 가져왔다. 다음날 아침 사회복지사가 그를 찾아와서 즐거운 듯 그가 완쾌되었음을 알려주었을 때, 그의 자동차 트렁크 안에는 아직 소녀의 머리가 들어 있었다. 사회복지사는 앞으로 그를 돌볼 필요가 없다고 담당 관청에 보고했다.

켐퍼는 여대생 세 명을 더 살해한 후에 삼사는 어머니를 밍치로 내리쳐 머리를 잘라내고 몸뚱이는 없애버렸다. 그런 후에 어머니의 친구를 식사에 초대해서 몽둥이로 내리치고 그녀의 머리 역시 잘라냈다. 다음날인 1973년 부활절 날 마침내 그는 경찰에 자수했다. 8건의 살인에 대해 그는 종신형을 선고받았다.

같은 시대 독일 사람들은 부퍼탈 출신의 15세 소년 위르겐 바르취에게 분노를 터뜨렸다. 적지 않은 사람들이 사형제를 다시 도입해야 한다고 요구했다. 이 소년의 가학적 성향은 1961년 이후로 경찰관들 사이에 매우 유명하던 터였다. 당시 바르취는 어느 화가의 아들을 방공호로 유인해서 묶어둔 채 고문했다. 화가는 경찰에 신고했고 조사가 시작되었다.

하지만 재판이 열린 것은 1967년 그가 성적 환각에 의해 네 명을 살해했을 때였다. 바르취는 1심에서 종신형을 선고받았고, 2심에서는 10년을 소년원에 수감된 후 이어서 정신병자 전용 교도소에 수감될 것을 선고받았다. 이런 운명을 피하기 위해 그는 거세수술을 받기로 결정했다. 1976년 그는 수술대 위에서 사망했다. 마취사고였다고 한다.

더욱 끔찍한 것은 열한살 소녀 메리 벨 사건이다. 메리는 1968년 영국 뉴캐슬어폰타인에서 각각 네살과 여섯살의 남자아이 두 명을 목졸라 죽였다. 형사책임이 14세부터 시작되는 독일에서라면 재판은 열리지 않았을 것이다. 영국 법정은 메리 벨이 책임능력이 부족하다는 점을 들어 모살이 아니라 고살로 인정하고 종신형을 선고했다. 12년 후에 메리 벨은 새로운 이름을 가지고 자유를 얻었다.

이런 사건이 미국에서 일어난다면 어떨까. 재판은 열리겠지만 역시 피고는 사형선고를 받지 않을 것이다. 1988년 미 연방대법원은 범행 당시 범인의 나이가 16세 이상일 때에만 사형선고가 가능하다는 규정을 만들었다. 2005년 3월에는 사형수의 최소 연령이 16세에서 18세로 높아졌다.

독일 형법전은 1975년에 개정되었다. 많은 용어가 수정되기는 했지만 정신이상의 법적 개념은 흔들리지 않았다. 오히려 그 반대이다. 임의로 확장 가능한, 포괄적인 일반 조항이 삽입된 것이다. "심각한 정신적 비정상 상태"라는 조항이다. 이것은 법정에서 병적인 사건들이 더 가볍게 처벌되거나 혹은 전혀 처벌되지 않는 결과를 낳았다. 적지 않은 사람들이, 이 새로운 조항이 무죄판결의 문을 활짝 열었다고 우려했다. 알다시피 이런 우려는 근거가 없다. 세계 어느 곳에서도 독일만큼, 범죄자가 정신병원에 수용되는 것보다 오히려 정신병자가 교도소에 수감되는 경향이 지배적인 나라는 없기 때문이다.

또 하나의 우려도 뜬구름 잡는 이야기로 증명된다. 현대 정신병리학의 창시자 필립 피넬과 동시대를 산 변호사 앙드레 뒤팽은 정신과 의사들이 정신이상 개념을 너무 남발한다고 경고한 적이 있다.

"범죄자에게 응당 받아야 할 벌을 내리지 않거나 죄없는 사람의 자유를 임의로 빼앗는 경우가 있다. '그는 죄인이다'라고 말할 수 없을 때 그냥 '그는 미쳤다'고 말하는 것은 매우 안일한 처사이다. 이미 샤랑통(파리 근교의 유명한 정신병원 – 옮긴이)이 바스티유(파리 동쪽 교외에 있는 요새. 루이 13세가 감옥으로 개조하여 정치범을 가두었다 – 옮긴이)를 대신하고 있다."

실제로는 그 반대이다. 오늘날 전세계 교도소에는 정신병자들이 득실거리고 있다. 나라마다 차이는 있겠지만 정신병자의 비율은 전체

죄수의 20 내지 40퍼센트로 추정된다.

모든 정신병은 치유될 수 있다는 피넬의 낙관적인 믿음은 그의 후계자들에게 철저히 외면받았다. 토머스 사츠(Thomas Szasz) 같은 '안티정신병리학자'는 심지어 정신병을, 사회의 성가신 소수를 의학적 통제하에 둘 수 있게 해주는 일종의 신화라고 주장한다. 저서 『잔인한 연민(Cruel Compassion)』(1994)에서 사츠는 범죄자들의 '정신이상'을 고려하지 말고 그들을 감옥에 보내라고 권한다. 감옥이 정신병원보다 훨씬 더 인간적이라는 것이다. 무엇보다 죄수들은 자신이 언제 다시 나갈 수 있을지를 알고 있기 때문이다.

찾아보기

인명

가드너, 얼 스탠리 136, 137, 207
가뱅, 장 205
가보리오, 에밀 107~109
가필드, 제임스 335
갤턴, 프랜시스 88, 96
걸, 윌리엄 288
걸리, 제임스 맨바이 269
게인, 에드워드 8, 203, 212
고다르, 장 뤽 206
고다르, 캘빈 220, 221, 223, 224
고롱 경감 82, 83
고트로프, 에버만 74~77
고트프리트, 게세 55~57, 247, 254
괴테 33, 148, 149, 167, 179, 250, 320
구스타브 3세 189
구페, 오귀스탱 82~84
귀토, 샤를 335
그라마티쿠스, 삭소 168
그라벨, 필립 O. 220
그랑디에, 우르뱅 271

그랑발, 바르텔레미 드 321
그랜트 경위 166
그랜트, 캐리 136, 203
그레고로프 188
그레이브스, 로버트 261
그레트헨 179, 320
그루오치 165
그리그 194
그리피스, 클라이드 150
그리피스, 피터 90
그린, 그레이엄 9, 157, 158, 204
그린, 안나 캐서린 110, 111
글라우케 248
기네스, 알렉 204
기요틴, J. J. 324
길모어, 게리 152
나폴레옹 41, 43, 50, 111, 167, 331
나폴레옹 3세 43~46
네로 248, 249
네스, 엘리어트 217, 224
네차예프, 세르게이 144, 145
네틀리, 존 288

넬슨, 얼 202
노리스, 프랭크 149, 191
노먼 마틴, 오스월드 256, 257
노먼드, 메이벨 294
노벨, 알프레드 46
노벨로, 아이버 192, 290
노지에르, 비올레트 263, 264
노턴, 토머스 32
녹스, 로널드 120, 121
니트리비트, 로즈마리 281
다르장송 후작 25
다르크, 잔 28, 182
다미엥, 로베르 프랑수아 43, 321
다비드, 자크 루이 182, 183
다이겐테쉬, 요하네스 322
단테 128, 139, 167
달리, 살바도르 263, 264
대니, 프레드릭 133
대로우, 클라렌스 230, 231
더글러스, 마이클 213
더들리, 로버트 140
더쇼위츠, 앨런 M. 277
던컨 왕 165
데스데모나 *170, 171*
데이 루이스, 세실 128
데이블러, 루이 84, 86, 323
데켄, 헨드릭 반 데어 313
데푸르노, 앙리 329
덴비, 데이비드 150
뎀, 조나단 212, 240
도끼남자 291, 292
도데, 에르네스트 147
도스토예프스키, 표도르 9, 10, 41, 143~146

도일, 코난 8, 40, 104, 107, 111, 113, 114, 138
뒤렌마트, 프리드리히 184
뒤팽, 앙드레 339
뒤팽, 오귀스트 *103, 104, 105, 107, 109*
듀, 월터 94, 217
드니로, 로버트 225
드라이저, 테오도르 150, 151
드라큘라 *111, 191*
드레이크, 폴 *137*
드레퓌스 146, 229, 305
드루이트, 몬태규 존 289
드살보, 알버트 243, 244
디킨스, 찰스 70, 72, 79, 105, 115
딜링거, 존 198
라 레니, 가브리엘 드 23
라 메트리, 줄리앙 오프로이 드 327
라미레즈, 리처드 212
라바콜 46, 85, 86, 97
라브노빌, 니콜라 베리에 드 38
라세네르, 피에르 40~43, 143, 230
라스콜리니코프 *10, 41, 42, 143, 144, 230*
라이크, 테오도르 314
라인하트, 메리 로버츠 129~131
라임, 해리 *158*
라카사뉴, 알렉상드르 81, 83
라캥, 테레즈 *146, 147, 154*
라파쥐, 마리 49, 50~52, 247, 254, 259
랑, 프리츠 10, 191, 194, 212, 336
랑드뤼, 앙리 데지르 232~234
랑스너, 막시밀리안 240
랑주, 아메데 205
랑티에, 자크 *139, 147, 148*
랜스버리, 앤젤라 210

럼폴, 호레이스 209
레, 질 드 28~30
레만, 카를 267
레만, 크리스타 267~269
레먼, 잭 223
레바인, 테드 212
레빈, 메이어 230, 231
레스코프, 니콜라이 142, 143
레아 188
레오폴드, 나탄 203, 229~231
레이디 데드록 72, 105
레이플즈 107
레피다, 에밀리아 316
렉터, 한니발 212, 241
로드, 앙드레 드 10, 187
로레, 페터 194, 196
로레타 160
로르강, 미셸 205
로브그리예, 알랭 124
로빈슨, 에드워드 G. 197
로빈훗 107
로어바흐, 마리아 266, 267, 269
로에브, 리처드 203
로엡, 리처드 229, 230
로자, 미클로스 192
로저스, 메리 104
로제, 발렌틴 49, 253
로카르, 에드몽 218
로쿠스타 248, 250
론디스, 마리 벨록 270, 290, 297
롬브로소, 체사레 96, 97, 147, 150, 169, 241, 336
루벨, 루이 피에르 43, 44
루소 328

루소, 마르타 231
루이 14세 23, 37, 321
루이 15세 35, 37, 38, 43, 299, 321
루이 18세 43
루카스, 헨리 리 212
뤼트케, 브루노 206, 207, 244, 245
뤼팽, 아르센 40, 107
뤽상부르 대신 24
르네브, 에델 93
르누아르, 장 205
르브렁, 알베르 264
르블랑, 모리스 40, 107
르콕 경감 107, 109
리, 맨프러드 B. 133
리드, 캐롤 204
리처드 3세 166
리플리 159
린드버그, 찰스 226~228
린치, 데이비드 212
릴라당, 오귀스트 빌리에 드 259
마그리트, 르네 263
마닝 부인 70~72
마닝, 프레드릭 70, 71
마담 터소 265
마드무아젤 오르탕스 72
마라, 장 폴 182, 183
마르첼로 284
마쉬, 나이오 125, 126
마쉬, 제임스 49
마스, 요아힘 84
마우리치우스 156
마지 214
막시밀리안 1세 27
말, 루이 206

말로, 필립 136, 201
맥노튼, 대니얼 332
맥노튼, 멜빌 레슬리 289
맥베스 147, 165
맥티그 149
멈프레, 조셉 291, 292
메그레 경감 38, 137, 138
메데이아 162, 248, 249
메리메, 프로스페르 142
메리베일, 헨리 132
메이든, 스코티쉬 324
메이브릭, 제임스 253, 288
메이브릭, 플로렌스 253, 254, 261
메이슨, 페리 136~138, 209
메일러, 노먼 152, 153
메테스키, 조지 243
모리아티 102
모차르트 328
모티머, 존 209
몬테시, 윌마 283, 284
몰리 블룸 254
몰리뇌 95
몰리에르 319
몽테스팡 후작부인 24
뫼르소 156, 157
무르나우, 프리드리히 빌헬름 191
뮤니, 폴 197
미렌, 헬렌 210
미스 마플 111, 123
민터, 메리 마일스 294
밀러, 아서 184
바그너, 리하르트 26, 44
바그너, 하인리히 레오폴트 179
바르취, 위르겐 338

바르트, 롤랑 124
바서만, 야콥 155
바셰르, 조셉 333, 334
바야르, 피에르 124
바에즈, 조안 223
바이드만, 오이겐 329
바이런 314, 315
바이스, 페터 182
바콜, 로렌 201
반 다인, S. S. 107, 119, 131, 132
반델로, 엔리코 197
반스, 파일로 107, 131
반제티, 바르톨로메오 220~223
발랑탱, 아리스티드 116
발레, 오귀스트 47~49
발렌슈타인 174~178
발로, 케네스 273~275, 277
발자크 39, 40
발타자르, 빅터 218
배일리스, 팀 210
버, 레이먼드 137, 208, 209
버케트 경감 105
버크, 윌리엄 68, 69
버터워스, 아멜리아 111
버튼, 리처드 174
번디, 테드 212, 235
베데킨트, 프랑크 290
베르두 234
베르디 189
베르체니, 빈센테 336
베르크, 알반 181, 291
베르테, 앙투안 141
베르티용, 알퐁스 84, 85, 87~89, 229
베르호벤스키, 표트르 145

베스나르, 마리 270~273
베이츠, 노먼 8, *203*
베카리아, 체사레 36, 328
베케르트, 한스 *336*
베케트, 토머스 171~173, 176
벤틀리, E. C. 109, 118
벨, 메리 338
벨, 조셉 111, 112
벨든, 밥 281
벨로, 아돌프 147
벨리, 멜빈 293
벨몽도, 장 폴 206
벰보, 피에트로 251
보거트, 험프리 135, 200, 201
보니, 피에르 306, 308
보덴, 웨인 235
보든, 리지 295~298
보르자, 체사레 250, 251
보스트, 요한나 180
보이체크, 요한 크리스티안 180, *335*
보트랭 *39*
본드, 에드워드 180
볼테르 35, 164, 170, 305, 328,
봄파르, 가브리엘 83, 84
부아쟁, 카트린 23, 24, 321
뷔히너, 게오르크 180, 181, *335*
빌로브, 서니 폰 10, 275~278
빌로브, 클라우스 폰 276~278
브라빈, 다니엘 311
브라우닝, 로버트 158
브라운 신부 *104, 107, 109, 116, 117, 120*
브라운, 그레이스 *150*
브라운, 핑키 *157*
브랑게네 *247*

브랑빌리에 후작부인 20~23, 247, 251, 254, 271
브래디, 제임스 220
브레이보, 찰스 269
브레이보, 플로렌스 269, 270
브레히트, 베르톨트 167, 255
브루노 *159*
브루셀, 제임스 A. 242, 243
브루스터, 마사 *255*
브루스터, 애비 *255*
브루투스 167
브르통, 앙드레 263
브리타니쿠스 248
블레이클리, 로렌스 *130*
비네, 로베르트 191
비더, 킹 294, 295
비도크, 프랑수아 38~40, 72, 101, 240
비리에르, 피에르 *335*
비스마르크 330
빅터, 메타 110
빅터, 앨버트 288
빅토리아 여왕 254, 288
빌, 버팔로 *212*
사르트르, 장 폴 164, 181~183
사우스워크, 알프레드 325, 326
사이포비치, 앤디 *210*
사츠, 토머스 340
사코, 니콜라 220~223
살로메 189
상송, 샤를 앙리 324
생 크루아, 고댕 드 19, 21, 22
샤르, 르네 263
샤르코, 장 97
샤브롤, 클로드 202, 264

샬, 프란츠 75, 77
서트클리프, 피터 212, 284~286
세네카 248
세버그, 진 206
세비뉴 후작부인 24
세이어스, 도로시 8, 104, 106, 126~128, 139
세즈넥, 기욤 306, 307, 308
섹스투스 328
서우드, 페트릭 186, 187
셰익스피어, 윌리엄 9, 10, 122, 147, 165~168, 170, 171, 173, 181
셸레, 카를 벨헬름 49
셸리 31
셸리, 메리 148
셸비, 샬롯 294, 295
소렐, 줄리앙 141, 142
소우, 해리 켄달 335, 336
소크라테스 316
소포클레스 102, 163
손다이크, 존 115
쇼스타코비치, 드미트리 143
쇼시에, 프랑수아 48
쇼트, 엘리자베스 280, 281
수아송 백작부인 24
쉬프먼, 헤럴드 246, 247, 258
슈뢰더, 바벳 277
슈미트, 토비아스 324
슈미트, 프란츠 320
슈반, 프리드리히 140
슈타이너, 카를 란트 91
슈타인하일, 마그리트 295, 298~301
슈트라우스, 리하르트 164, 189
슈트로하임, 에리히 폰 149, 191

슈페히트, 발터 266, 267
스나이더, 루스 327
스미스, 페리 151
스위프트 142
스카토네, 조반니 231
스콧, 월터 140, 141
스타, 장 세르베 49
스타니슬랍스키, 콘스탄틴 244
스탈린 143, 181~183
스탕달 9, 141, 142
스털링, 클라리스 212, 241
스토커, 브램 148
스토커, 플로렌스 191
스토퍼드, 톰 170
스톤, 샤론 213
스톤, 올리버 225
스튜어트, 메리 168
스튜어트, 제임스 230
스트라톤, 알버트 89
스트라톤, 알프레드 89
스트리트, 벨라 208
스티븐슨, 로버트 루이스 148
스페이드, 샘 134, 135, 138, 200
스필스버리, 버나드 95
시겔, 돈 293
시커트, 월터 288
실러, 프리드리히 10, 140, 175, 177, 178, 181
실바누스, 플라우티우스 317
심농, 조르주 38, 137~139
심슨, O. J. 137, 302~304
아가멤논 162, 164
아그리피나 248
아누이, 장 173

아담스, 랜덜 데일 305
아담스, 힐다 *129*
아도르프, 마리오 244
아돌프, 구스타브 174
아들러, 이레네 *109*
아르테미스 163
아리스토텔레스 101
아바노프 145
아보트, 잭 152
아우렐리우스, 마르쿠스 316
아이기스토스 162, 164
아이네스, 마이클 170
아이스킬로스 163
아이언스, 제레미 278
아일스, 프랜시스 115, 256
아처 *134*
아처, 제프리 186
아퀴나스, 토마스 327
아트레우스 162, 163
아풀레이우스, 루치우스 249
아하스페르 313
안토니우스, 마커스 167
알렉산드르 2세 46
알렉산드르 6세 250
알렉시스, 빌리발트 102
알브레히트 1세 178
암스트롱, 허버트 로우즈 256, 257
앙리 경감 38, 39
앨러인, 로데릭 *126*
앨링엄, 매저리 125, 126
얀, 안나 156
에드우스, 존 311
에드레르 *181*
에드워드 4세 166

에디슨, 토머스 325
에랑, 마르셀 42
에른스트, 막스 263
에반스, 티모시 204, 308, 309, 311, 312
에버하트, 미뇽 G. 131
에스터하스, 조 213
에우리피데스 163, 248
에이로, 미셸 83, 84
에코, 움베르토 124
엔첸스베르거, 한스 마그누스 283
엘렉트라 163, 164
엘로이, 제임스 281
엘뤼아르, 폴 263
엘리스, 루스 320
엘리어트, T. S. 173
엘리자베스 1세 140
엘모어, 벨 93
엘웰, 조셉 B. 132
엘자, 브라반트 *26*
엥겔, 에리히 206
영, 그레이엄 264
오닐, 유진 164
오든, W. H. 128
오레스테스 163~165
오르시니, 펠리스 45, 46
오르필라, 마티외 47, 52, 53
오셀로 *170, 171*
오스본 228
오스월드, 리 하비 225
오스트로그, 마이클 289
오이디푸스 101, 162
오츠, 조이스 캐롤 160, 161
오코너, 패트릭 70, 71
오클리, 찰스 *202*

오툴, 피터 174
오튼, 조 185
오하라, 존 282
올리비에, 로렌스 171
올리어리, 랜스 131
와일더, 빌리 199, 200, 223, 278, 327
와일더, 손톤 138
와일드, 오스카 189
와일드, 조나단 64
와트슨 *8, 101, 108, 112, 113, 186, 208*
외트뵈시, 카를 폰 81
요제프 2세 328
우르시누스 부인 251, 252, 254
운터베거, 잭 237, 238, 241, 284
울렌후트, 파울 91, 92
월리스, 에드거 121
웨스팅하우스, 조지 325, 326
웨이트, 찰스 220
웰스, 오손 231
웹스터, 존 화이트 78, 79
위고 *181*
위고, 빅토르 39, 40, 189
위페르, 이자벨 264
윌리엄스, 엠린 96
윌리엄스, 존 67, 68
윌슨, 에드먼드 124, 125
윌콕스, 윌리엄 95
윌크, 조나단 230
윔지, 피터 *8, 104, 106, 126, 127, 131, 139*
이네스, 레이철 130
이스마일로바, 카테리나 *142, 143*
이스트우드, 클린트 293
이아손 248
이야고 *171*

이졸데 *247, 248*
이피게네이아 163
일, 알프레드 *184, 185*
잔트, 칼 322, 323
잭 더 리퍼 147, 191, 262, 286~291, 297
제프리 *212*
제프리스, 알렉스 235
젠킨스, 로이 311
젠킨스, 엘리자베스 270
조디악 291, 292, 293
조이스, 제임스 254
졸라, 에밀 146~149, 187, 205, 301
줄리앙 *206*
지드, 앙드레 138
지루, 로베르 295
지오드마크, 로베르트 207
지킬 박사 *148*
질레트, 윌리엄 112, 113
질레트, 체스터 150
차하나시안, 클레어 *184*
찰스, 닉 *199*
채플린, 찰리 234
챈들러, 레이먼드 133~137, 200
챔버스, 프랭크 *154, 155*
처칠, 윈스턴 132
체스터턴, G. K. 104, 107, 116, 117, 132
체호프, 안톤 117
첸치, 베아트리체 30, 31
츠바이크, 아놀드 81
츠반치거, 안나 54, 55, 247, 253
친티오 170
카, 존 딕슨 131, 132
카라마조프, 드미트리 *146*
카라마조프, 스메르자코프 146

카라마조프, 알로샤 *146*
카라마조프, 이반 *146*
카라스, 안톤 204
카르네, 마르셀 96, 205
카를 5세 32, 318
카뮈, 알베르 9, 156
카부르, 카밀로 46
카스탱, 에드메 47~49, 257
카인 314, 315
카진스키, 데이비드 242
카진스키, 테오도르 242
카포네, 알 64, 196, 197, 217, 223~225
카포트, 트루먼 151, 152, 161
카프라, 프랭크 201, 255
칸트 328
칼라, 장 34, 35, 305
칼라스, 마리아 248, 249
칼라일, 토머스 269
칼라한, 해리 *293*
캐그니, 제임스 197, 198
캐럴, 루이스 288
캠피온, 앨버트 *126*
커크패트릭, 시드니 295
커티스, 토니 223
커프 경사 *105, 106*
케네디, 루도비치 311, 312
케네디, 존 F. 225
케네스 3세 165
케루비니, 루이지 248, 249
케셸링, 조셉 255
케인, 제임스 154, 155, 327
켓, 콘스탸스 105, 106
켈리, 그레이스 275
켐퍼, 윌리엄 프랜시스 326

켐퍼, 에드먼드 에밀 337
코넬리, 존 225
코르네토, 아드리아노 다 251
코르데이, 샬로트 182
코스민스키, 아론 289
코스트너, 케빈 224
코체부, 아우구스트 폰 322, 323
코폴라, 프랜시스 포드 199
콕스, 제인 캐넌 269
콘스탄티노스 316
콜린스, 윌키 105, 114
콜린스, 패트릭 150
콜트, 사무엘 219
쿠엔틴 *160*
퀴르텐, 페터 195, 196, 336
퀴리, 프레드릭 졸리오 272
퀴리니우스, 술피시우스 316
퀸, 엘러리 131, 133
퀸, 엘러리 133
퀸시, 토머스 드 7, 66
크라카우어, 지그프리트 191
크라하, 제럴딘 페더슨 128
크레온 248
크리스마스, 조 154
크리스티, 레지널드 존 204, 309, 310
크리스티, 애거서 8, 104, 106, 111, 122~
   126, 129, 135, 138, 186, 265
크리펜, 하울리 하비 92~96, 217
크림, 토머스 닐 261, 262, 284
클라렌스 대공 166
클라우디우스 248
클라우스턴, 스토러 95
클라인, 벤야민 251, 252
클레망소, 조르주 301

클레오파트라 189
클로즈, 글렌 278
클리타임네스트라 162~164
키드, 토머스 168
키쉬, 에곤 에르빈 103
키트, 사라 131
타란티노, 쿠엔틴 213
타르드외, 아브루아즈 258, 259
타바레 신부 107~109
타베니에, 베르나르 333
타잔 111
태커레이, 윌리엄 103
털킹혼 72, 105
테니슨, 알프레드 269
테니슨, 제인 210
테레민, 레온 192
테레지아, 마리아 328
테세노르, 루트비히 91, 92
테이, 조세핀 166
테일러, 리즈 282
테일러, 알프레드 스웨인 260
테일러, 윌리엄 데스먼드 294, 295
텔, 빌헬름 178
토마스, 앙브루아즈 170
토머스, 딜런 68
토파나 247
투르게네프 145
투르니에, 미셸 29
툴루즈, 에두아르 333, 334
트러스코트 경위 185
트렌트, 필립 109, 118, 119
트로츠키, 레온 181
트뤼포, 프랑수아 202
트리스탄 248

트웨인, 마크 88
티베리우스 황제 317
티에스테스 162
티투스 황제 328
티포주, 아벨 29
틸레, 롤프 281
파리나치오, 프로스페로 31
파리치다, 요한 178, 179
파우스트 8, 148, 179
파울러, 토머스 158
파워, 톰 197
파제카스, 주잔나 254
파크먼, 조지 78, 79, 234
파테, 아드리앙 라파그 142
파파이 153
팔마, 브라이언 드 224
팔머, 윌리엄 260, 261
팝스트, 게오르크 빌헬름 81
팬들턴, 프랭크 210
퍼킨스, 앤소니 193, 196
페로로, 살바토레 231
페르디난트 2세 174
페리, 엔리코 169
페리에, 카시미르 87
페이 185
페이스풀, 스타 282, 283
페이트, 제프리 대머 160
페퍼 75, 76
펙, 그레고리 192
펠, 기드온 132
펠레티에, 자크 324
펠리니, 페데리코 284
포, 에드거 앨런 40, 103, 104, 107
포스터, 조디 212, 241

포웰, 윌리엄 199
포이어바흐, 루트비히 62
포이어바흐, 안젤름 리터 폰 62
포크, 피터 8, 209
포크너, 윌리엄 153, 154
폴로니우스 170
폴즈, 헨리 88
폼머레, 들라 에드몽 데지레 쿠티 258, 259
퐁크, 페터 안톤 58, 59, 60
퐁파두르 부인 38, 299
푸른수염 29
푸아로, 에르퀼 8, 104, 106, 122~124, 135
푸코 335
프라이데이, 조 207
프랑켄슈타인 148, 191
프랑크, 레오 305
프레밍거, 오토 200
프로메테우스 314
프로이트, 지그문트 97, 128, 129, 169
프리드리히 2세 27
프리드킨, 윌리엄 199
프리먼, 오스틴 115
프티, 알프레드 239
플라이서, 리처드 230, 312
플랑보 116
플레처, 제시카 210
플로베르, 귀스타브 332
플루타르크 167
피넬, 필립 331, 339, 340
피쉬, 앨버트 336, 337
피에르포인트, 앨버트 320
피에쉬, 조세프 43
피치포크, 콜린 237
피타발, 프랑수아 가보 드 102

필, 로버트 63, 64, 332
필드 경감 105
필딩, 헨리 64, 65
필립, 루이 43, 52
하델, 스티브 281
하르만, 프리츠 195, 196, 336
하예스, 캐서린 103
하우, 카를 155, 156
하우저, 카스파 60~63
하우프트만, 게르하르트 180
하우프트만, 리하르트 227~229
하이드 148
하이스미스, 퍼트리샤 159
하이얀, 자비르 이븐 250
할리웰, 케네스 185
해링, 빌헬름 102
해미트, 대쉬엘 134~136, 200
해어, 윌리엄 68~70
햄릿 102, 168~170
허셜, 윌리엄 87
허친슨, 조지 290
헤어만, 버나드 193
헤이, 줄리어스 254, 255
헤이머, 로버트 204
헤이스팅스 대위 106, 123
헨더슨, 존 스콧 311
헨델 189
헨리 2세 171, 172, 174
헨리 8세 173, 320
헨리, 에드워드 88, 89
호눙, E. W. 107
호퍼, 데니스 212
호프만, 에두아르트 폰 79, 81
호프만스탈, 후고 폰 164

혹스, 하워드 136, 197, 201
홈즈, 셜록 8, 102, 104, 107~114, 129, 186, 288
홉킨스, 앤소니 212, 241
화이트, 스탠포드 335, 336
후버, J. 에드거 198
후사르 218
휴스턴, 존 135, 199, 200
히치콕, 알프레드 8, 159, 191~193, 201~204, 230, 290, 312
히치히, 율리우스 에두아르트 102
히콕, 리처드 151
히틀러 182, 228

* 이탤릭체 부분은 허구 인물임

책, 신문, 잡지

『100편의 이야기』 170
『10개의 인디언 인형』 122, 125
『10호실 사나이』 130
『8월의 빛』 154
『걸리 박사 이야기』 270
『고르드의 비너스』 147
『고리오 영감』 39
『관용론』 35, 305
『구원받음』 180
『구폐 사건』 84
『그들』 160
『그레이엄스 매거진』 103
『그의 첫번째 공격』 95
『기차 안의 낯선 승객』 159
『깨어진 거울』 111

『꿈의 해석』 169
『나선형 계단』 130
『나인 테일러스』 127
『나일강 살인사건』 122, 125
『내 15년간의 잃어버린 세월』 254
『네 명의 의인』 121
『네 사람의 서명』 114
『네이처』 87
『노부인의 방문』 184
『누구의 시체인가?』 126
『뉴게이트 캘린더』 103
『뉴욕 타임스』 123, 242
『니벨룽의 노래』 26
『니벨룽의 반지』 189
『대학 축제의 밤』 127
『더러운 손』 181
『덴마크사』 168
『돈키호테』 323
『뒤쪽 선실』 130
『드라큘라』 148, 191
『레미제라블』 39
『레븐워스 사건』 110
『로저 애크로이드 살인사건』 124
『로제 베른트』 180
『로젠크란츠와 길든스턴이 죽다』 170
『루공 마카르』 147
『루체른 연대기』 26
『르 페이』 107
『르루주 사건』 107
『리지 보든 — 추측을 통해 본 사건』 298
『리처드 3세』 165
『릴링턴 광장 10번지』 311
『릴링턴 광장의 두 살인범』 311
『마라와 사드』 182

『마리 로제의 미스터리』 104
『마왕』 29
『마우리치우스 사건』 155
『마지막 고문』 187
『말에 관한 유용하고 정확한 수의학서』 322
『말타의 매』 134
『맥베스』 165
『맥티그』 149, 191
『맹독』 126
『명예를 잃어버린 범죄자』 140
『모르그 가의 살인사건』 103
『므첸스크의 맥베스 부인』 142
『미스 핑커톤』 129
『바보 윌슨』 88
『바스커빌 가의 개』 114
『박쥐』 130
『배달 불능 편지』 110
『버터필드 8』 282
『범죄와 형벌』 328
『범죄인론』 96
『벤슨 살인사건』 132
『보이체크』 180, 189
『보체크』 181
『보헤미아의 스캔들』 109
『붉은 지문』 115
『브라이튼 록』 157
『블랙 달리아』 281
『블랙 달리아의 원수를 갚아라』 280
『비극』 102
『비도크의 회고록』 39, 40
『빅 슬립』 136, 200
『빌헬름 텔』 178, 179
『사형집행인의 노래』 152

『사회계약론』 328
『살의』 115, 256
『살인범 출연』 295
『살인은 광고해야 한다』 126
『상복이 어울리는 엘렉트라』 164
『샌프란시스코 이그재미너』 150
『성역』 153
『소리 없는 목격자』 115
『스타일즈 가의 미스터리』 123
『슬론 씨 즐겁게 하기』 185
『시간의 딸』 166
『시련』 184
『시카고 데일리 뉴스』 229, 230
『시학』 101
『신곡』 128, 139
『실제로 일어난 일』 270
『아메리카의 비극』 150
『아메리칸 드림』 153
『악령』 144
『야수의 배 안에서』 152
『약리학 저널』 123
『약탈』 185
『엘렉트라』 163, 189
『예고살인』 111
『예술로 본 살인』 7, 66
『오레스테스』 163
『오레스트』 164
『오레스티아』 163
『오르시발의 범죄』 108
『오리엔트 특급 살인사건』 122, 125
『오셀로』 170, 189
『왕이 놀린다』 189
『워싱턴 포스트』 242
『월간 애틀랜틱』 133

『월장석』 105, 106, 114
『율리시스』 254
『이방인』 156
『이상한 나라의 앨리스』 288
『이웃집 사건』 111
『이중배상』 327
『인 콜드 블러드』 151
『인간 야수』 147, 148, 205
『잔인한 연민』 340
『재능 있는 리플리 씨』 159
『재앙의 거리』 133
『적과 흑』 141
『전세계에서 가장 재미있는 범죄 이야기』 102
『정죄의 불길 — 교도소로의 여행』 237
『제3의 사나이』 158
『조용한 미국인』 158
『좀비』 160
『죄와 벌』 143, 146
『주홍색 연구』 113, 114
『죽은 쥐에게』 188
『죽음의 증서』 295
『줄리어스 시저 씨의 사업』 167
『줄리어스 시저』 167
『쥐덫』 122, 186
『지문』 88, 96
『지킬 박사와 하이드 씨』 148
『창백한 말』 265
『첸치 가』 31
『추리소설 작가를 위한 20가지 법칙』 107, 119
『카라마조프의 형제들』 145
『카르멘』 142
『카인』 314
『캐서린』 103
『케닐워스』 140
『콩바』 156
『크리펜 박사의 일기 — 하나의 발명』 96
『타우리스의 이피게네이아』 163
『타임스』 72
『테러의 제왕』 187
『테레즈 라캥』 146, 147, 205
『톰 존스』 64
『트렌트 최후의 사건』 109, 118
『파리떼』 164
『파우스트』 33, 179, 250, 320
『판도라의 상자』 290
『포스트맨은 벨을 두 번 울린다』 154, 156
『푸르소냐 씨』 319
『푸른 십자가』 116
『프라우다』 143
『프랑켄슈타인』 148
『피가로』 259
『피고인』 186
『피의 계곡』 114
『하숙인』 290, 297
『할로우맨』 132
『햄릿, 복수하라』 170
『햄릿』 168
『혁명가의 교리문답서』 144
『황금 당나귀』 250
『황폐한 집』 70, 72, 105
『흥미롭고 유명한 소송사건들』 102
『히치콕과의 대화』 202

영화, 드라마 등

「39계단」 201
「가면무도회」 189
「간단한 살인 기술」 133
「강력계, 거리의 생활」 210
「강박충동」 230
「공공의 적」 197, 198
「그리드」 149, 191
「네 멋대로 해라」 206
「노스페라투」 191
「노인」 210
「누가 로저 애크로이드를 죽였는지 알게 뭐야?」 124
「뉴욕경찰 24시」 8, 210
「달콤한 인생」 284
「대부」 199
「대성당에서의 살인」 173
「더티 해리」 293
「데릭」 210
「드라그넷」 8, 207, 208
「뜨거운 것이 좋아」 199
「라크메」 134
「랑주 씨의 범죄」 205
「로라」 200
「로엔그린」 26
「로프」 202, 230
「룰루」 291
「리골레토」 189
「릴링턴 광장 10번지」 312
「마라의 죽음」 182, 183
「마부제 박사」 191
「마분지 상자」 112
「말타의 매」 135, 199

「모나리자」 89
「범죄와 처벌에 관해」 36
「베일리의 럼폴 변화」 209
「베케트 혹은 신의 영광」 173
「벨 또는 크리펜 박사의 발라드」 96
「북북서로 진로를 돌려라」 201
「불행한 마라의 죽음과 극락의 땅으로의 승천」 183
「블로그램 주교의 변호」 158
「블루 달리아」 280
「블루 벨벳」 212
「블룸 사건」 206
「비소와 낡은 레이스」 201, 255
「비올레트 노지에르」 264
「사이코」 8, 193, 196, 203, 212
「사코와 반제티」 223
「사형대의 엘리베이터」 205
「살로메」 188
「살인 지령」 288
「살인광 시대」 234
「상류사회」 275
「서막과 두 부분으로 구성된 극시」 177
「서스피션」 203
「선셋대로」 278
「소녀 로즈마리」 281
「소송」 81
「소유」 254
「수사관」 210
「스웨덴 성냥」 117
「스카페이스」 197
「스펠바운드」 192, 204
「쎈 맨」 198
「쎈 블루 라인」 305
「아이언사이드」 209

찾아보기 355

「악마가 찾아오는 밤이면」 206, 244
「안개 속의 항구」 205
「양들의 침묵」 8, 212, 240
「언터처블」 224
「에드윈 드루드의 미스터리」 115
「엘렉트라」 164
「올림포스의 마라」 183
「올림포스의 아이들」 42
「원초적 본능」 213
「유력한 용의자」 210
「유아 살인범」 179
「의사와 악마들」 68
「의혹의 그림자」 202
「이상한 드라마」 96
「이중배상」 192, 200
「이창」 201
「작은 시저」 197
「재판관과 살인자」 333
「젊은 독살범 핸드북」 264
「정치와 범죄」 283
「제3의 남자」 204
「제시카의 추리극장」 210
「죄지은 목사관」 128
「줄리오 체사레」 189
「지멘」 198
「찢어진 커튼」 193
「친절한 마음과 왕관」 204

「카르멘」 188
「칼리가리 박사의 밀실」 191
「칼리가리로부터 히틀러까지」 191
「탄호이저」 44
「테드 번디」 235
「트리스탄과 이졸데」 247
「티투스 황제의 자비」 328
「파고」 213
「펄프 픽션」 213
「페리 메이슨」 207
「폭군 발렌슈타인 장군의 세계적으로 유명한 역사」 176
「프라하의 피타발」 103
「프렌지」 203, 312
「프렌치 커넥션」 199
「프리지스 아너」 199
「하숙인」 191, 290, 291
「한때 황제군의 장군이며 프릴란트 공작이었던 발렌슈타인의 세계와 그의 삶과 죽음을 통해 본 엄청난 괴물 — 어릿광대와 함께」 177
「행운의 반전」 277
「헝가리의 제식살인」 81
「형사 콜롬보」 8, 209
「JFK」 225
「M」 10, 194, 196, 206, 212, 336

옮긴이의 말

소수의 인간들, 그리고 인류의 가장 무거운 숙제

인간은 항상 살인자와 함께 살고 있다. 동생을 죽인 카인, 아버지를 살해한 오이디푸스 왕, 남편을 죽인 메데이아 등 살인자는 인류의 탄생과 함께 시작된 이래 역사와 더불어 계속 존재해 왔고 21세기에도 여전히 어디선가 우리를 위협하고 있다.

물론 죽음은 결코 인간에게 멀리 떨어져 있는 세계가 아니다. 언젠가는 죽을 운명이기에 그렇고, 가까이 혹은 멀리 항상 죽음의 소식을 접하고 있기 때문에 그렇다. 하지만 우리가 마주하는 죽음은 대부분 자연적인 죽음이다. 자연사(自然死)를 말하는 것이 아니라 인위적이지 않다는 의미이다. 사고에 의한 것이든, 병에 의한 것이든 생사를 결정하는 힘은 근원적으로 인간의 영역에 속한 것이 아니다. 어떤 사람도 자신 또는 타인이 언제 어떤 방식으로 세상과 이별할지 알 수 없다. 소수의 사람들만 제외한다면.

이 책은 바로 그런 소수의 사람들을 다루고 있다. 살인자들 말이다. 그들은 원래 인간에게 허락되지 않은 권리를 가지려 하고, 그 때문에 어떤 식으로든 대가를 치러야 한다. 그러나 서양에서 범죄를 전담하는 경찰이 생겨난 것은 19세기에 들어와서이다. 프랑스의 쉬레테, 영국의 스코틀랜드 야드가 처음으로 법적 테두리 안에서 살인사건을 다루기 시작했다. 그 이전까지 살인사건을 수사하고 살인자를 심판하는 것은 오로지 희생자 가족의 뜻에 달린 일이었다.

살인의 역사와 비교해 보면 범죄경찰 및 형사재판의 역사는 터무니없이 짧고 빈약해 보인다. 하지만 200년도 안되는 짧은 기간에 비하면 놀랍도록 비약적인 발전을 이룬 것도 사실이다. 중세를 지배한 고문이라는 기막힌 방법을 더 이상 쓸 수 없게 된 이후로, 범인을 체포하기 위해 각종 과학기술의 도움을 받아야 했다. 생물계측법, 지문법 등이 전과자 리스트를 관리했고, 피살자의 몸을 해부해서 사인을 밝혀내는 법의학이 큰 성과를 거두었다.

20세기 말 개발된 DNA 분석은 현재까지 가장 결정적인 증거 확보의 수단으로 적용되고 있다. 그후로도 더 정교하고 더 확실한 수단을 얻기 위한 노력은 중단되지 않았다. 요즘 인기를 끌고 있는 미국 드라마 'CSI 과학수사대'는 매회마다 낯설지만 흥미로운 과학적 수사 방법들이 등장한다. 그것을 보면 이제 더 이상 미제로 남을 사건은 없을 것처럼 느껴질 정도이다.

저자의 관심은 실제 사건에만 국한되지 않는다. 물론 살인마 잭이나 O. J. 심슨의 경우처럼 세계를 경악하게 만든 희대의 살인마들, 아직까지도 논란이 사그라지지 않는 악명높은 형사재판들에도 상당한 지면을 할애하고 있다.

그러나 저자가 더 큰 의미를 부여하고 있는 것은 문화사적 키워드로서의 살인이다. 왜 우리는 살인이라는 주제를 친숙하게 받아들이는가? 인간을 죽음에 이르게 하는 수많은 동인들 중에서도 매우 드물게 발생하며, 실제로는 주변에서 거의 찾아볼 수 없는 것임에도 불구하고? 그것은 문학과 예술작품의 소재로서 살인만큼 매력적인 것은 없기 때문이다. 모티프로서, 서술 전략으로서 살인만큼 생동감 넘치고 스펙터클하게 펼쳐지는 것은 없기 때문이다. "살인과 문화는 뗄 수 없는 관계를 갖는다"는 것이 저자의 주장이다.

대표적인 것이 추리소설이다. 에드거 앨런 포, 코난 도일, 찰스 디킨스, 애거서 크리스티 등등 수많은 대가들의 작품을 읽고 우리는 살인사건과 그 해명 과정을 마치 눈앞에 펼쳐보듯 생생하게 체험한다. 순수문학의 경우도 마찬가지이다. 셰익스피어의 『햄릿』과 『맥베스』, 도스토예프스키의 『죄와 벌』과 『악령』을 보라. 이는 빙산의 일각에 불과하다. 고대 그리스 비극으로부터 시작된 서양 문학 전통에서 살인을 예술적으로 탁월하게 변용한 무수한 사례들을 생각해 본다면.

무대예술은 어떠한가. 연극과 오페라에서도 가장 극적인 장면은 대개 음모와 계략에 얽힌 살인사건이 차지하고 있지 않은가. 가장 현대적인 예술 장르인 영화에서는 말할 것도 없다. 현대사회의 범죄가 더욱 잔인하고 엽기적일수록 그런 범죄를 다룬 영화를 찾는 관객들은 더 큰 전율을 즐기고 있다. 살인사건의 음침하고 산혹하며 기괴한 현장을 표현하는 데 영화만큼 효과적인 장르는 없다. 초기 무성영화부터 히치콕 영화, 갱스터 무비, 필름 누아르를 거쳐 대량으로 쏟아져 나온 할리우드 영화들까지, 연쇄살인범을 스크린의 꽃으로 대접한 감독들이 얼마나 많았는가.

영화의 독점권을 나누어 가진 TV 연속극은 대중의 사랑을 더 오랫동안 차지하기에 안성맞춤이다. 십수 년 이상 장수하는 프로그램도 드물지 않다. 이제 드디어 우리는 가장 쾌적하고 안전한 곳, 내 집 안에서 매일매일 살인사건을 경험할 수 있게 되었다.

그렇다면 살인은 단순한 오락의 대상이 되었다는 말인가? 인간이 저지를 수 있는 최악의 범죄가 아니라 인간이 만끽하는 최고의 흥밋거리에 불과하다는 말인가? 물론 그렇지 않다. 여전히 살인은 최대의 처벌을 감수해야 하는 무시무시한 죄악이다.

저자는 마지막 장에서 '죄와 벌'을 역설하는 것을 잊지 않는다. 사법제도의 변천과 함께 살인범이 대대로 어떤 처벌을 받아왔는지를 살펴본다. 또 정신적으로 결함이 있는 사람들이 살인을 저질렀을 때 어떤 판결을 받아야 하는지, 사형제도의 존폐 문제는 어떻게 해결해야 하는지를 논의한다. 결국 절대로 가볍게 다루어질 수 없는 것, 인류의 역사에서 가장 무거운 숙제를 동반하는 것, 그것이 바로 살인이다. 그리고 우리에게는 그 숙제를 풀어나가야 할 의무가 남겨져 있다.

김수은